1. 蹒跚学步时
2. 汽车图书馆
3. 我母亲伊莱恩·舒尔茨
4. 迈克尔·纳德尔（左上）、我、比利·布洛克，大约 13 岁
5. 北密歇根大学毕业日（1975 年）
6. 我的父亲弗雷德·舒尔茨，他是“二战”老兵
7. 在我们的海景公寓，9 岁
8. 我和妹妹萝妮

3

1

2

早年照片

6

4

7

8

5

1

去往西雅图

2

1. 我的婚礼，与父母一起合影
2. 开车去西雅图，途经拉什莫尔山（1982 年）
3.《意大利日报》
4. 我的父亲和弟弟在“天天咖啡”门口合影
5. 雪莉和“乔纳斯”

3

5

4

6

7

11

8

6. 我和戴夫·奥尔森在危地马拉（1992 年）
7. 西雅图派克市场的第一家星巴克
8. 霍华德·毕哈、奥林·史密斯和我（H_2O）
9. 引领变革（2008 年）
10. 8000 名商店经理在新奥尔良体育馆集会（2008 年）
11. 我第一次来到米兰（1983 年）

9

10

1

2

有创意的公民参与活动

7

1. 向国会递交签名
2. 清点结束政府关门的请愿书签名（2013 年）
3. 销售 8000 个腕带，帮助小企业募集招聘资金
4. 美国华盛顿国家广场上的音乐会
5. 贷款接受者辛西娅 • 杜普雷在佛蒙特州她的书店门口
6. 位于俄亥俄州东利物浦的美国马克斯坦公司内部
7. 店里出售的马克杯

6

3

4

5

8

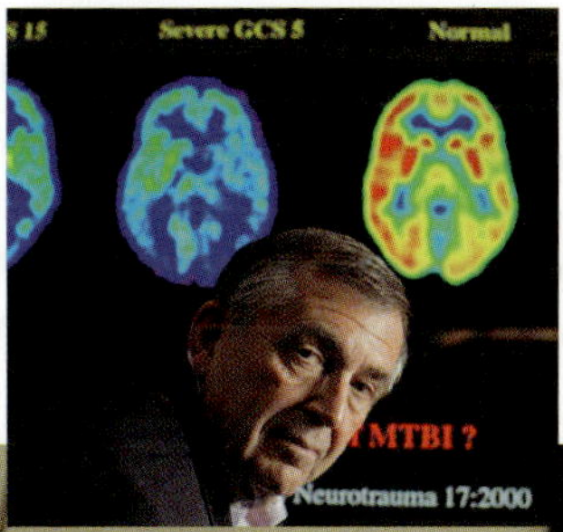

9

10

13

11

向英雄致敬

12

8. 我和董事会成员、前国防部部长罗伯特·盖茨
9. 退役将军彼得·基亚雷利
10. 在佐治亚州本宁堡与军人见面
11. 退伍军人和配偶穿绣有美国国旗的星巴克绿色围裙
12. 和拉吉夫·钱德拉塞克拉为图书《拳拳爱国心》签名
13. 军士长塞德里克·金

1

2

大学梦

5

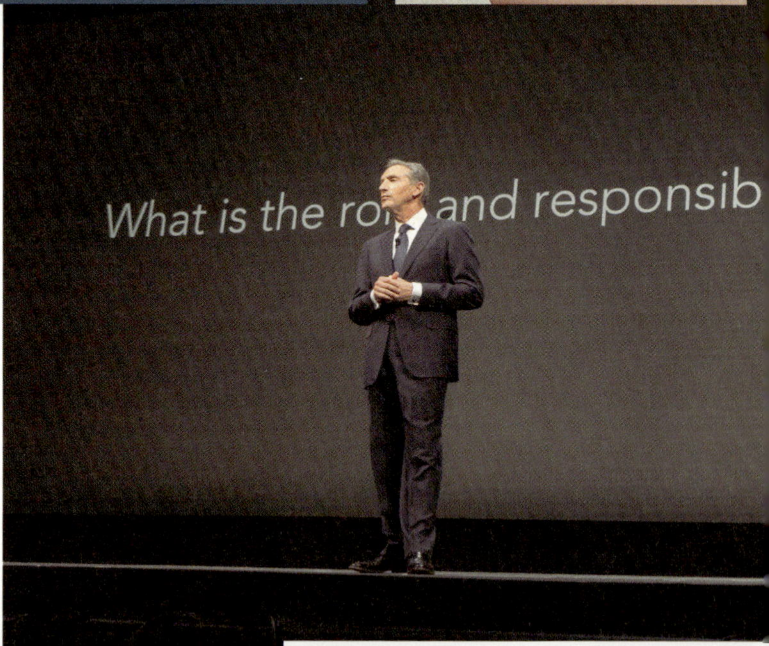

1. 亚利桑那州立大学校长迈克尔·克劳
2. 玛赛尔·卡洛姆-赫比森毕业（2017年）
3. 毕业典礼上，我们的“伙伴”欢呼庆祝
4. 在太阳魔鬼体育场发表毕业演讲
5. 星巴克亚利桑那州立大学毕业生装饰自己的学位帽

4

3

6

7

8

艰难的对话

9

10

6. 在开放论坛上与“伙伴”讨论种族问题
7. 董事会成员麦乐迪·霍布森在年度股东大会上发表 TED 演讲，题目是《勇敢的肤色》
8. 2013 年年度股东大会
9. 罗德尼·海恩斯和科德尔·刘易斯在密苏里州的弗格森开了一家星巴克
10. 利用杯子引发讨论

1

2

5

3

每个人都有机会

4

1. 华盛顿特区“100000 机遇方案”附带论坛的入口
2. 在熙熙攘攘的招聘会地板上，参加者写简历，和招聘人员见面
3. 招聘人员和雪莉进行模拟面试
4. 帮助年轻人为面试着装
5. 成千上万的人等待进入洛杉矶博览会

6

大家在一起

11

7

10

8

12

9

6. 现任或前任董事会成员参加年度会议（前排从左起）哈维尔·特鲁埃尔（Javier Teruel）、史宗玮（Clara Shih）、萨提亚·纳德拉（Satya Nadella）、克雷格·卫斯洛普、罗伯特·盖茨部长、麦乐迪·霍布森和比尔·布拉德利参议员

7. 维韦克·瓦尔马，前公共事务部执行副总裁

8. 骄傲的彩虹旗在星巴克西雅图总部的房顶上飘扬

9. 舒尔茨家族基金会的执行董事丹尼尔·皮塔斯基（左）和雪莉

10. 南希·肯特和蒂姆·唐兰，我们一起工作了 39 年

11. 丽莉雅妮·卡米卡齐，星巴克合伙人和朋友

12. 丽兹·穆勒，创意天才，也是我的合作伙伴，是她把烘焙工坊变成了现实

1

2

杰出人士

3

6

4

1. 特朗普发布旅行禁令后，与“伙伴”谈论移民问题
2. 在西弗吉尼亚州与前煤矿工人交谈
3. 与在西雅图定居的难民交谈
4. 2018 年与中国伙伴告别
5. 布兰登•丹尼森（右），煤田开发公司创始人
6. 玛丽•普尔（中），非营利组织“软着陆米苏拉”创始人

5

7

8

9

10

11

7. 阿里巴巴创始人马云在中国合作伙伴家庭论坛上

8. 与星巴克中国董事长兼首席执行官王静瑛一起

9. & 10. 星巴克臻选上海烘焙工坊，总计占地约 2787 平方米

11. 星巴克中国的伙伴家庭

星巴克在中国

1

2

1. 与参议员约翰·麦凯恩一起（2017 年）
2. 麦凯恩在美国国家宪法中心发表演讲（2017 年）
3. 在莫尔豪斯学院读马丁·路德·金博士的论文
4. “伙伴”聚集在一起进行反偏见培训（2018 年）
5. 参观莫尔豪斯学院

3

更完美的联盟

5

4

6

新的篇章

10

7

9

6. 在我离职的最后一天，与星巴克首席执行官凯文•约翰逊会面。成千上万的“伙伴”对我说再见
7. 在米兰，和亲爱的朋友普拉西多•阿朗戈一起
8. 在米兰，人群排队等待进入烘焙工坊
9. 雪莉和我一起在米兰庆祝
10. 米兰科多西奥广场的烘焙工坊隆重开业

8

家庭

1

2

3

4

6

5

1. 20 世纪 90 年代初与乔丹和艾迪森
2. 一起过感恩节
3. 我和艾迪，在她高中的时候
4. 在一个朋友的婚礼上，我和一生的挚爱雪莉在一起（2018 年）
5. 乔丹、他的妻子布里安娜、我、雪莉、艾迪森和她的丈夫
6. 乔丹和我（2018 年）

7

8

11

故地重游

9

10

7. 布鲁克林湾景住宅区的公寓大楼
8. 回到小时候的楼梯间
9. 公寓外面的走廊
10. 和小学校长达科塔・凯斯
11. 在卡纳西看孩子们打球

1

1. 雪莉和我在奥马哈海滩（2017 年）
2. 诺曼底美国公墓和纪念馆

2

从头开始

FROM THE GROUND UP

星　巴　克　之　父

【美】霍华德·舒尔茨
（HOWARD SCHULTZ）_ 著
吴果锦 _ 译

北京联合出版公司
Beijing United Publishing Co.,Ltd.

图书在版编目（CIP）数据

从头开始 /（美）霍华德·舒尔茨著；吴果锦译．—北京：北京联合出版公司，2020.10

ISBN 978-7-5596-4297-4

Ⅰ．①从… Ⅱ．①霍… ②吴… Ⅲ．①咖啡馆－连锁店－商业经营－经验－美国 Ⅳ．① F737.121.7

中国版本图书馆 CIP 数据核字（2020）第 102234 号

从头开始
作　　者：（美）霍华德·舒尔茨
译　　者：吴果锦
出 品 人：赵红仕
责任编辑：牛炜征

北京联合出版公司出版
（北京市西城区德外大街 83 号楼 9 层　100088）
河北鹏润印刷有限公司印刷　新华书店经销
字数 295 千字　700 毫米 ×980 毫米　1/16　印张 24
2020 年 10 月第 1 版　2020 年 10 月第 1 次印刷
ISBN 978-7-5596-4297-4
定价：69.00 元

谨以此书献给我的妻子雪莉，
她教会我何为“带着同情和爱心去生活”。

目　录

中文版推荐序　1

——王静瑛（Belinda Wong），星巴克中国董事长兼首席执行官

中文版作者序　**未来的可能性**　6

慢慢地，我眼中的世界不再是“现状”，而是“未来”。这正是本书的中心思想：我们所有人——包括我们从事的行业——该如何为自己、为家人、为现存的世界打造一个更好的未来。

第一部分　梦想开始的地方

第一章　**在艰难中成长**　3

比如单纯、坦诚、友好，这是我希望的生活的样子，正常的样子。而赌局与之大相径庭。它令我感到焦虑和羞耻，我只希望自己不正常的家庭不会为外人所知。

第二章　**咖啡里的连接感**　10

在某个特定的场所，咖啡能拉近人与人之间的距离。在这里，人们会体验到单纯、随性、熟悉的舒适感和群体感。我相信，把这种体验带到美国，就是星巴克的下一个目标。

第三章　　“异类”星巴克　19

雪莉、星巴克的伙伴、同事们，我认识的很多人，他们受到工作的滋养，这是我父亲从未有过的体验。我想让星巴克成为这样的地方。

第四章　　如何穿越泥泞　38

那是一双沾着泥巴的双手，手掌向上，配以文字：“世界属于少数励精图治之人。”“泥”这个词还反映了我们事业成功的关键所在。它不在总部会议室里，而是在实地，在门店里，在门店经理和咖啡调配师身上。

第五章　　无能为力是改变的开始　52

挺身而出保护所爱之物、帮助所爱之人，在我掌管星巴克这个我爱之如家的公司时，这种本能展现得淋漓尽致。

第六章　　在变局中不做旁观者　60

这是我们公司的使命吗？我们有责任蹚这个浑水吗？倘若如此，我们能走多远？应该走多远？身为CEO，身为美国公民，我问了自己一个更大的问题：不做旁观者，意味着什么？

第二部分　星巴克的重塑和使命

第七章　　工作的尊严必不可少　79

工作本身并不能令人有自尊。尊重来自工作的选择权，来自个人的表现——努力程度、责任心、结果，来自别人对待我们的态度——

当别人对我们抱以同情、关注我们的需求、感激我们的贡献时，我们的自我价值就得到了强化。

第八章　**当星巴克遇见善良天使**　93

我回想起星巴克的创始人，想起老比尔·盖茨，想起我早期的投资人，想起雪莉，想起雪莉的父亲，想起多年来无数个伸出援手帮助星巴克成功的人。他们都用行动证明——今天，善良的天使就在我们中间，人们愿意互相帮助。

第九章　**我们的义务**　107

他向我强调他的动机绝非仅仅喜欢我们的咖啡。他说，打动他的，是我们对待伙伴的方式。他提起了我们为伙伴提供医保的事，还说到了我们公司的价值理念、公司使命、团队文化。

第十章　**招聘不是慈善活动**　122

不是所有人都能长期在星巴克干下去，有的人只是把星巴克当作踏板，继而更上一层楼，这都是好事。但是还是有数千人留了下来，他们的故事也成了公司画卷中的一部分。

第十一章　**磨难是人生的“意外”**　132

“身体上的伤触目惊心，但你看不到脑子里的伤。”2014 年，不再年轻的我对军人有了新的了解，也得以站在新的视角看待父亲。他是不是有创伤后应激障碍？他的战时经历，是否激怒了他心中的恶魔，影响了他的人生抉择？或许是。

第十二章　**为他人铺路的责任**　150

普通民众，尤其是富人，往往拥有巨大的能量。一个决策就能影响数千人的生活。从此之后，我就不断思考、质疑能量的本质以及有能量的人肩负的巨大责任。

第十三章　**我相信应许之地**　166

我们将继续探索新的方法，以最大限度利用“讲故事”与“星巴克”的合力。正在动脑之际，我突然想到，我们不必把《拳拳爱国心》里的故事局限于纸张上面，还有一个办法能广而告之。我们能把人们聚集起来，而我知道一个好地方。

第十四章　**教育是最好的承诺**　173

母亲没能来我的毕业典礼，真是太可惜了。我的大学梦，很大一部分是源自母亲。我的上学、毕业，不是为了她，却是因为她。她比任何人都更应该亲眼看看——我今天成了家族里首个拿到大学文凭的人。

第十五章　**像星巴克那样为你投资**　181

在我们这个时代，受教育程度是竞争优势，是高收入的关键因素。我们此举，能向劳动力市场注入大批大学毕业生，对星巴克这样的公司来说，对整个国家来说，都是一件好事。

第三部分　**让星巴克成为纽带**

第十六章　**咖啡馆里的讨论会**　201

主动走向跟自己不一样的人，对他说："不同意你的观点，我不理解你；你也不同意我的观点，不理解我。但我有我的价值，你有你的价值，你的观点同样重要。我们应该和平讨论一下。"没有高喊，没有低语。没有人出口伤人，没有人中途离场。

第十七章　**第三空间的热点议题**　217

"最简单的办法是舔舔伤口，落荒而逃。"硝烟散尽时，我在公司内部一份备忘录上如此写道，"但为所有人而非少数人而奋争的种族平等和机遇平等，必须继续下去。现在不是撤退的时候，而是周详考虑、严阵以待。"我不愿当缩头乌龟，我们只是需要找到更好的方式。

第十八章　**重新思考人生的可能性**　231

我们一致同意，帮助年轻人找到好工作，是解决社会不平等、经济不平等的最佳办法。通过此事，团队目睹了年轻人接触不到资源的困境。我们为这个城市的年轻人举办了一场招聘盛宴，有多少人会来？

第十九章　**给"机会青年"一个新开始**　248

学会打领带并不能左右这个世界如何看待他，而是他自己怎样看待自己：他有能力，能掌控自己在世界上的存在。这样小的细节都能产生巨大影响，令人重获自信。那么，得到并干好第一份工作会令人拥有怎样的尊严？

第二十章　**帮助那些没有"毯子"的人**　260

我曾无数次思考拉比的指引。它比我最初想的复杂得多。这个暗喻有无限内涵，恰逢“有毯子的人”与“没有毯子的人”之间的差异越来越大的时代，这一暗喻尤其令人深思。“分享”的意思是什么？昔日的“毯子”在今天对应的是什么？

第二十一章　**在进取中探索未知**　277

“这里有聪明、精力充沛、多才多艺的人，他们想要工作，愿意学习，想做事。可是，因为经济太不景气，社区萧条，人们的能力没有用武之地。”用武之地。我喜欢这个词。我想，美国仍是一个未得到开发的用武之地。

第二十二章　**中国星巴克的“伙伴家庭论坛”**　284

在过去三年里，星巴克中国曾邀请数百位伙伴的配偶、孩子、父母——有些人此前从未离开过家乡，从未坐过火车、飞机——到上海、北京、广州，作为我们“年度家庭会议”的客人。我们将这个活动称作“伙伴家人论坛”。

第二十三章　**星巴克欢迎你**　301

现在是时候往这次全国性的大讨论里注入一些积极反馈了：国门关闭，但星巴克在说：“我们欢迎你。”不仅仅是在美国国内，而且是在全世界。我们此举意在重振美国数十年来向难民表现出的关怀，这与现任政府提出的政策截然相反。

第二十四章　**我们的角色和责任**　317

一家公司在社会上的角色和责任是设法强化其社区，发出积极的声音，成为一个合作者、召集人、聆听者、体谅者、教育者、志愿者、分享者、改革者。

第二十五章　**告别星巴克，成为更好的我们**　333

36 年了，我要离开星巴克了。我走得心安。我走得还有点迷茫。我相信这样做是正确的：告别过往，敞开心扉，走向另一个未来。我看着空荡荡的楼梯，虽然是阴天，但有阳光穿窗而入。

后记　**勇敢攀登**　349

未来，不会因为我们是美国人就偏向我们。我们得亲自动手，争取未来，推动未来。总而言之，让我们选择相信彼此，因为，从现在到永远，我们同舟共济。

致谢　355

照片出处　361

中文版推荐序

王静瑛（Belinda Wong），星巴克中国董事长兼首席执行官

霍华德·舒尔茨早年创业时，就意在创办一家与众不同的公司，试图找到“盈利”与“社会责任”之间的微妙平衡。他的这个愿望缘于童年时的经历，这些经历赋予了他同情心、同理心以及对世人的尊重之心。这样的价值观，再加上坚强的决心，指引了霍华德的人生旅程——从成为家里第一个大学生，到筹资开办第一家咖啡馆，再到打造一个世界级的品牌。

霍华德执掌星巴克近五十年。他开创了一种全新的商业模式，重新定义了公司在社会中的角色。中国是星巴克在美国之外最大的市场。身为星巴克中国董事长兼首席执行官，我有幸与他共事多年，获益良多。

星巴克于 1999 年进入中国大陆。因为中国是传统的茶文化国家，所以当时很少有人看好星巴克在中国的发展前景。然而，星巴克从最初北京国际贸易中心的 1 家门店，发展成为现在遍布中国大陆 190 个城市的 4500 多家门店。我们的咖啡品质上乘，门店设计精良，运营井井有条，我为之无比自豪；而更令我自豪的是公司的“根基”，亦即我们的使命、价值观和指导原则。我们的“根基”与经营策略同等重要，而其源头正是霍华德创业初心的精髓：人文关怀视角下的高绩效。

我于 2000 年入职星巴克，现已在这里工作了二十年，但我与星巴克的渊源更为久远。我还记得 1983 年来到位于华盛顿州西雅图市派克市场

的第一家星巴克门店的情景，那时我 12 岁。当时我住在华盛顿州的一个小镇上。多年来，我在那里上学，同时帮母亲打理一家中餐馆。那时，父亲工作、生活在香港。我是在香港出生的。大学毕业以后，我就立刻回到了香港，在那边生活，并开始工作。

过去十年的职场生涯，我一直是星巴克中国大家庭的一员。霍华德也是这个大家庭的重要成员。在担任星巴克董事长兼首席执行官期间，他每年都数次来华，探望中国的伙伴（伙伴是星巴克对员工的称谓）。中国伙伴对咖啡的热情和精湛的手艺，屡屡令霍华德赞叹不已。到访门店期间，他总是尽量多地与伙伴们接触、交流。

霍华德到访中国的行程中，我最难忘的一次是在 2017 年 4 月，地点是北京“798 艺术区”的星巴克门店。在那里，霍华德和我与数位伙伴以及他们的父母喝着咖啡进行座谈，其乐融融。这些伙伴的父母，很多都是远道而来，为的是见一见儿女公司的当家人。虽然来自不同的国家，说着不同的语言，但同样身为人父的霍华德与伙伴的父母有着强烈的情感共鸣。他们对儿女怀着同样的爱、希望和关心。霍华德将这件事写进了这本书里，因为他感动于中国的父母与子女之间的拳拳之心、眷眷之情。这种情感共鸣也再次让我看到人与人之间的共通之处远多于人与人之间的差异。家庭、社群、同情心、爱，这都是普世的价值观，也是星巴克的价值观。

在星巴克的每一天，我与团队都努力以符合中国实情和尊重中国文化的方式践行这种价值观。我们的伙伴中有一大半工作地远离家乡，因此公司为他们提供了住房补贴，而且，只要在他们家乡或家乡附近开了门店，他们就会得到调过去的机会。我们的咖啡师和门店经理互相支持，共同进步，很多伙伴都将星巴克视作第二个家。

着眼于家庭在中国文化中的特殊地位，我们还创办了“伙伴家人论坛”。

论坛在多个城市举办，很多伙伴的父母远道赶来参加。我们热情地接待伙伴们的父母，向他们介绍星巴克的情况，与他们分享我们对咖啡的热情，并表达决心一定照顾好他们的儿女。伙伴们的父母也可以借此机会看看孩子，并且在孩子工作生活的城市转一转，看一看。

几年前，我们通过伙伴民调发现，伙伴们最关心的事是如何照料日益年迈的父母。于是，星巴克中国于 2018 年又推出一项创新之举，为伙伴的父母购买重疾险。项目推出以来，我们已为近 32000 位父母购买了重疾险。这是一项在行业内领先的举措。我们的初衷之一是抛砖引玉，启发更多的公司，这样就能惠及更多家庭。果然，之后不久，很多公司也都出台了类似福利。

我们践行星巴克价值观并不只是局限在对伙伴的关怀。我们在云南省开办了“星巴克种植者支持中心”，向当地农民提供免费种植技术支持和其他各种支援，帮助他们生产高产量、高品质的咖啡豆。我们的目标是改善当地农民的生计，同时把顶级云南咖啡豆推广到全球，这也将是所有中国伙伴的骄傲。

最近，在星巴克价值观的指引下，我们走过了新冠疫情的风风雨雨。当疫情在大小城市蔓延，在恐慌和动荡中，我们不得不做出很多困难的决策。我们始终贯彻一个指导原则：怎么做，才最有益于我们的伙伴、顾客和国家？

2020 年 1 月，星巴克中国主动将绝大多数门店停业，是中国在疫情期间首批这样做的大型连锁企业之一。这是我的职业生涯中最重要的决策之一。那天晚上，我一人在家，冥思苦想该怎么办。这时手机响了，打断了我的思路。我接起电话，那边传来霍华德令人安慰的声音。他是我的良师益友，多年来给予我太多的帮助和指引，所以能听到他的声音，我无比激动。他让我放心，他说我唯一需要考虑的是对伙伴负责。他的信任促使我做出了正确的决定。

在疫情期间，星巴克最终暂时关闭了中国大陆近80%的门店。对于继续营业的门店，我们提高了运营标准，为顾客提供“无接触式服务”。我们强化了保险福利，为可能感染新冠病毒的伙伴及其家人提供保障。在武汉，我们向伙伴和他们的家人发放口罩。我们还设立心理咨询热线，组建了互助小组，以便伙伴在封城期间相互支持。

我们在新冠疫情期间所采取的行动，证明了星巴克在中国取得成功的原因，那就是秉持“以人为本”的价值理念。星巴克能在如此艰难的时期保障伙伴的福祉，我感到无比自豪。

另一个令我自豪的时刻，是星巴克臻选烘焙工坊于2017年12月在上海正式开业。这座沉浸式、多感官体验的咖啡奇幻乐园，不仅是美国之外的第一家，而且是当时全世界最大的星巴克门店。这座工坊反映了霍华德不断创新的信念，也是我们共同梦想的巅峰之作：让顾客真正了解咖啡的历程，感受咖啡带来的快乐。

在工坊的开业典礼期间，霍华德把我叫到一旁，与我聊起往事。2011年他让我执掌星巴克中国的业务时，曾对我说过一些话。他认为我已经为这个职位做好了准备，还看到了我的潜力，而这种潜力，连我自己都没有看到。对我而言，那真是一个醍醐灌顶的时刻；因为我发现，就像霍华德一样，我肩负“服务型领导者”的责任，即通过帮助伙伴发掘自身潜力来改变他们的人生。

在我看来，对于“服务型领导者”而言，简单的小事与复杂的重大决策一样重要。一直以来，我始终坚持经常在七层办公楼的所有楼层走一走，跟大家打招呼，聊一聊。我没有特定的目的，只是倾听，提供帮助，让大家知道我就在他们身边，牵挂着他们。我还喜欢“跨层级聊天”，邀请某位团队主管到我办公室聊一聊，以此来认识工作中罕有接触的伙伴，了解他们的个人情况。有些伙伴会觉得难以置信，不相信我想了解他们，关心他们在星巴克的工作是否快乐，但聊过五分钟之后，他们就乐于和我敞开心扉了。这些日常的交流使我们不仅仅是在一起工作的同事，更是像一个家庭一样彼此连接。

现在，星巴克在中国继续践行霍华德的创业初衷。每一天，我们的目标都是让我们的伙伴和顾客感到自豪，同时让我们不断超越自我，更上层楼。

霍华德的经历和信念，都呈现在这本《从头开始》的字里行间，这些都是他的人生经验。这本书激励我去思考如何在我们所处的组织和社群中发挥更大的作用。我希望这本书也能给大家带来同样的启迪。让我们携手同心，以同理心、爱心和人文关怀为根基，共同建设长盛不衰的企业和欣欣向荣的社区。

王静瑛

2020 年 5 月 31 日

中文版作者序

未来的可能性

楼梯间是我的避风港。公寓楼里大多数人都乘电梯，只有在电梯故障时才会爬楼梯。即便如此，也没有人会去通往楼顶的那段楼梯。所以，每当家里鸡飞狗跳时，我都会躲在那里。我的卧室——透过窗户能俯瞰下面的停车场——不适合躲乱子，因为我是跟弟弟妹妹同住一间卧室，而且我家的公寓太小，父母吵架的声音又太大，用被子蒙着头都没有用。坐在楼梯间里，我觉得很安心。这里是我的避风港，是我的“城中巢穴”。

楼梯间里并不安静。争吵声、沉重屋门的关门声、底层楼梯里小孩子上下楼的声音，都能听到。种种声音在空荡荡的楼梯间里回荡，传进我的耳中。虽然如此，坐在这里，我却能感到些许平静。再大一点之后，坐在楼梯间里，我幻想着离家出走，想象着童年之外的人生。想象终是有限，但我知道自己想要怎样的感受。我想要摆脱心中的焦虑，这种焦虑，每当推开自家公寓的屋门时就会布满全身。

我三岁时，我们家搬到了布鲁克林东南边缘处的卡纳西（Canarsie）的湾景住宅区（Bayview）。这里原本是一片细长的沼泽带，而我们的公寓是一个狭小的两居室。那是 1956 年，纽约城市住房管理局为一千多户低收入家庭新建了砖结构的公寓楼，我们家就是其住户之一。那是破败的城市贫民区的新化身。像湾景住宅区这样的项目，不是穷人的末路，而是生活的起点。当时我不知道这对我意味着什么。多年时间里，母亲一直向我灌输一种观念：在卡纳西之外有更好的生活，且是我能力所及。可我看不到它。每一天，我所看到的只是长时间躺在沙发里的父亲。母亲给他起了个外号，叫“卧虫”。对自己、对家人、对我从未谋面的他的上司、对我无法理解的体制，他都表现得萎靡不振，而他萎靡不振的气息，渗透进我们家的每一个角落。

在楼梯间里，我得以稍稍远离令人窒息的家庭气氛，但我努力要看透四周的水泥墙壁。

慢慢地，我眼中的世界不再是“现状”，而是“未来”。这正是本书的中心思想：我们所有人——包括我们从事的行业——该如何为自己、为家人、为现存的世界打造一个更好的未来。

改变萌发于内部。对公司而言，改变源于文化。打造文化就像培养孩子。一个团体（组织、机构）的价值观早在奠基之时就打上了烙印，并且，其创始人及领导人每天的决策都会融入公司的集体记忆和持续行为。

我于20世纪80年代中期开始创业。那时的我，是一个被咖啡启迪的年轻创业者，但同样给我启迪的，还有人类与生俱来的交流联系的需求。这一普世而永恒的特质被深植于星巴克的DNA，也是星巴克五十年经久不衰并将继续受世人欢迎的原因。

所有社会都会面对复杂的困境，企业需要参与进来，帮助解决问题、缓解痛苦。除了捐款之外，公司还可以利用其独特的资源——专家、产品、人脉甚至场地——为社会改变产生积极的影响。员工在金融、技术、营销等方面的专长，可以帮助非政府组织、非营利机构变得效率更高、成效更大。与以前相比，现在的公司更要正视自己。它们不仅仅是利润驱动的实体，更是对多个利益相关者——股民、员工、顾客、供应商、社区以及这个星球——负责的企业公民。

对企业家和高管来说，“解决社会问题”并非“提高财务业绩的诸多决策”的派生物，而是同根同体的。“人道”与“生意兴隆”并非你死我活的竞争关系。二者若能共生，企业定会受益良多。现在的顾客青睐行事有意义的品牌，员工也更愿为有作为的公司奋力工作。

没有人是孤立存在的。健全、快乐的群体有赖于成员的相互依赖。这同样意味着，企业不能孤军奋战。如果私营、公营、非营利组织能携起手来，合作创新，为社会谋福祉，那大家都能更上层楼。

回顾人生，我一直在力促星巴克及其他公司积极而创新地提升社会正义、推动经济公平、维护社会稳定、谋求社会福祉；我所做的这些努力，以及塑造了今日之我的早年经历，都是本书的精髓。

但是，我们的努力远未结束。我们所有人都要做出一个决定，亦是回答我们这个时代最重要的问题——我们要产生怎样的影响，才能促成有意义的改变?

霍华德·舒尔茨

2020 年 5 月

第一部分

梦想开始的地方

第一章

在艰难中成长

在我们家里，我们几个孩子对父母的记忆仿佛一本残缺不全的剪贴簿。小时候，我们对父母的生活只有支离破碎的了解。所有没有亲眼所见、亲耳所闻的事情，都如同空气一般毫无踪迹，所以，“父母”这两个字对我们而言充满了神秘。

但是，作为“人”，他们对我们的影响巨大。父母塑造了我们的价值观和信念，培养了我们的欲望和行为模式。每当我回顾童年，想在“过去”和“现在”之间连点成线时，一幕幕场景就会浮现在我的眼前，又寒心又温馨。我看到的，是我几乎不了解的两个人，他们却影响了我对自己、对亲人和爱人、对星巴克所做的种种决定。

上小学时，每当回到公寓的家里，我的心跳都会加快。若是看到餐桌上铺了桌布，四周的椅子比平常的五把要多，我就知道，我们本已拥挤的家里马上就要充斥着外祖母专横的声音、罗宋汤的刺激味道以及陌生人的喧笑。

在这样的夜晚，父亲总是下班到家就躺在沙发上，母亲则会把我、妹妹以及还是婴儿的弟弟提前喂饱，然后让我们上床睡觉（我们三个孩子共用一间卧室），母亲还会叮嘱我们不许出声，不许开门。从她的声音和眼神中，我能听到、看到一种无奈。她和我一样，都希望这个夜晚能尽快过去。

上床之后，我有时候会偷偷起来，把头伸出门口，窥探厨房里的情况。大概在晚上 8 点，来人陆续登场。他们三三两两结伴而来，若是冬天，他们进门后就把旧大衣脱下来，放在客厅里塑料皮的沙发上，然后再拖拉着脚步进入餐厅，一屁股坐在椅子上，点上当晚的第一支烟。接下来的几个小时里，他们一边赌博，一边喋喋不休地抱怨嘟囔，有些晚上，他们还会喝外祖母做的鸡汤。那鸡汤，都是外祖母用新宰的鸡做的。

这种闹哄哄的扑克局，每周都有好几个夜晚要上演。在布鲁克林潮湿的夏季，男人围坐在桌前，身穿旧汗衫，胡楂儿上还沾着煮鸡蛋的碎屑。女人——有几个人戴着头巾，头巾下是层层鬈发，她们穿着家常便服，却脱了衣服，露出里面的紧身内衣和棉布胸罩，一边打牌，一边用扑克扇风祛暑。每当他们扯着嗓门说话或拌嘴，我家的公寓里便会充满粗话。我目瞪口呆地盯着他们，无法理解——我家的餐厅怎么变成了这伙粗俗的布鲁克林人的娱乐室。他们的戏谑之语在我们这间狭小的公寓里喧嚣着，与平时家里或是死寂或是父母争吵的样子截然不同。我对眼前的一幕迷惑不解。显然，这些大人正玩得兴起。对他们而言，这是一个愉快的夜晚，是工作一天之后的放松，是与在自己家里不一样的心情，借机还能赢点小钱。可他们的这种“快乐”令我不适。我能觉察到，父母并不愿意招这些人到家里来，可外祖母的意思难违。我转头回到床上，感觉我在自己家里是微不足道的。哪怕是钻进被子里，唰唰的洗牌声也会传到我的耳中，我知道，这个夜晚还早得很。

“蠢货，快下注！”

夜越来越深，酒越喝越多，他们的声音也越来越大。

“满堂红，比你的三条大！”

“你跟不跟？”

“滚一边去，你这杂种[①]！”

“哎，再给我倒杯酒来！”

连输的人因霉运而咒骂，接着便会听到金属椅子挪动时腿脚摩擦油毡地面、碰到火炉的声音，然后是一阵脚步声去了我们家的卫生间。他们就在我刷牙的盥洗盆边撒尿。

这群人把我们家的厨房视作他们的私人俱乐部，从某种意义上来说，也的确如此。只要是来玩牌的，都得付钱，费用包括台费和一份饭的餐费。只要坐下来，他们就按约定俗成的规矩行事。

我的父母是这个俱乐部的“雇员”，赌客若是玩牌不顺，就会把情绪发泄到他们身上。当母亲为他们送饭，或用家里的牛奶瓶给他们添酒时，他们就会朝她说猥亵的话。父母对此逆来顺受。他俩对客人、对外祖母都是俯首帖耳。外祖母是这个俱乐部里绝对的“老板”。她脾气暴躁，满口恶言，待父亲以臭骂为主，待母亲也极尽侮辱。这些话根本不是女儿和外孙该听的，可我全都听到过。

最后，我会辗转睡去，不知何时，家里再次恢复宁静。第二天早上，当我走进厨房，只看到横七竖八的椅子，屋里弥漫着烟臭。我在餐桌上吃玉米片，旁边就是堆满了烟嘴的烟灰缸。母亲这时往往也已起床，她为我打包好午餐。我带着午餐，没精打采地随一群孩子去上学。我猜，他们住的公寓要比我家安静很多，所以一定睡得很好。我不知道那些人何时会再

---

① shiksa，北美犹太人用语，意指非犹太的女人，贬义词。

来打牌，只要我打开家门看到家具没有重新摆放，那就没事。

外祖母名叫莉莲（Lillian），与外祖父伍尔夫（Woolf）离婚之后，她就干起了开赌局的违法生意。多年来，外祖母以此为生，先是在她自己位于东纽约[①]的那栋普普通通的房子里，后又将生意扩展到我们家里，两边都聚拢了一众赌徒。每次聚首，他们赌的是自己微薄的薪水、政府的补贴，或者是从外祖母这里借的钱（她对此收取高额利息）。

外祖母既是银行，又是庄家。她会安排司机——往往是我父亲——去接赌客。开局之后，女服务员——往往是我母亲——就会为他们端上酒和自制的食物。外祖母有时候也会参赌，即使不参加，她也是屋里最大的赢家，因为她每一局都有抽成。一夜的赌局结束，父亲负责把赌客们（往往已是酩酊大醉）送回家。

若是晚上的赌局设在外祖母家里，父母就把我、妹妹萝妮（Ronnie）、弟弟迈克尔（Michael）留在家里，他们则到外祖母家去服务。

外祖母的赌客都不富裕，但因为每个人都得付钱，所以这生意颇为合算。对赌客而言，打牌是正儿八经的娱乐；对外祖母而言，这是生意；对我而言，却是痛苦不堪。

赌局设在我们家的公寓里时，我从未觉得有什么人身危险，但却难以安心。我是个瘦削的褐发笑脸男孩，处世凭的是礼貌而非肌肉。身在廉租小区里，我很早就明白，最好的防守是进攻，所以我举止得体，讨人喜欢，宠辱不惊。我跟很多孩子，尤其是动荡家庭的孩子很相似：因为觉得自己脆弱无力，所以安分守己。我向往家里，尤其是大人身上缺失的一些东西，

---

① East New York，布鲁克林的一个住宅区。

比如单纯、坦诚、友好。这是我希望的生活的样子，正常的样子。而赌局与之大相径庭，它令我感到焦虑和羞耻，我只希望自己不正常的家庭不会为外人所知。

要想对外人守住这秘密，简直耗尽心力。对我的朋友比利来说尤其如此，因为他就住在我家走廊对过。如果有人问我家里深夜的喧嚣吵闹，或是闲暇时造访我家的陌生人，我总会窘迫万分。

后来我才知道，父母承办外祖母的赌局是为了挣钱。外祖母雇他俩充当司机和服务员。可在当时我并不知情。父母从未向我解释此事。“回屋去，霍华德。关上门，别出声。”他们只会这样说。

我的父亲没上完高中，一直干着一些低收入的临时工。除了开车之外，他少有拿得出手的技能。一天光荣的工作之后，无论是简单活儿还是技术活儿，父亲从未从中获得自豪和意义。“爸爸累了，别吵到他。”每当父亲躺在沙发上睡觉，我们靠近时，母亲就会这样对我们说。即便不睡觉，他也是一脸疲态，令人无法亲近。以前的某一时刻，这个被我外祖母称作“无业游民”的人失去了雄心壮志，似乎已被生活完全压垮。

父亲过得入不敷出。我们当时住在政府建的廉租房里，每个月的租金不到一百美元，可即便如此，父亲也常常手头拮据。他到废车场买二手轮胎用，转身又去花大钱做个美甲或美发。父母常常会在厨房的餐桌上计算收入——他微薄的薪水、零碎的借贷以及包括赌局收入等灰色收入——的余钱，并就此争吵不休。对此我避之不及。还好，我有楼梯间这个避风港。

我还尽量躲着父亲，生怕沾着他的怒火。他常常会朝我、萝妮、迈克尔突然发火，挨揍是常有的事，有时还会有别的体罚手段。有一次吃晚饭时，他就把我的脸按进一盘意大利面里。

电话铃声也是一个焦虑之源。挂在墙上零零作响的电话机足以令我精瘦的身躯僵化。母亲常常让我替她接电话，以防对方是追债人。“对不起，我爸妈都不在家。”我会在他们一人或两人的注视下如此回答。我挂断电话后，常常因为说谎而满心羞愧。后来，父母让我去向熟人借钱，我又因为家中拮据的事实而再度羞愧。

我害怕父亲，有时候还因为他的行为而对他心生厌恶。可是，有些时候，哪怕是在懵懂无知的童年，我也能感觉到他的痛苦。

1961 年冬天，我七岁。在一个寒冷的日子里，我们在楼后面打雪仗。这时，母亲从我们家位于七楼的公寓里探出身子来，使劲招手，让我赶快回家。

“你爸爸出事了，”我跑回家里，母亲对我说道，“我得去医院。”

父亲当时的工作是开货车，把干净的尿布送到用户家里，再收回脏的尿布。几个月来，每次下班回家，他都抱怨这份工作的脏臭。他说这是“世界上最烂的工作”。我相信他的话。

在那个路面湿滑的冬日，父亲在送货的时候踩在冰上摔倒了，骨盆和脚踝骨折。此后一个月里，我每次回家，一进家门，就会看到父亲平躺在沙发上，因为腿上打着石膏，他 5 英尺 8 英寸[①]的身躯动弹不得。他手指夹着万宝路香烟，英俊的脸庞满是痛苦之色。

在 20 世纪 60 年代的美国，像父亲这种一没文化二没技术的工人，一旦因公受伤，基本上就会立刻被辞掉，连个招呼都不打。出事之后，父亲没有收入，没有医保，没有赔偿金，父母又没有积蓄，所以，他们一下子

① 约为 1.73 米。

就到了穷途末路。母亲不能出去挣钱，因为她当时怀着七个月的身孕（我的弟弟迈克尔）。若不是当地一家名叫“犹太人家庭服务中心”（Jewish Family Services）的慈善机构帮忙，我们家连饭都吃不上了。

此后几年的时间里，我试着站在父亲的角度看待这件事。一个受了公伤、打着石膏的人怎样改变了自己的人生观？先前，他勇挑重担，为了供养人丁日增的家庭，干着“世界上最烂的工作”，可他从中得到了什么？受了公伤又被公司辞退。或许这次受伤正是分水岭：在那个漫长的冬季，这个满以为生活有望出现转机的人突然发现，一次摔倒就能令生活坠入深渊。当时我不知道他的情感和理智是怎样的一种情况，但无助的父亲瘫倒在沙发里的一幕永远铭刻在我的脑海之中。

父亲受伤后的几年时间里，对我而言，家庭生活变得更无吸引力。楼梯间并非我唯一的避风港，还有一处，就是廉租小区的运动场。那里的水泥地面简直就是我的天堂，虽然四处坚硬，却让我觉得充满机遇和归属感。

第二章

咖啡里的连接感

虽然家里笼罩着忧虑和羞耻感，家门外却有着截然不同的感受，廉租小区的运动场和球场是我的世外桃源。

每逢暑假和周末，或者是在放学后晚饭前的那个奇妙时间段，湾景住宅区的数百个孩子会从一栋栋公寓楼的金属框玻璃门内蜂拥而出，来到小区 33 英亩的运动场上，这里没有大人的监管，小孩儿们纷纷结伙玩棍子球[①]、唾沫球[②]、吊球[③]、拍球[④]、ring-a-levio[⑤]等。其中，我最爱玩的是弹瓶盖。

夏日骄阳似火，湾景住宅区新植的树尚不足以形成大片树荫。我们顶着烈日，瘦小的膝盖跪地，皱着前额，斜着眼睛，竭力思考如何以最佳角度将瓶盖弹进沥青地面上游戏区的 13 个彩圈里。为了成功抢占上风，我

---

① 一种类似棒球的游戏。
② 小孩互相投掷唾沫湿纸团。
③ 几个人用拳或头击打传递橡胶球。
④ 用手和头多次将球击向墙面不使其落地。
⑤ 一种类似捉迷藏的抓人游戏。

用母亲的炉子把蜡笔化成蜡熔到瓶盖里，如此一来，瓶盖就沉了一些，更容易控制。母亲看到炉子上的彩色斑块时会发怒，但只要能赢得游戏，我就算挨骂也是值得的。

连续几个小时的时间里，我和小伙伴们挤在一起，因为出汗而黏糊糊的胳膊挤来蹭去，全然不顾彼此身上小孩子那股洋葱味的汗味。每一次弹瓶盖，我们都会大呼小叫。决出胜负之后，我们或是再玩一局，或是改玩别的游戏。有时候，某个小孩的爸爸也会加入我们的游戏，跟我们一块儿玩，甚至我父亲偶尔也会来。大家玩得都很认真，因为我们都急于证明自己。说到底，我们是怕输。除此之外，我还能感到彼此之间的友情。我们并肩而坐，心里想的是同一个目标，一种亲密感油然而生，仿佛被罩在一张志同道合的网里。

运动场并非我们感受友情的唯一场所。我家搬到湾景住宅区是在1956年。我们住的公寓楼只是23栋廉租公寓楼之一，仅在我们这栋楼里，跟我同龄的男孩就有20个。我们一起长大，在走廊里上蹿下跳，随意闯入彼此的家。楼里大多数公寓都不锁门。公寓门都是褐红色，所以，误以为是自己家而走错了门是常有的事。等发现走错了——"欸，家里买新家具了？"或者“怎么有一股卷心菜味？”——你就会一笑了之，对方也是一笑置之。没有人会因为“不速之客”而感到担心。

湾景住宅区的打架往往不会上升到致命的程度，但自有其激烈的方式。多年以后，我和朋友比利谈起在湾景的成长经历，我们说，在湾景住宅区，一个孩子如果既不强壮，又跑不快，又没有趣，那他一定混不好。这话可不假。在湾景这个与布鲁克林其他住宅区相异的地方，有友情，也有内斗。每当我跟湾景住宅区之外的人说起我住在哪里时，我都会感到自己被贴上了“穷孩子”的标签。住在政府的廉租房里，使我与众不同。在湾景住宅区内部，大家都一样穷困，所以，我们需要树立另一种地位，在男孩、男青年之间更是如此。通过游戏、体育竞技、骂人、玩笑、肉搏，我们来证明自身的价值。尽管如此，但在我所生长的城市的家门之外，我极有安全感。这是我所认知的首个“大集体”。

回想起来，湾景这个廉租小区可谓不同于家、工作场所或者学校的并且自由生长的第三个空间所在。在这些家门之外的空间，没有太多的责任。这是我们自己选择的地方。在那里，我们的生活与别人交织在一起，而这些人，有的成了朋友，再不济也是熟人。那些运动场——看台的长凳、游戏和比赛场地——吸引了街坊四邻的参与。反过来，它们又形成了一种社会寄托。

上初中和高中时，我对弹瓶盖等游戏的兴趣转到了更有趣的团队体育运动上。想玩的和能上场的孩子数量悬殊，所以就孕育了一种惨烈的竞争气氛。想打篮球或触身式橄榄球的孩子都聚集在场上，但要想一直玩下去，就必须赢。这是一种无情的“能者上”制度。如果你所在的队伍输了，你就会被踢出去，跟别的孩子一起当替补，等着下次上场的机会，等到再次轮到你，可能已经过去几个小时了。无聊且自叹无能地站在场外，或者是无聊且忧虑地转身回家，这些都是我不可接受的结果。倘若“赢”的代价是冲向粗粝的水泥地面且刮掉一层皮，那么我就会选择这样。我很少会在天黑前回家。午饭时如果饿了，我就站在公寓楼下，仰头喊母亲，她会从七楼扔一个金枪鱼三明治下来，我接在手里，三两口就吃完，然后再返回球场。

春夏两季，篮球场是我证明自己价值的地方。早晨起床，我就去敲比利家的门，眨眼之间，我们俩就出了公寓楼，站在了球场上。球员之间善意的玩笑、调侃、击掌，还有运球时的击地声，都令我迷醉。一名球员控球，其他几个都随他在球场上来回跑动，似乎我们的未来就寄托在一次篮板球或一次得分上面。要想赢球，就得狠一点。大喊对方犯规，这是软弱的表现。有时候打着打着球，我们就会打起架来。可是我喜欢这一切。但我最喜欢的，是跟别的孩子同在球场上，不断赢得留在场上打球的权利。

秋天，天气冷了下来，男孩们就转而去玩橄榄球。因为附近没有大的场地，我们就在沥青地面的篮球场上玩。触身式橄榄球没有擒抱摔倒，但按布鲁克林的触身式橄榄球规则，同样会出现球员被放倒的情况，受冲击最多的是四分卫，而我在场上的角色常常正是四分卫。上高中时，因为玩触身式橄榄球，我曾鼻梁骨折，有过几次脑震荡，脖子上还出现了发丝状裂缝（几年后才发现）。尽管很激烈，但我的热情丝毫不减。年复一年，数不清的传球、拦截，在寒冷坚硬的地面上，我忍受了数不清的擦伤和掉皮。我所生活成长的廉租小区，或许没有什么犯罪事件，但也绝非温室。

有时候，是我召集大家打球。我有时是挨家挨户叫人，有时是在球场看到某个路人有控球后卫或者接球手的潜质就招呼其加入。这样就能轻松组织起两支队伍开赛。所有球员都够格参赛，只需要在比赛中证明自己即可。

打球时，我似乎会比平时要高一些，一是因为我比同龄的孩子高几英寸，二是因为作为“球员”时，我比“学生”和“儿子”这两个角色更加自信。我有运动天赋，但真正使我能在球场上不落下风的原因，是手里有球的时候我的感觉特别好。

打球时，我不需要通过很多语言交流来获得队友间的“连线”。队友们聚成一团时，或者是当我触地得分或从界外救回一个篮板球而得到队友扬扬下巴的赞赏时，我就有种无可匹敌的归属感，这是我在家里感受不到的。在我的童年里，这样的时刻似乎随处可见。但很快，它们就从我的生活里消失了，我的集体感也随之而去，直到许多年之后才再度找到。

“Buon giorno!”①

柜台后一位年长而瘦削的男人向我打招呼，仿佛我是一位推门而入的邻居似的，虽然是不速之客却也受到了欢迎。我闻到新磨的咖啡粉香气，向他回以微笑，走到柜台前面。这是意大利米兰的一个早晨。我是第一次到米兰来，目的是参加一个贸易展。我是在去展馆的路上，临时起意走进了他的意式咖啡吧。

那是1983年，我刚到而立之年。

我轻轻走近吧台，目光始终无法从吧台后那人的身上移开。他矫捷地磨好咖啡粉，量出分量，再将其放进闪闪发光的铬合金机器上的一个短柄过滤器里，机器咯咯作响，他拉了一下控制杆，一缕琥珀色的液体就注入下面白色的瓷杯里。在闪展腾挪之间，他还用意大利语跟吧台前面并肩而立的三位顾客聊着天，语速极快。我瞅着他的工作台，心想，这个人是谁？我还没注意到，他已把一杯咖啡放到我的面前。手捧精致的咖啡杯，我觉得仿佛收到一份珍贵的礼物。我尝了尝这浓香之物。

“Grazie!”② 我向他说道。

他制作和盛咖啡的方式，与我在美国餐馆里看到的截然不同。在美国，咖啡是放在咖啡壶里，随时加热，顺手就倒进脏兮兮的马克杯里。但是这个，这简直就是表演！

这是什么地方？对吧台前的几位当地人来说，这很明显是司空见惯的，

① 意大利语，早上好。

② 意大利语，谢谢。

可我被深深吸引了。我想多待一会儿。

当时我是西雅图一家小型咖啡豆烘焙商的营销主管兼零售商，其商标是一条袒胸露乳的美人鱼。公司的名字来自赫尔曼·麦尔维尔的小说《大白鲸》[①]。小说主人公亚哈船长的大副名叫星巴克。当时星巴克咖啡公司的主要业务是烘制并售卖世界各地的全豆咖啡。在星巴克，我早就明白一件事：咖啡并不仅仅是高效的咖啡因来源，更是一种精妙而美味的饮品，值得人们细细品味享受。

星巴克公司成立于1971年，由杰拉德·鲍德温（Gerald Baldwin）、戈登·鲍克（Gordon Bowker）、泽夫·西格（Zev Siegl）共同创办。1981年我首次认识杰瑞[②]和戈登，他们告诉我，大多数美国人喝的咖啡源于一种名叫“罗布斯塔”（Robusta）的咖啡豆，与星巴克所用的名叫“阿拉比卡”（Arabica）的咖啡豆相比，前者便宜，味道也淡。星巴克将咖啡豆烘制成黑色，这是欧洲的传统工艺，咖啡爱好者认为这样做能使咖啡豆更香。大多数美国人，包括我在内，喝的咖啡都是源自轻微烘制的咖啡豆，所以，当我首次品尝星巴克的咖啡时，瞬间就被其香浓所折服。我的父母只喝速溶咖啡，若是家里来了客人，母亲就改用罐装咖啡粉，用锡质电动咖啡渗滤壶冲泡。在首次喝到星巴克深度烘焙的咖啡之后，我觉得，此前上大学时和早晨上班时为了提神而喝的咖啡简直就是泔水。

在星巴克工作一年之后，我自以为对咖啡已经了如指掌，直到我走进米兰这家意式咖啡吧。

---

① Herman Melville（1819—1891），19世纪美国最伟大的小说家、散文家和诗人。《大白鲸》是其1851年发表的一篇海洋题材的长篇小说，小说描写了亚哈船长为了追逐并杀死白鲸莫比·迪克，最终与白鲸同归于尽的故事。

② 杰瑞（Jerry）是杰拉德（Gerald）的昵称。

喝完这杯意大利浓咖啡之后，我迫切想多尝一点，多了解一些。我向吧台后的那位绅士致谢，然后去收银员那里交了咖啡钱。在前往贸易展的路上，每走过一个街区，就能看到一家咖啡吧。接下来的一周时间里，我探访了米兰更多的咖啡吧。其中很多咖啡吧的装潢都非常简陋，仅仅可算是一个歇脚喝咖啡的地方。在其狭窄、强烈烟熏味的店内，顾客（大多数是男士）站在吧台前，一边慢慢品尝咖啡，一边用意大利语说笑。个别咖啡吧则高雅一些，时尚而宽敞，店内的顾客也不再以男性为主：有女人，有的还带着孩子；有身穿校服的孩子；有拿着课本的学生；有退休的老人。有跟朋友一起来的，也有独自在此看书、写字、发呆凝望的。哪怕是在安静的时候，店里也充满活力。有的咖啡吧里放着意大利歌剧，人们就在其背景音乐中谈话。与我所熟悉的纽约那些叫莱铃铛叮当作响、霓虹闪烁的餐馆相比，这里的环境也是截然不同的。

我得知，制作意式浓咖啡的工作人员被称作“barista”①。坐在意式咖啡吧里，我发现，他们大都会说英语，所以，我问了他们很多问题。我还发现，要做出一杯合格的意式浓咖啡，需要恰到好处的水流、温度、压力、时机，以上兼得，才能将合适分量的细磨咖啡豆的香味完全表现出来。这一复杂的过程包括倒豆子、研磨、称重、捣固、等待、注水，最后还要清理器械，以保证其后制作的咖啡毫不逊色。其制作过程如舞蹈一般设计精心，如橄榄球运动一般活力四射，如宗教仪式一般庄严神圣。店里的顾客一次只喝一小杯，他们大都是品咖啡的老手，眼光敏锐，而这一切就在距离顾客数英寸的地方发生。我得知，意式浓咖啡上层的厚泡沫称作“crema”。我还得知，在意式浓咖啡里加入沸腾的牛奶，就会制成一种名

① 咖啡调配师。

叫“拿铁咖啡”的饮品。我喝了一口拿铁，入口香醇而丝滑，之前我从未体验过这种味道。

自从去了西雅图，加入星巴克之后，我认识了很多咖啡专家，但他们从未跟我说起过这种赏心悦目又浪漫的品种。

意大利人深知人与咖啡的依依深情，并围绕它形成了一种充满活力的文化。他们将一种饮品上升为一种艺术，随之而来的是无数个温暖又好客的咖啡吧，在这里，咖啡调配师及其他工作人员连顾客的名字都叫得出来。在某个特定的场所，咖啡能拉近人与人之间的距离。像酒一样，咖啡是一种社交饮品，而跟酒不一样的是，咖啡还是一种兴奋剂。与人交谈时，它能使人健谈；独自品尝时，它能令人深思。这些聚会的场所是人们习惯光顾的地方，在这里，他们会体验到单纯、随性、熟悉的舒适感和群体感。

我探访的这些咖啡店和咖啡吧，它们与我少年时的球场有着云泥之别，但它们令我再次体验到久违的归属感。

我如同顿悟一般，激动不已。我的身体如过电一般，脑子里不断迸出灵感。在美国，尚未出现意大利咖啡吧之类的东西，但直觉告诉我，美国人都会像我一样，对其抱以好奇和兴奋。我相信，把这种体验带到美国，就是星巴克的下一个目标。

当时的星巴克不卖饮品。我们的五个商店只卖袋装烘焙咖啡豆，也向老顾客提供邮寄服务。我们这家小公司以其“口味别致的咖啡”而闻名，所以，要把意式咖啡吧介绍给美国大众，让其体验这种欢乐的集体氛围，我们具备得天独厚的条件。

我对这一设想念念难忘，在返回西雅图的航班上，我将计划写了下来，甚至还画了草图，示意如何将意式咖啡吧置入现有的商铺。我兴冲冲地回到星巴克的办公室。

可是，三位创始人对我的想法兴趣寥寥，他们只想一心一意地卖全豆咖啡。我尊重他们一心一意的事业目标，但我的心带我去了另一个方向。最后，我说服了杰瑞，允许我在西雅图第四大道和春天大道的十字路口新开的一家星巴克里设一个小型意式咖啡吧。虽然设在一个偏僻的角落里，但咖啡吧吸引了大量顾客，其中很多人首次尝到拿铁咖啡，随后每天都来品尝。成功了，我想道。可杰瑞和戈登不愿将这项业务扩展开。

我很伤心。“星巴克可以变成一个美好体验的场所，而非仅仅做一个咖啡豆烘焙商和零售店。”我争辩道。我一遍遍劝说，但他们始终不肯点头。他们和我的愿景不一样。值得称赞的是，杰瑞和戈登尽管对我的想法不以为意，但他们尊重我的热情。他们经历了很多坎坷，才把星巴克发展到当时地步，所以，他们很了解一个人对商业创意的执念。

我又在星巴克干了一年，接着便辞职离开，开办了自己的公司，把命运抓在了自己手里。

第三章

“异类”星巴克

“霍华德，咱们出去走走。”

岳父拍了拍我的肩膀，示意我去前门。这是西雅图 12 月里很平常的一个日子，刚刚下午 5 点，夕阳却已经西下，天早已暗了下来。

那是 1985 年，罗纳德·里根第二任总统任期内。微软已经创立十年，“拯救生命”[①]正通过组织演唱会为非洲筹款买粮，道琼斯指数首次突破 1500 点。我那时 32 岁。我穿上一件防风夹克，为家里的狗“乔纳斯”（Jonas）套上绳子，然后跟岳父一起走出门去。妻子雪莉和她母亲瑞伊（Rae）则留在家里。

我和雪莉是七年前认识的，当时我们俩都生活和工作在曼哈顿。1978 年，我的生活方式跟大多数纽约的年轻人一样：跟几个朋友在长岛东端名为汉普顿斯[②]的海边小镇租了个房子，周末时能聚一聚，远离市区的高温

① Live Aid，1985 年 7 月 13 日，名为“拯救生命”的大型摇滚乐演唱会在英国伦敦和美国费城同时举行，这是一场横跨多地区的伟大的摇滚音乐演唱会。该活动是由鲍勃·格尔多夫（Bob Geldof）和米奇·尤尔（Midge Ure）发起的，旨在为发生在埃塞俄比亚的饥荒筹集资金。

② Hamptons，位于长岛东部，度假胜地，被誉为“曼哈顿的后花园”。

和臭味。我收入不错，却不够支付分摊的房租，所以朋友们同意让我少付一点，条件是由我负责租房事宜，意思是租房协议上要写我的名字，把几个人的钱收齐缴纳押金，再按时收钱交房租。我们几个人分摊做饭和生活必需品的费用，房子里也保持得很整洁。

7 月初的一个周末，我们几个人在沙滩上踢足球。近处有一群女青年，她们也是出来享受阳光海滩的。我被其中一位吸引了目光：她一头波浪金发，笑容灿烂。我走过去跟她聊天。她很漂亮，还很随和，很有幽默感。除此之外，我对她还有别的感觉。当天晚上，我给她打了电话。第二天我问她，周一回市里上班之后，是否愿意跟我吃顿饭。

我想知道雪莉 · 克施的方方面面。很快我就得知，她在俄亥俄州一个名叫利马（Lima）的中产阶级聚居的小城长大，在丹佛大学学政治学和心理学，她后来考入法学院，但去了纽约学习室内设计。我对此并不奇怪，她非常时尚，很有品位。

从第一次约会开始，我们俩就有种魔法般的亲近感。我们形影不离。很快我又发现，她身上具备我对人生伴侣的诸多要求，其中包括：宏大的世界观、聪明才智、强烈的家庭价值观。她爱冒险，却非常理性；静时悠闲，动时活力四射。她野心勃勃，却不独断专行，我对她的自信尤其钦佩。她很固执，只要认定正确的事就不会退步。她比我认识的其他同龄女性更成熟，却不会把自己太当回事。跟我一样，她对人生有更宏大的设想，尽管尚不知道未来的人生将会怎样。

认识她不久之后，有一次，我邀请她到我在格林尼治村[①]的公寓里参加一个生日聚会。聚会中间，母亲给我打来电话。她因家中有事而感到难

① Greenwich Village，美国纽约曼哈顿区的一部分，是艺术家、作家等群体的聚居地。

过。她经常给我打电话，寻求安慰或经济上的帮助。我去卧室里接电话，那边更静一些。我尽力安抚她的情绪。当时我并不知道，雪莉听到了一小部分通话内容。后来她告诉我，我对母亲的拳拳之心，令她对我好感大增。

雪莉说，她认为我是个有责任心的人。我很严肃，或许相较25岁的年龄而言过于严肃，但我努力工作谋生，还能拿出时间安慰心情不好的母亲。当母亲的定心丸，这是我从小就担负的责任，从未失职过。认识雪莉之后，我的生活里多了一些轻松，这种轻松的感受，是我爱上她的诸多原因之一。

1982年我和雪莉结婚了。婚礼在汉普顿斯，规模很小，只有双方家人出席。婚礼后的宴会也只有亲朋参加。婚礼很简单，花钱也不多。因为雪莉参与了婚礼策划，所以办得非常高雅。对我而言，这件事如魔幻一般。我无法相信，当初在沙滩上遇到的那个美丽、聪明、善良的女孩竟然成了我的妻子。

结婚之后，我对雪莉的父母同样又敬又爱。岳父母一家住在不算大的美国西部牧场风格的房子里，家庭用餐氛围极其温馨，与我父母的家相比，感觉更“正常”一些。当然，他们也有自己的故事。

雪莉的母亲瑞伊很小的时候就父母双亡，她的母亲难产而死，她的父亲不久之后也死于车祸，她和五个兄弟姐妹都成了孤儿。瑞伊跟兄弟姐妹就此分别，她跟一位姑姥姥生活，后者让她辍学在家做饭、打扫卫生。长大后，瑞伊从姑姥姥家搬了出来，在底特律找了份工作养活自己。在那里，她遇到了哈里・克施（Harry Kersch）。

哈里・克施出生于加拿大，家里共有五个孩子。高中毕业后，只有十多岁的他来了美国。多年时间里，他在一家工厂里打工，清洗制服。30岁过半时——那时瑞伊正怀着雪莉的一个哥哥——他在报纸上看到一则小广告。俄亥俄州一个小城的一家洗衣店对外转让。他找了两个伙伴，将那家小店买了下来。随后一年时间里，他周一到周五就住在洗衣店里，周末时乘火车赶回底特律探望妻子和两个儿子。

1954年，也就是雪莉出生的那年，哈里和瑞伊买下了他们的第一所房子，是利马的一栋平房。之后，他用了30年时间经营生意，将其办成了一家大企业，名叫“新式洗衣公司”（New Method Laundry）及“俄亥俄工作服服务公司”（Ohio Coverall Service），其业务是向本地的工厂租借工作服，回收脏工作服，洗净后送回。这个行业并不光鲜，工厂里又热又脏，哈里常常亲自开着货车远赴一百英里外的汽车厂、钢铁厂，去取工人们穿脏的满是油污和化学药剂的工作服。

从小到大，雪莉和两个哥哥就在公司里帮忙。12岁时，她开始主理干洗业务的收银台。

公司生意不错，哈里和瑞伊得以以简单而舒适的生活方式养育雪莉及两个哥哥。他们供应三个孩子上完大学，60岁过半，又把“新式洗衣公司”卖掉了。我对哈里的勤奋和专注钦佩不已，他是努力、有责任心、有创业精神的楷模，这是我从父亲身上学不到的优点。

那段时间里，哈里乐观开朗，享受着自己的劳动成果。

我们俩默默散步，我能感觉到，岳父并不是要心平气和地为我打气鼓劲。

我在意大利对意式咖啡吧的念头着了迷，就从星巴克离职开始创业。在过去的8个月时间里，我设法筹集170万美元开创一个资本密集型的零售企业。我将公司命名为“Il Giornale”——“天天咖啡”，在意大利语中的意思是“报纸”，还有个意思是“天天，日常”。我的商业模式的基础是，“天天咖啡”和意式咖啡吧将会成为西雅图大众的日常消费，并最终扩展到其他城市。

我在公司里不领薪水，家里没什么积蓄，我和雪莉的第一个孩子还有不到一个月就要出生了。按我们俩的计划，我们打算靠雪莉做室内设计的收入生活，直到“天天咖啡”筹到足够的资金，能支付我的薪水为止。

起初，筹钱的事简单得出人意料。我以前在星巴克的老板杰瑞和戈登——尽管他们对我开办意式咖啡吧的兴趣不大——说相信我，并投资了15万美元。他们甚至让我另起炉灶，还为我出谋划策。我很感谢他们的投资和指导。第二个给我投资的，是雪莉的朋友。卡罗尔·博博（Carol Bobo），她也是位室内设计师，她的丈夫罗恩·马戈利斯（Ron Margolis）是位妇产科医生。卡罗尔跟罗恩说起了我们夫妻俩，他们就邀请我们共进晚餐，想听听我的商业计划。雪莉和卡罗尔是朋友，我和罗恩则不如她俩那么熟，但我们两家有很多共同点。卡罗尔和罗恩刚刚生了孩子，他们家里养了一条脾气温和的大狗——一条爱尔兰猎狼犬，它喜欢在本地绕湖小路上跟我们家的狗乔纳斯玩耍。

坐在他们家的餐桌前，我准备好了说辞。我带来了建筑设计图，在我的餐盘旁边放着一摞文件，那是一份严谨的商业计划书，阐述了我将如何用好投资者的每一分钱去开办一百家门店。当然，我首先跟罗恩和卡罗尔讲了自己在意大利的经历以及如何被意式咖啡吧的模式所吸引，我还对他们说，我坚信这种咖啡馆体验在美国文化中应有一席之地。我越说越兴奋。

我正要展开文件详述，这时罗恩打断了我：“霍华德，我们看人很准。说吧，你要多少钱？”当晚，他们就给了我10万美元。这笔钱，他们并不是投给“天天咖啡”的，而是投给我和雪莉的。我兴高采烈地离开他们家，但又心知肚明——荷包里装了朋友们的钱，不能亏掉，也不能辜负他们的情谊。

我当时乐观得有点蠢了，以为筹集其余的140万美元会像筹这25万美元一样轻松，未料到其艰难程度。

当时我对从风险投资公司借钱一事还一无所知：在20世纪80年代末，这种筹资模式并不像十年后那样简单普及。

我也未考虑向银行贷款。父母因付账而争吵，他们让我接电话对收账人说谎，让我去向亲朋好友借钱，这些耻辱的记忆仍然苦涩。尽管我知道，作为生意人，只要能把债务管理好，其实并不危险，也知道贷款对于小企业起步非常重要，但父母当初的一摊烂账令我对债务一事满心厌恶。有了钱，才能买设备、付租金、雇人，可是我无法摆脱“负债”的焦虑，所以，若是为“天天咖啡”从银行贷了款，我会连觉都睡不好。

所以，我没有从银行贷款，而是找人向我投资，换来的是我公司的股份。有了投资人，我的股权就被稀释了，但这是拒绝身背债务的代价。

杰瑞、戈登、卡罗尔、罗恩为我投资之后，在接下来的几个月时间里，有一百多位潜在的投资者拒绝了我的请求，他们拒绝我的方式五花八门：有的不回电话；有的听到半截就挂断；有的在会面时满面犹疑，说随后再联系我，却再无音信；有的夸夸其谈，说比我更懂零售业，还毫不讳言我的意式咖啡吧创意和售卖纸杯装的名称古怪的饮品的设想又傻又笨——关联起来考虑，我还真是那样。几位西雅图商界大佬一边嘲笑我的创意，一边居高临下地解释我为何会失败。种种拒绝使我深受打击，有时候，在与潜在的投资者会面之前，我要围着街区转几圈才能缓解心中的焦虑。

很多个晚上，我沮丧地回到家里，却不愿让雪莉分担我的压力，因为她那时怀着孕。第二天我照常起床，遛狗，再整装出门。“今天会顺利的。”我如此为自己打气。我约潜在的投资者共进早餐或午餐；我孤身一人坐在高层会议室长桌的一端，窗外是西雅图美丽的海滨。我一遍遍陈述自己的想法，一遍遍感受在米兰咖啡馆里涌起的兴奋之情，在我宏大的商业计划里融入深深的信念。

种种拒绝令人气馁，听从大家的批评或许更轻松一些，但我不愿妥协。别人看不到的目标，并不意味着你无法达到。话虽如此，对创业者而言，“继续前进”和“半途而废”之间的界限是如此模糊，仅在一念之间而已。更何况，连我的岳父都看不下去了，在12月的那个寒冷的傍晚，他开口劝我放弃。

“霍华德，”哈里的话打断了我的思绪，“我很钦佩你去年一年的努力，但我们要面对现实。雪莉上班挣钱，你忙于自己的爱好，却没有收入。我女儿还有一个月就要分娩了。”他停下脚步，像慈父一般看着我，“孩子，你得找份工作了，你得养家。”

说这番话时，他带着深深的尊重，也带着同为创业者的同情。我很尴尬。我尊重哈里，同样尊重雪莉，也曾动过上述念头。可是亲耳听到别人说出我的内心恐惧——我现在过的日子，从哪里看都像极了小时候我们家的穷困潦倒和不负责任——简直令我崩溃。他此前跟雪莉谈过吗？她也同意这个意见？我心里求稳的一面知道哈里的话有道理。我觉得仿佛眼睁睁地看着一个明亮美丽的泡泡“啪”的一声破了。站在敬爱的岳父面前，我点了点头，接着便哭了。他拍了拍我的肩膀。

当天晚上，很晚时，我才把这次谈话的情况告诉了雪莉。

“今天你爸爸跟我谈了谈，很有意思。”等到最后没有外人时，我把岳父的话转述给了她。我想，如果她也让我停止筹钱，让我去找工作，甚至重回星巴克工作，我也会同意的。

“霍华德，”雪莉说道，“我们绝不能半途而废。”

1986年1月，我们的儿子乔丹（Jordan）出生了。

那年夏末，在我问询过的242个人里，有30人同意向“天天咖啡”投资。其中有个好人，他叫杰克·罗杰斯（Jack Rodgers），他的投资部门拒绝了我的提议，尽管如此，他本人还是给我投了钱。还有一个好人，他叫阿尼·普伦蒂斯（Arnie Prentice），他不仅给我投了钱，还把我介绍给了他金融服务公司的客户，后者也为我投了钱。我收到的两笔最大数额的投资来自叔侄俩：做消声器生意的哈罗德·格里克（Harold Gorelick）以及萨克斯演奏大师肯尼·基（Kenny G）。像杰克和阿尼这样的人，他们连自己的名声都搭上了。有了他们的帮助，我得以筹得165万美元，我的商业计划得以实施。

首先是招人。我寻找有能力、有亲切感的人，就像我在意大利见到的咖啡调配师一样。我要招的人，要享受这份工作，愿意为喜欢的公司供职。我曾向每位投资者说过，我的商业计划之一，就是创办一个工作胜地。我们的公司，要能保证伙伴（伙伴是星巴克对员工的称谓）们完全展现自我，有机会过上最好的生活。事实上，1986年，作为新公司的领导人，我所写的公司宗旨里最早就包括：“我们的咖啡吧，要改善伙伴的工作环境。奖励不仅有经济上的，还要有精神上的。我们要创造一种工作氛围，每个伙伴都能分享成长……”

如果说我们要围绕“店内的大集体氛围”这个核心发展起来，那么，在我们的公司内部就得有人际间的情感联系。我的四周，伙伴们都对我们售卖的产品热情高涨，都雄心勃勃、心地善良。

迄今为止，我结识了很多人，他们的工作体验与我父亲的截然不同。雪莉、星巴克的伙伴、同事们，我认识的很多人，他们受到工作的滋养，这是我父亲从未有过的体验。我想让星巴克成为这样的地方。从内到外，我要创办的公司，都是我父亲从未有机会供职的。或者，多年后我将这样说，我们要在盈利和社会道德之间达成一种平衡。我们的价值观就是人的价值观。高尚、正直、分享、支持、合作、关怀、尊重、忠诚，这都是我在早期的公司宗旨中囊括的理念。我还想在其中加入一种热切的同志情谊：“我们要设立宏大的目标，竭尽全力将其实现，”宗旨里如此写道，“这是一次冒险，我们同舟共济。”

看看星巴克今日的规模，大家恐怕无法想象，星巴克当初只是一家小零售公司，只有寥寥几个商铺，很多人都不信它能把业务做到西雅图以外。我曾在第一本书《将心注入》（*Pour Your Heart Into It*）中回忆了公司的早期发展轨迹。

那时，我们一天要工作 12 个小时，会议上满是欢声笑语，在我家里吃着比萨热烈讨论。那时，我们忙于筹资，忙于招人，忙于与最后成为终生师友的人会面。每一天我都在学习领袖之道，在不断试错中成长。

正是在那段时间，“天天咖啡”兼并了星巴克。今日的“星巴克集团”，其实是我在 1985 年创办的“天天咖啡”。这是个意料之外的转变，“天天咖啡”在 1987 年兼并了“星巴克咖啡公司”，并将新公司命名为“星巴克集团”。新公司在原公司的基础上扩建，但保留了很多“星巴克咖啡公司”的东西，其中包括其烘焙设备、公司名称、商标、现有门店和伙伴。而意式咖啡吧的理念、公司的发展前景，以及企业的价值观都是我构思出来的，从“天天咖啡”萌生之日就与之俱在。

公司在一步步成长，但我们从未忘记初心。企业价值观首个体现的地方，当然应该是在伙伴身上。从一开始，我就想创办一种企业模式。这种模式，与我父亲那时的雇主与雇工之间的命令、管理关系截然不同。当年，父亲滑倒摔伤后被其供职的公司辞退，躺在沙发上从此一蹶不振，那幅情景永远铭刻在我的心里。员工与其出力建设的公司之间，应该是一种不同于旧时的关系。这种关系，应该基于信任、相互关心、诚实。基于这一信念，星巴克在创立之初就制定了两项规定。

第一项规定：我要让兼职的伙伴也享受到医疗保健福利。很少有公司，尤其是在零售业，会提供这项福利。即便是提供此项福利的公司，也仅限于每周工作 30 个小时以上的员工。可在星巴克，有三分之二的伙伴每周工作约 12 个小时。让兼职伙伴也享受医保，有悖于当时的大潮流：在 20 世纪 80 年代末，公司纷纷大幅削减员工医保成本，而不是将其扩展增加。

大多数投资者反对这一提议。当时，星巴克盈利还不多。可是我据理力争，说这样才是正确的做法，也是一个聪明的商业决策。让兼职伙伴也享受医保，能够增强其忠诚度，减少人员流动所造成的损失。举例而言，若是一位咖啡调配师辞职了，再招到并培训出一位替代者，需要大约 3000 美元。而为一位咖啡调配师提供医保，一年只需要大约 1500 美元，是换人成本的一半。此外，很多顾客都是常客，咖啡调配师熟悉他们的口味。倘若原有的调配师辞职，常客的连线也会断开，而这种连线对我们的商业模式至关重要。

1988 年，星巴克成了全美首个为每周工作 20 个小时以上的兼职伙伴提供综合医疗保险的私人公司。这是我们制定的最好的决策之一。

此后，我们将进一步扩大福利范围，以满足伙伴的更多需求。

1991 年，星巴克工龄最长、贡献最多的一位伙伴吉姆 · 克里根（Jim Kerrigan）到我办公室来，说他得了艾滋病。之前我不知道他生病的事。他说自己的病情恶化了，不能再工作了，我震惊不已。我们俩在办公室里哭了一阵，我好言好语地安慰了他。

那时星巴克为伙伴提供的医保并不包括绝症。创业之初，我们的伙伴大都年轻健康。因为吉姆，我们出台了新的规定。对身患绝症的伙伴，我们的医保福利始于其无法继续工作之日，止于他们能获得政府的保险保障为止。在那时，这段时间大概是 29 个月。

吉姆在那年就去世了。他还在世时，我经常跟他聊天。在他最后的日子里，我常去医院探望他。他去世之后，他的家人来信表达了他们的感激之情，他们说，如果不是星巴克的医保福利，吉姆不可能负担得起医疗费用。时至今日，我仍然会怀念他。

1991 年 9 月，我又做了一项决定，同样是与员工和公司的关系有关。星巴克成了我们所知的唯一一家向伙伴（无论是全职还是兼职）平等发行优先认股权的私人公司。这是我们在创业之初所做的第二个英明的决策。我们将其称作“咖啡豆股”。因为每位员工都拥有公司的股权，所以，我们将每一位员工都称作“伙伴”。

我在华盛顿肯特市的烘焙工坊里宣布“咖啡豆股”的消息，当时还有一段模糊的影像资料。我站在黑色的台子上，向集合起来的伙伴解释这一决策。

“不论你是在哪个部门，烘焙工坊、门店、办公室，每位伙伴都与公司荣辱与共。”这项规定用了一年多才酝酿成形，因为此前没有私人公司和国有公司给所有员工优先认股权。这是前所未有的事。对一家刚刚起步、尚未赢利的公司来说，更是罕见。我不得不再一次向心有疑虑的投资者们游说——跟伙伴分享成功果实，是我们公司的核心理念。跟向伙伴提供医保福利一样，这样做不仅在情理上是正确的，更会增强其忠诚度，使他们更加尊重公司的事业，从而在今后提高公司的财务业绩。

不论伙伴的职位如何，都给他们股权，这样做对我而言也有个人情感的因素。我的父母什么都没有。没有房子，当然也没有任何一家公司的股份。“咖啡豆股”能提高伙伴的生活水平。随着公司的价值增长，股票的价值也会增长，伙伴的安全感会随之增强，他们及家人的选择权就更多了。

起初大家并不理解为何拥有“咖啡豆股”就有可能大为改善其生活水平。发行之初，我们每股只需 6 美元。从那时起，“咖啡豆股”已产生了 15 亿美元收益，咖啡调配师、轮班主管、门店经理、管理人员的基本工资和小时工资都得到了提高。公司股票市值不断增加，星巴克的伙伴得以积累退休金、买房、供应孩子上大学、偿债、度假、自己创业。从 1992 年 6 月到 2018 年 11 月，星巴克的股东总回报率是 21826%。换句话说，首次公开募股时投入 10000 美元，现已价值 2182620 美元。

时至今日，每当我在店里首次见到某个伙伴，我都会问他们有没有从“咖啡豆股”中获益。很多人还将其经历发布在了网上。萨拉·斯旺森（Sarah Swanson）用她的股票收益办了婚礼、买了辆新车，还为她的首套房子付了首付。有位兼职的咖啡调配师，她的另一份工作是护士，她用股票收益为尼泊尔的病人支付肾透析的费用。最近我参加了一次活动，一位餐饮公司的老板来到我面前，“我曾在星巴克工作过，”她对我说道，“‘咖啡豆股’助我创业成功。”

我最喜欢的“咖啡豆股”故事，是肯尼·克朗宁（Kenny Kraning）的经历。他 1990 年 27 岁时开始在星巴克工作。他患有唐氏综合征[①]，他在星巴克的首份工作，是在烘焙工坊里，往传送带上的咖啡包装袋上贴标签。后来烘焙工坊挪到了另一个市区，对肯尼来说，上班通勤就远了太多。我对肯尼及其家人保证，不管怎样，星巴克永远都有肯尼的一席之地。在

① 因染色体异常而导致的疾病。60% 的患儿在胎内早期即流产，存活者有明显的智能落后、特殊面容、生长发育障碍和多发畸形。

过去的20年里，肯尼在公司的数个总部里负责为茶水间补充用品。他那装着水杯、咖啡豆、茶的送货车，是公司里最受欢迎的东西，肯尼也带着自豪感工作。了解肯尼的人都很喜欢他。

每年我都会跟他在公司的自助餐厅里或者我的办公室里一起吃几顿饭，常常是在他过生日的时候。肯尼在印第安纳州出生，跟约翰·F.肯尼迪遇刺是同一天。肯尼尤其喜欢谈论摔跤，所以，我会问他最喜欢的摔跤手，他的情绪立刻就会变得高涨起来。对我而言，肯尼总能令人振奋。在我情绪低落的时候，我就穿过走廊去找他聊天。跟他聊个三四分钟，就能给我带来一天的好心情。

多年时间里，肯尼的“咖啡豆股”价值增加很多，他得以在20世纪90年代买了一栋两居室公寓，他现在还独自住在那里。肯尼已经55岁了，其储蓄金足以保证后半生无忧无虑。事实上，他每天下午两点都会到星巴克来探望负责“咖啡豆股”的团队，他来看星巴克的股价，此举倒不是为了看看自己的投资价值几何，而是因为他真心热爱公司，希望它能发展得更好。

身为企业家，不仅要开发新产品、为顾客带来新的体验，为了公司的伙伴，在幕后也必须有所创新。创新举措要想维持下去，就得反映且推动企业的价值理念，而非仅仅追求利润。创业之初，我们并非事事顺利，所以，我们依赖诸多伙伴，让他们告诉我们做何改进。比如说，为分店经理安排轮班表就是很复杂的一件事，既要符合每家店的业务需求，又要适应伙伴多种多样情况，尤其是兼职伙伴，因为他们需要在工作与其他事务之间谋求平衡。为了做出合适的轮班安排，我们费尽心思。有一段时间，我们旨在提高效率而投用的软件和执行的政策产生了预料之外的结果，使得部分伙伴——尤其是无法找到合适的托幼服务或连续工作数小时得不到休息的单身家长——的生活增加了负担。这种情况持续了一段时间，但我们迅速对软件和政策进行了调整，以使其透明、稳定且灵活。身为企业家，意味着总有失败，但只须聆听大家的反馈，再做出调整即可。

构想出像“咖啡豆股”和全员医保这样的政策，其创新难度不亚于在咖啡店内想出某种定制饮品。跟我们的产品一样，这些福利并不损失公司的利益。尽管在某些人看来，这样做显得过于慷慨，也有悖于“利润最大化”的经营理念，但事实上，它们都是使我们的商业模式行之有效的发动机。星巴克的成功，其根源是我们的基本产品：咖啡和顾客在店内的体验，亦即在一个温馨、吸引人、便于交际的零售业环境里制作并提供高档咖啡饮品。为了达到这一目的，我们需要这样的伙伴：致力并自豪于他们的工作，乐于到店里上班，乐于学习咖啡知识，乐于为顾客服务。给我们的伙伴更多福利，让他们享受公司成功的果实，能让他们更加投入到公司发展中。

从更广泛意义上来讲，我在创业之初得到一些人的帮助，医保和“咖啡豆股”是我对他们的回报方式。对这些与我同行的人，我想给予他们这样的资助，向他们展现我对他们有同样的信任和信念。把员工福利从一星半点提高到合理标准，甚至慷慨到出乎预料，通过此举，我希望我们的伙伴明白——公司就是你们的后盾。

1992 年星巴克上市，那时我们共有 165 家分店，市值达到 2.5 亿美元。在其后的十年时间里，星巴克的分店扩张到更多城市，使美国大众形成了新的生活习惯，如上班时的咖啡时间。人们不再喝滴流咖啡[①]，转而喝

① 使沸水慢慢渗过咖啡粉末所泡成的咖啡。

起了拿铁和卡布奇诺[①]。除此之外,我们还将一种新的咖啡语言介绍给了美国大众。我们咖啡杯的容量不是通常所说的“小、中、大”，而是“中杯、大杯、超大杯”。为顾客定制不同口味的咖啡饮品既是我们的特色，也是我们的优势。在星巴克，你可以喝到别处没有的口味。随着时间的过去，星巴克的饮品口味将达到逾 17 万种。

随着每一家分店的开设，每一种口味饮品的开发，星巴克在社交和文化方面改变着美国。这是当初我在意大利那段神奇日子里所梦想却从未预料到的。

大到城市，小到小镇，我们的咖啡店成了老年人上午聚会、学生们放学集结的地方。从早到晚，妈妈们推着婴儿车前来光顾。每到晚上或是周末，单身男女会来店里与陌生人邂逅。有些情侣在星巴克相识，他们也在星巴克订婚、结婚。郊区的人来光顾星巴克，目的与城里人一样：聊天、读书、创意、工作、讨论。有些人为了出门走一走，有些人为了闲看人来人往，还有的人是为了在一个熟悉、安全、温馨的地方与朋友会面。

创办“天天咖啡”时我就预感到，我们在店里营造的这种体验——一边喝美味的咖啡，一边编织人际纽带——将会吸引到各色人等。反过来，我们在美国各地所取得的成功，也促使我们更为细致地考虑顾客对产品和服务的反应。

星巴克提供的体验，是美国很多街区前所未有的：一个普普通通的聚会场所，却令人感到罕见的温馨。店内的设计旨在使人远离日常生活的喧嚣和压力，逗留短如五分钟，长如数小时都是如此。柔和的色调和灯光，轻柔却积极的音乐，嗡嗡的悄声交谈，令人安心的新磨咖啡香味，意式咖

---

① 一种加入同量的意大利特浓咖啡和蒸汽泡沫牛奶相混合的意大利咖啡。

啡那浓郁的芳香。每位顾客都由专业咖啡调配师服务。不论是黑咖啡[①]还是意式浓咖啡，都是现做现喝，配以友好的服务用语、善意的微笑，服务员甚至还能叫出你的名字。以上种种融合在一起，顾客能体验到一段平静又温馨的时光。

星巴克的流行，恰好赶上了当时的潮流。20世纪90年代，互联网和远程办公兴起，越来越多的人成了个体经营者或在家办公，也就是说，他们不必固定在办公室里上班。在星巴克，他们独处却能体验到某种集体感。与连锁快餐店不同，星巴克不追求快速消费。与餐馆不同，星巴克的核心产品不是正餐。我们全天候营业，还允许顾客在消费完毕之后随意逗留。

在星巴克消费，会比炸面圈店、麦当劳、流动餐车贵一些，但我们的咖啡豆质量更好，我们的饮品口味独特，为顾客定制，随着咖啡而来的，还有一份情感体验。

我在媒体上得知，很多人将星巴克视作消费得起的奢华。多年以来，我遇见的很多人都说，星巴克是一股民主化力量，它使得更多人能够享有特殊时刻和干净、舒心的消费场所。

除了开办更多分店，我们还通过别的方式增加收入。我们开了首个免下车服务窗口。我们开发了一种新产品，名叫“法布奇诺”[②]。这是一种瓶装混合饮料，在星巴克店内和超市销售。我们还买下了一家茶饮公司。

星巴克追求的理念并非只在美国生根发芽。1996年，星巴克在日本开办了首个北美之外的分店。开业当天，柜台外排起了长队。接着我们又把店开到了新加坡、菲律宾、新西兰、马来西亚、英国。1999年，中国

① 不加牛奶、奶油、糖的咖啡，又称清咖啡。

② Frappuccino，又译“星冰乐”。

大陆也有了星巴克。

我们的成功，不是一件事、一个人驱动的。我们每一天的工作都是团队的共同努力。我想让自己身边围绕着经验丰富的专业人士。说起多年以来为星巴克的发展做出贡献的人，我能再写满一本书。其中，从星巴克创立之初，就有三个人帮助塑造了星巴克的企业文化。

戴夫·奥尔森（Dave Olsen）是星巴克首位首席咖啡采购员，他对咖啡有种强烈的爱好。他渊博的专业知识令人尊敬甚至敬畏。在他与我们相伴的二十七年里，他以其谦逊和幽默使公司内部气氛愉悦。戴夫于1986年加入星巴克，此前他在西雅图经营一家小咖啡馆。他比任何人都理解我“围绕咖啡打造一个集体”的愿景。

霍华德·毕哈（Howard Behar）1989年加入星巴克，负责门店运营。从入职的第一天起，他就是公司的栋梁支柱。他比我年长大约十岁，有零售业背景，影响巨大。他实施了一系列制度和流程，使我们的运营更为流畅。同样有价值的是，他在星巴克的企业文化中烙上了坦诚的力量和实事求是的重要性。他教给我这个少年时一心想要维护家庭和平的人——争议并不意味着不尊重，无须躲避激烈的争执。霍华德若是有什么意见，就会大声表达出来，他还鼓励大家也这样做。他从不避讳与人争执，对我尤其如此。通过他的领导风格，我明白了一个道理：坦诚交流，哪怕伤到感情，也是积极解决问题的起点。

在公司内部发起“开放论坛”的人，正是霍华德。每个季度，星巴克的高级管理人员都会与相关伙伴会面，后者向前者陈述公司的表现，提出建议，或诉诸抱怨。霍华德希望大家能自由地交流，不必担心受到嘲笑，不必在乎对方如何反应。最初，很多人尴尬于这种开诚布公的交流，但随着时间的推移，我对直接冲突的感觉变得更自然了。倘若因为某事心烦，最有效的解决办法就是把问题倒过来考虑。开放论坛及其鼓励的坦诚心态，已成了星巴克内部的典型惯例。

2000 年，我不再担任星巴克的首席执行官，不再负责公司的日常运营，而是作为董事长和首席全球策略师，将精力放在了全球扩张上面。星巴克的表现异常出色。我们在全球 15 个国家开了 2800 家分店，收入近 20 亿美元。

自从 1992 年首次募股，随后的 8 年时间里，我们的股票年增长率达到 49%。

接任我担任 CEO 的人是奥林·史密斯（Orin Smith），他原先是星巴克的首席运营官，在公司里广受爱戴和尊敬。奥林比我年长 11 岁，跟霍华德·毕哈一样，他也是我的师友。十年时间里，我们三个人肩并肩齐心协力共同管理公司，大家都称我们仨——两个霍华德、一个奥林——“H_2O”，恰如水的分子式。

我视奥林如兄长。他同意在退休前担任公司五年的 CEO，我对此深为感激。担任 CEO 之后，他优化了公司的运营方式，同时强化了公司的关爱文化。我在最初制定的公司宗旨里写下了如下志向：“我们希望，在我们业务所及的地方，都能成为当地社区的经济、知识、社会的一分子。”在奥林的领导下，这一宗旨得到了实现。在他的任期内，星巴克恪守对社会问题的承诺。在 2000 年至 2005 年，公司共为青少年培养、扫盲计划、自然灾害募捐等项目捐赠了 4700 万美元。我们通过购买可再生能源、减少耗水量、节能等措施，逐步减轻门店对环境的影响。我们还设立了产品溯源机制，以保证我们购买的咖啡豆的种植和销售不出问题。

2005 年，根据计划，奥林退休。接替他的人是吉姆·唐纳德（Jim Donald）。吉姆从 2002 年起就负责北美区的业务，加入星巴克时，他已有多年的零售业经验，且有着与星巴克同样的商业价值理念。他的领导风格友善和蔼，大家都喜欢为他出力。在吉姆的领导下，公司持续成长，深受华尔街认可。我们在美国的小城市开了很多分店，还在都柏林、开罗、布加勒斯特等地开办了分店。我们开始在杂货店售卖咖啡，还把咖啡卖到了餐馆和酒店。我们把星巴克的业务拓展到了咖啡之外的领域，如在店内销售 CD、书籍、游戏等文化娱乐产品。2007 年年底，星巴克的市值达到了 149 亿美元。我们在全世界 49 个国家开了 17000 家分店，美国国内的门店总量达到 11000 多家。

这二十年的发展，如同坐了飞毯一般。但盛极必衰才是常态。

公司的蓬勃发展同样掩盖了很多失误。

第四章

如何穿越泥泞

我的父亲非常喜欢棒球项目。他对棒球比赛很在行，对比赛的统计数据、首发阵容了如指掌，甚至对凯西·施坦格尔（Casey Stengel）或拉尔夫·霍克（Ralph Houk）——我小时候纽约洋基队的经理——也能点评一番。

每个赛季里总有那么三四次，我们父子俩会一起乘地铁从卡纳西区布朗克斯，到洋基队的主场看比赛。我们坐在右外场的露天看台上——看，罗杰·马瑞斯（Roger Maris）！——父亲一边看着场内的赛况，一边一丝不苟地将比赛情况填在记分卡上。他躬身记录着每名球员的数据，在裁判员宣布三振出局时，他就用铅笔在空格里填入一个小字母“K”，若有人成功盗垒，他就填入“SB”。他对自己的字很自豪，我也非常惊讶，因为他写的字非常漂亮。他把所有写好的记分卡都藏在一个鞋盒子里。据我所知，除了黑胶唱片，这些记分卡是父亲仅有的收藏品。

我受到了父亲的熏陶，也喜欢上了棒球运动。我深深记得，每次走进老洋基体育场那条又长又暗的通道，再从另一端出来时，看到宏伟的球场时的震撼。那是一个圣地，我不敢相信自己就身处其中。在接下来的四个小时里，所有的事都是完美的，因为我坐在父亲旁边，一边吃热狗，一边看比赛，看我们那个时代的英雄米奇·曼托。在前后 18 年时间里，这位创纪录的中场外野手，他孩子气的微笑、他谦逊的低头、他手肘外拐的奔跑、他大力的本垒打，都使得千万球迷为之雀跃。大家都喜欢米奇，仿佛在运动场外也跟他熟识似的，因为他的出身并不显赫，却取得了非凡的成就。我把他的球衣号码“7”涂写在我几乎所有的物品上。

我和父亲一共到洋基体育场参加过两次“米奇·曼托日”。第一次是 1965 年 9 月 18 日，我记得很清楚。第二次是 1969 年，在全场 60000 多名球迷的注视下，米奇·曼托的 7 号球衣正式退役。当 40 分钟的仪式开始时，甚至连可口可乐的商贩也停止了叫卖，专注地看着这历史性的一幕。

全场高喊“我们要见米奇”，这时荣誉的主角出场了，米奇身穿深灰色西装，扎着蓝色条纹领带，从球员休息区走了出来。9 分钟时间里，千万名有幸拿到票的球迷起立欢呼，疯狂高喊，对喇叭里要求安静的通知置若罔闻。

黑灰色头发的洋基队前著名球员乔·迪马乔（Joe DiMaggio）授给米奇一块奖牌，上面列着他这个成长于贫困家庭，从小在空地上打球的孩子所取得的过人成就。在米奇的职业生涯中，他共有 536 次全垒打，2415 次安打，连续十年每赛季 .300 多的打击率，获得 3 次美联年度 MVP，还保持着世界职业棒球大赛（World Series）的全垒打、跑垒、打点、长打、安打上垒总数的世界纪录。1956 年，他还获得了美联打击三冠王，在一个赛季里领跑安打率、全垒打、打点三项纪录。

这时米奇走到麦克风前，开始讲话，他慢吞吞的俄克拉何马口音回荡在球场：“棒球待我不薄。能为大家在洋基体育场打 18 年球，是一位球员最大的荣幸。”

那时距离父亲节正好有一周时间。无须比较，我从内心里知道，棒球就是我和父亲能享有的最好的东西。米奇就是我们喜欢棒球的很大一部分原因。他的退役，是一个时代的结束。

2008年是星巴克的滑铁卢之年，但这却并非缘于某一个错误的决策、某一个策略或是某一个人。就像一根脱线就能一寸寸破掉一件毛衣一样，星巴克也是一点点垮掉的。虽说那时我已经不再管理公司的日常经营事务，但多少也有些责任。

在2007年时，我已经明显察觉到公司的滑坡，去店里的感觉尤其如此。来自苏门答腊岛和哥斯达黎加的咖啡豆的新磨浓香几乎已经闻不到了。有时候，走进一家分店，只能闻到早餐三明治里烧煳的奶酪味。我们为提高效率而在店里新装的意式咖啡机太高了，挡住了顾客的视线，看不到咖啡调配师为他们制作饮品的过程，咖啡调配师也无法像我当初在米兰为之着迷的情形一样与顾客轻松互动。

在经营方面，公司此前做出了很多错误决策，如门店选址、店内咖啡之外的产品销售、咖啡调配师的培训、成品咖啡豆的包装和储存方式，等等。有些决策在当时看来可能是正确的，单从其优点来说并没有问题，但综合起来就影响了顾客的店内消费体验和我们的品牌形象。

那年情人节那天，我在一封机密电子邮件中向公司高层表达了心中的担忧："我们急需做出应有的改变，以唤醒我们真正的'星巴克体验'的优良传统和热情。"我如此写道，"我们要回归初心，推动改革，合理决策，使星巴克重拾特色，与众不同。"

有人——我至今不知道是谁——把我的这份备忘录泄露给了媒体，于是，一个本属私密的坦承失败的心里话，发酵成了一则丢人的公共新闻。

我的话语被发到了网上，新闻报道纷纷扬扬，说星巴克陷入困境。

随后几个月的时间里，公司的财务状况证明了我的担心并非杞人忧天。零售业经营状况的一个衡量标准是“可比店面销售额”，即现有门店利润的同比增减率。在过去近二十年里，每天早晨，我都会早早起床，泡上咖啡，坐到电脑跟前，查看前一天的可比店面销售额。那时，数据还是很乐观的。在我职业生涯大部分时间里，可比店面销售额一直是我的快乐之源。在过去的十六年里，星巴克的可比店面销售额达到了5%甚至更多，这在零售界是个了不起的业绩。

然而，2007年秋，坐在电脑前的我开始失望地摇头。可比店面销售额在不断下降，其含义令我焦躁不安。销量不佳不仅表现在屏幕的数据上，它还会影响人们的生活。以前担任星巴克的CEO时，我每天都揣着这份责任心。现在，身为公司的董事长，我觉得自己就像一位前任船长，眼睁睁地看着爱船慢慢沉没却无能为力。

那年最后一个季度，公司的可比店面销售额降到了1%，这是1992年以来最差的业绩。

我本来不打算重新担任公司的CEO，但我对公司的爱，对伙伴及其家人的责任感，使得我在2008年再度出山。再次坐上掌舵人的位子，在我的面前是各种艰难挑战。

除了我们加于自身的问题之外，我们面对的问题还有：顾客消费行为的巨变，连锁快餐店及自营咖啡店日益激烈的竞争，还有一场近在眼前的经济危机。这场危机最终演化成全球经济衰退，将对个人财产造成数万亿美元损失，导致信贷危机、房地产危机、高失业率，使美国经济数年内难以重振。

我和星巴克的领导层，一边要解决公司的内部问题，一边要带领公司安然度过这场经济风暴。

小时候，我从观棋中学会了下棋。下棋的人形形色色，下棋的地方大都是廉租小区或是附近公园零散分布的长凳上。

到底是什么吸引了我去看那些年龄、背景各异的人下棋，我已经记不清了。我的大多数小伙伴都对下棋不感兴趣，可我开始观棋时就发现，棋手那专注的程度、斗智斗勇的方式、竞技的友情，都跟弹瓶盖、打棒球是一样的。

父亲不喜欢下棋。我想，他可能是不喜欢其变化万端的棋路。他对棒球肯花心思学习，但说到底不是个能沉下心来思考的人。或许因为儿子的某样爱好与他格格不入，以至于让他觉得不自在或是受到威胁，所以，他不喜欢下棋，也不让我下棋，在公园里、在家里都不行。可我太喜欢下棋了，不愿听他的禁令。我想瞒着他，于是就特意挑公园里的某些棋牌角——从我们的公寓步行可达，但距离又挺远，这样就不会碰到熟人了。

对我而言，下棋取胜和设法提升棋艺同样重要。我惊讶于国际象棋的错综复杂和所需的远见。我通过观棋和询问，学会了国际象棋的规则。你为什么把车走到那个格里？你怎么吃掉他的皇后？我学棋的老师，都是常年在公园里下棋的人。我猜，他们应该都没有工作。然而，他们的聪明毋庸置疑。他们耐心解答我的问题，每次都能令我学到新知识。有几个人甚至还送给我几本破旧的小册子和棋书。我怕父亲发现，就将其藏在床下，趁他不在家时才敢拿出来看。

有一天，我跟其中一位下棋。我走了一步棋，他很是失望。他皱着凌乱的眉毛，从棋盘上俯过身来，轻声对我说道：“孩子，下棋高手不仅要考虑对手的棋路，还要把整个棋盘统筹考虑。”

“什么意思？”我问道。

“跟对手下棋，是单向的，”他解释道，“但棋盘有很多角度。高手能把所有角度都考虑在内，然后落子。”他的意思是下棋时思路要宽广，我恍然大悟，此后棋艺大增。

回想起来，这番真知灼见不仅提高了我的棋艺，还在我管理星巴克期间帮了大忙，在我再度担任CEO期间尤其如此，因为需要考虑的角度太多了。

星巴克的衰落不是一步之差，同理，使其重回正轨也需要诸多步骤。在公司内部，我们将这个时期称作公司历史上的“转型期”。那是一个紧张而令人激动的时期，我在我的第二本书《一路向前》（*Onward*）中有详细阐述。

我们当时所采取的诸多措施，为此后公司的发展搭好了框架。

我常说，只要能在门店内、社区里、办公室里养成良好的人际关系，星巴克就处于良好的运营状态。要实现这一无形的目标，需要很多细节：友好而专业的咖啡调配师，新鲜却熟悉的门店装饰风格，反映顾客五花八门生活方式的饮品，既能管理团队又通晓财务的门店经理，精神和经济上都满足的伙伴……以上几个因素中，很少有能直接给公司带来利润的，但结合起来，它们就形成了我们内部所谓的“星巴克式体验”。

若是放弃了以上因素——就像我们过去曾经犯过的错似的——就会付出代价。此前我们忽略了星巴克与众不同的原因，也忽略了细节。

重任CEO之后，很快，我就召集部分新老伙伴开展了一次集体研讨。这次研讨会由一家名为“SYPartners”的创意公司负责，围绕“体验”这个主题展开，就像我们的星巴克门店一样。在SYP团队的引领下，我们通过一些练习，起于音乐、艺术、商业等话题，继而开始交心谈话。我们都回想了各自的梦想。我们坦诚面对公司的现状。我们失去了什么？怎样才能换个角度看待市场？怎样在维持企业价值观和现有资源的基础上重新构想星巴克的前景？

研讨会上充满了启迪和创意。此后不久，我们将其总结为一份一页纸的研讨会备忘录，明确表达了我们的新愿景及实现步骤。我们将其称作“转型安排表”，并将其发给办公室的每一位伙伴以及所有分店经理。

备忘录上说，我们的目标是“成为世界上知名度最高、最受尊敬的品牌，激发并孕育人文精神”。

接下来，备忘录概括了七条当务之事：成为无可争辩的咖啡权威；以更好的培训和新的收益吸引并鼓舞伙伴；重燃消费者对星巴克品牌的情感依恋；在全世界广开分店，力图使每一家门店都能给人“当地核心区域”的感觉；成为道德采购[①]和环保的先驱；开发新产品以增加收益；秉持高效高利润的经营模式。

公司的伙伴把这份备忘录摆在办公室桌上，张贴在门店里。上述使命使他们觉得有了新的目标；星巴克重新将关注的中心放在了咖啡和利润之外。我们有了超越自我的理由。这七个步骤还使我们心中充满安全感，因为它仿佛一张地图，指导大家如何安排时间，如何使用公司的资金。

在随后两年时间里，星巴克推出了一些新产品，如 VIA 速溶咖啡。我们升级了店内设计，以展现咖啡之美，强化店内的集体感；我们在店内墙上挂上咖啡种植园的美丽照片或当地美术家的作品。很多门店放了长桌，以供多人使用。我们还升级了店内软件，以便高效记录顾客点单。我们将

① 道德采购通常是指企业承诺保证采购物品及原料来源正当，并严格遵守最高标准的社会和环境责任。道德采购的目的是保证当地咖啡农利益，并且维护当地生态。

原有的意式咖啡机更换为矮一点的更好看的型号。我们开始在社交媒体上与顾客互动。我们加大了对全球咖啡种植园的支持。终于，新烘咖啡的香气再次在星巴克店内弥漫。

2008 年 2 月的一天，我们在美国的 7100 家门店同时歇业，培训咖啡调配师意式咖啡的做法。此举取得了两个效果：一是教会了 135000 名咖啡调配师如何正确调配意式浓咖啡和热牛奶，一举提高了数百万份饮品的质量；二是大量门店同时歇业，向外界发出一个信号：星巴克是真心想要做得更好。

在以上举措中，最有益的一个是有关我们自己的。

做生意，不可眼高手低，那样只会血本无归。做生意，要从细节处着手，面面俱到。

在星巴克历史上这段风雨飘摇的日子里，我们要扎根于细节。星巴克的领导层，包括我在内，都必须放低身段，不再把自己当成身家 100 亿美元的业界巨鳄，而是像个个体商人一样。

“当前最重要的，是找回初心，重整旗鼓。”我在一次会议上如此说道，“我们手上要沾泥！”我一边恳切而谈，一边在身前伸开双手。从此之后，“手上沾泥”成了我的口头禅。其实，这句话是有出处的。有一天，我经过星巴克的建筑和设计部门，被一张海报吸引了眼球而驻足。那是一双沾着泥巴的双手，手掌向上，配以文字：“世界属于少数励精图治之人。”我借走了那张海报，拿着它到了公司 8 楼，将其张贴在了星巴克的会议室里，这样一来，每次开会时，公司的管理人员就都能看到它。

“泥”这个词还反映了我们事业成功的关键所在。它不在总部会议室里，而是在实地，在门店里，在门店经理和咖啡调配师身上。

实际上，星巴克的每位门店经理，都是一位掌管 100 万美元生意的企业家。要提高公司的业绩，需要近万名美国的门店经理去增加他们各自门店的销售和盈利。我需要每一位门店经理对其门店的业绩负责。他们每个人都要明白自己需要做什么，知道公司已在存亡之间。他们得同舟共济。肩并肩围坐在会议桌前，各位分店经理可以交流各自的见闻，相互学习，感受同志般的友情。我想跟他们在一起。

我想把数千位门店经理集中到一个城市里开会，可在当时，公司正竭力缩减开支，而这次活动要花费3000万美元。所以，我的这个想法遭到了反对。反对者认为，为期四天的领导层会议似乎意义寥寥。我则试图说服董事会，让其明白此次会议是一项有益的投资。几经热烈讨论，我终于说服了他们：此时此刻，为伙伴投资是当务之急。

很多城市都想为我们主办这次会议，但我们选择了新奥尔良。2008年时，它仍未从2005年卡特里娜飓风的伤害中恢复过来。我们的会议在新奥尔良一个会展中心举行。我们将其两层楼高的展厅精心布置，使前来参会的门店经理置身于一个咖啡的国度。展厅里有近千棵咖啡树，代表着我们采购咖啡豆的数个国家。我们复制了咖啡种植园的样子，与会人员行走其间，用耙子耙着撒在露台上的绿色咖啡豆，体验种植园里晒咖啡豆的样子。他们可以走进复制的烘焙工坊，那里有一台现场装配起来的巨大的咖啡豆烘焙机。他们还可以品尝各类咖啡，以开阔眼界、增长知识。

此次会议的主旨是对大家进行咖啡知识培训，以及提高客户服务水平，增强门店管理技术。我还希望通过此次会议强化公司的价值观，以使大家将星巴克看作不是只为挣钱的企业。

在所有会议开始之前，我们首先回顾了公司的价值观。每一位参会人员都要到新奥尔良被卡特里娜飓风毁坏最严重的地区，拿出一天时间参加志愿活动。其中就包括几成荒城的九区（the Ninth Ward）。洪水过去三年了，这里仍是一片狼藉，大量房屋有待修缮，公园里杂草丛生，长椅和秋千破败不堪，倾倒的房屋东倒西歪，大量商店至今未能恢复营业。

伙伴们乘公车来到这里的公园和街区。我们来之前联系了当地的非营利组织，在他们的帮助下，伙伴们纷纷动起手来，粉刷、清理、植树、修理房屋。这些非营利组织之前从未接待过一次数千人规模的志愿者团体。他们没有足够的监管人员和铁锹。于是，我们自行购买了 100 万美元的物资，装满了租来的两辆大卡车。会议的每一天，我们的伙伴都要拿出五个小时的时间来，在新奥尔良做一些力所能及的事。在一个公园里，我们种下了 6500 块沿海草皮，安装了十个野餐桌，撒了四车斗护根物[①]。在一个供中学橄榄球使用的运动场里，我们清理粉刷了 1296 级台阶、12 个入口坡道、数百码栏杆以及半英里长的围墙。

我们在那一周时间里一共粉刷了 86 栋房子，以使受灾群众能重回房子居住。我在志愿劳动期间就参与了其中一栋房子的粉刷工作。在劳动期间，我们其中一些人跟当地度过飓风袭击的群众交流。我们听到很多动人的故事，有个人的牺牲和损失，也有邻里互助的义举。在奥尔良，我们随处可见集体的力量和韧劲。

一位瘦削的老人是我们帮忙修缮的一栋房屋的主人，他对我们说：“如果放弃，就等于坐以待毙。”我们不仅帮受灾群众修缮房屋，还帮助他们重拾尊严。

我们的志愿劳动时间一共约为 5 万小时。对这座城市来说，我们只是尽了微薄之力，同时又使公司的门店经理们想起自己在各自街区能起到的积极影响力。

① 覆盖在植物周围土壤上以助其生长的枯树叶、小树枝或粪肥。

最后一天，我们全都集中在新奥尔良球馆（New Orleans Arena）。我想向大家坦诚讲述公司的困境以及脱困之法，还要让他们对公司复苏的前景乐观起来。我当晚没有提前准备演讲稿。在我上台之前，几位同事劝我不要向大家透露公司目前惨淡的销售业绩，不要说公司在外界影响面前是多么不堪一击，以防吓到大家。他们担心，若是门店经理们得知公司困境，就会离开公司或对管理层失去信心。

我回想了从师友——如霍华德·毕哈——那里所学的东西，精诚所至，金石为开。会场里的这些人，有能力扭转公司的颓势，我怎能对他们有所遮掩？他们需要真实的信息，这样才能各司其职。我还相信，告诉他们真相，能强化他们对公司的信任，能激励他们奉献。我相信，他们会团结一致、心怀希望，为了共同的目标奋斗，而非因害怕而临阵脱逃。

“我们聚集在这里，是为了庆祝公司的传统，也为了借这个机会坦诚而直率地交流身为领导层的责任。”我走上台去，如此说道，“星巴克不是一家完美的公司。每一天我们都会犯错误。”我对大家解释说，我们或许正面临着自“大萧条”[①]以来最严重的经济危机。“这是真的，很严重。”我还解释说，老百姓已不再像以前那样有钱，而星巴克并不是生活必需品。

我们的伙伴需要明白，他们如何做才能为解决困难出力。“怎么做才叫责无旁贷？”我问在场的每一位与会者，“当你知道，你递给顾客的那杯咖啡达不到一杯意式浓咖啡的标准，那意味着什么？对我们观察到的、体验到的、学到的每一件事，我们每一个人都有责任、有义务。”

如果他们制作的拿铁不合标准，我允许他们倒掉重做。

---

① Great Depression，美国经济大萧条，是指1929年至1933年发源于美国，后来波及整个资本主义世界的经济危机，其中包括美国、英国、法国、德国和日本等资本主义国家。

我让门店经理选择——怎样做，对顾客而言才是正确之举。如此一来，我就给了他们“决策人”的角色。我还让他们做到责无旁贷，让他们明白自己肩上的责任，对彼此的责任，对家人的责任，以及对有赖于我们将“星巴克式体验”发扬光大的公司前辈的责任。

我强调，我们过去所取得的成功并非“铁帽子”。我们要靠每一天的工作、每一杯咖啡去维持它。

最后，我要求大家不要只盯着增加销量这一件事。如果星巴克不能盈利，我们就会慢慢消亡。如果星巴克消亡了，我们就不能继续创造人际连线，不能继续追逐公司的核心目标。这个目标，过去是，并将一直是——在盈利和社会责任之间谋求平衡。

每名顾客都有权享用完美的饮料，有权在这个世态炎凉的世界受到礼待。此番在新奥尔良组织的会议及活动，其意图就是使我们的伙伴记住这两点。

“星巴克这个品牌的能量，不在公司之外，”我做结语道，“而在你们诸位身上。”

会后，数千位来自五湖四海的门店经理回到各自分店，带回去的不仅是新的专业知识。他们中很多人相信，自己拥有使公司东山再起的潜力，也有决心这样做。

此次花费数百万美元的会议的结果无法量化，但我知道，若非如此，星巴克绝不可能绝地逢生。

在转型期里，有一天，星巴克的股价降到了不足 7 美元每股，从 2006 年的巅峰大降 80%。在那个时期，我接到一位股东的电话，他在一家大金融机构负责理财，他很焦虑。

“霍华德，我们持有这只股票很久了。我们知道你们目前压力很大，我们深信，你们现在应该砍掉公司的医保福利。”多年以来，星巴克在伙伴的医保上支付的钱，比投在咖啡上的钱还多。从2000年到2009年，每位伙伴的医保金增长了近50%。“大家都会理解你的，这是没法子的事。”他如此劝道。我们这番通话并不长。

我们当然能这么做。是的，砍掉或缩减伙伴的医保，能立刻增加公司收益。华尔街一定会欢呼雀跃。可对数千位伙伴及其家人来说，这样就太不公平、近乎于残忍了。这样做，还会伤了士气，失去信任。那样一来，公司就万劫不复了。

作为一家上市公司，我们对投资人有受托责任。我始终相信，为了给投资人谋求长远利益，公司首先应该为伙伴和顾客创造价值。可惜的是，华尔街并不这样认为。他们往往把全员医保或新奥尔良会议这样的投资视作有损收益之举。这种短视会影响公司的价值。

华尔街不明白经常性支出的长远益处，恨不得每个季度都能见到收益。这种短视心态是现代资本主义的一个系统性症结。要想保持成功态势，公司要有必需的投资、冒险，还不可避免地会犯错误，但是他们对此却缺乏耐心和容忍。很多公司与华尔街沆瀣一气，也害怕短期的改造、改变甚至失败的代价难以经受时间的考验。

然而，我也知道，星巴克的决策并非件件都得人心。有时候，企业的存活需要以个人或企业自身的牺牲和损失为代价。

要使星巴克转危为安，需要改正很多错误，这是很痛苦的。比如说，星巴克前期开设的门店太多，所以被迫关掉其中600个效益不好的店。因为西雅图总部机构臃肿，我们不得不裁员。要想恢复赢利，维持公司运行，这些举措都是必需的。为此我很难过，但更难过的，是那些被解雇的伙伴以及目睹被解雇的同事收拾办公桌或交回绿围裙[1]的伙伴。我收到一些伙伴的电子邮件。他们觉得公司背叛了他们，质疑我们是否秉持公司的价值理念。其中有封信如此写道："提供一种令人振奋的体验，使人们每一天都丰富多彩。你是不是忘了这句话曾经的意义？我没忘。"我要确保公司的成功能够延续下去，我从未感到如此责无旁贷。

所以，尽管那位股东打电话来建议我砍掉伙伴的医保，但我并不考虑这样做。尽管我们迫切需要盈利，但我们所做的决策并非只盯着钱。

2011 年开始，星巴克连续 30 个财季实现了创纪录的收入和盈利。2007 年，一份外泄的备忘录非正式地开启了星巴克的转型之路，随着星巴克扭亏为盈，逐渐转向增长模式，这一转变成为了星巴克历史的一部分。

对我而言，星巴克的转型期令我大开眼界。我亲眼看到大家伙儿齐心协力的威力。我们将灭亡的阴影一挥而散，东山再起。

安然渡劫之后，我振奋精神，还浮起一个念头：或许，星巴克的作用要远超我最初的设想。如此发展下去，或许我们能把公司发扬光大，实现出人预料的大抱负。这个想法终会变得势在必行。

---

① 在星巴克工作的伙伴，其围裙有常见的 4 种颜色——绿色、黑色、咖啡色、紫色，代表星巴克内部的等级制度。绿围裙是初级围裙。

第五章

无能为力是改变的开始

母亲带着我匆匆而行，对我七岁的小瘦腿来说，这段路程似乎有几百个街区那么遥远。我们经过小学校，经过商业街，经过童年记忆中的几个店铺：韦格曼斯超市、格莱布斯汀熟食店、卢比馅饼店。后者其实是个破四轮车，制售便宜的热乎乎的土豆犹太馅饼。我们上了一辆公交车，向北驶去。

我们经过的布鲁克林街区，好多都跟卡纳西不一样。其岁月已久的公寓楼，比我们居住的建于20世纪50年代的廉租小区还要早数十年，但我能从中看到熟悉的景象。女人推着婴儿车，或是拉着装满日用品的金属篮子。男人们则一群群地聚集在街角或饭馆门前。好几个电影院门前都挂着宣传海报，说约翰·韦恩（John Wayne）主演的《阿拉莫之战》[①]“即将上映”。快餐店也以可口可乐和百事可乐分成两大派系，用窗户上的广告宣示其阵营。

① 1960年上映。讲述了人数占劣势的阿拉莫保卫者用他们充满智慧的激情以及独立自主的理想，奋起反抗强大的墨西哥政府军的故事。

我和母亲下了公交车，又走了挺长一段路，随即加入人行道上拥挤的人流，走上大街，然后肩并肩站着。在随后一个小时里，人们都在等待。终于，周围响起掌声。我被大人围着，而我只有他们的及腰高度，所以看不到他们为谁激动，但我能听到他的声音，充满魅力而自信，之后，这个声音我还会时常听到。

“我是约翰·肯尼迪。我将作为民主党候选人，竞选美国总统。”那是1960年10月20日，根据我和母亲走过的距离以及听肯尼迪演说的时长来判断，我想当时我们所在的地方是富尔顿街（Fulton Street）和诺斯特兰大道（Nostrand Avenue）的十字路口，距离卡纳西5英里。我已记不清当时肯尼迪的演说内容——他在那个月里在布鲁克林一共发表了九次演讲，其中有五次是在同一天做的——但后来我查找档案，找到了那些演说词，我能轻松想起哪些话语引起了母亲的共鸣，并在我脑海中留下了印记。

“我不是说人人才智平等，”肯尼迪对支持者们如此说道，“我要说的是，每个人都应该有机会平等地施展才智。”我和母亲站得离他很远，我记得，母亲伸长了脖子看着肯尼迪。她竟然在微笑，这并不常见。母亲身高5英尺4英寸[①]，她的身架子很小，一头黑发，穿着朴素。那天她热情洋溢。

“如果我能当选总统，在我任期结束时，我想听到的评价是：在我的任期里，每一个美国人都机会平等，每一个美国人都平等地各施才智。这是我们仅有的目标，也是每一个美国人仅有的要求。”我仍记得，随着他说出每一个字，母亲都会紧握一下我的手。直到他演讲结束，母亲才松开我的手，因为她要为他鼓掌。

① 约1.62米。

母亲对肯尼迪的爱戴无与伦比。父亲却对此漠不关心，我从未听他谈论这位魅力四射的政治家。但母亲喜欢听肯尼迪讲话，似乎他是面对面跟她——伊莱恩·舒尔茨（Elaine Schultz）——讲话一样。

那天她本不必带我同去，毕竟路太远了。但我乐得这样去想：这是母亲的表达方式，她要向我展示自己久盼未得的国家承诺及其对她儿子的意义。

我打开公寓的门，屋里很黑，有人在哭。我上五年级了，老师让我们放学铃响后就立刻回家，不许在学校逗留。到家后，我发现母亲瘫坐在沙发上。她盯着电视机，泪流满面。兔耳形室内天线的米罗华①黑白电视机里正播放着她此生听到的最大的坏消息。

过去的一个小时里，她最喜欢的新闻主持人，端庄大方的沃尔特·克朗凯特②身穿衬衣系着窄领带正在直播新闻。他在 CBS 忙乱的新闻演播室里，坐在桌后。他手拿一张照片，照片上是一辆黑色加长林肯行驶在一条城市街道上。他用手指着那辆四门敞篷轿车的后座，亦即肯尼迪遇刺时他及夫人杰奎琳所在的地方。这就是克朗凯特仅知的情况，这时，有人递给他一张纸。他透过黑框眼镜看着这张纸，现场读道：

“刚刚接到来自得克萨斯州达拉斯市的官方消息，”克朗凯特摘下眼镜，看着摄像头说道，“肯尼迪总统于美国中部时间下午 1 点去世。”他看了看墙上的挂钟，“美国中部时间下午 2 点。也就是 38 分钟之前。”

---

① Magnavox，美国电视制造商。

② Walter Cronkite（1916—2009），1962 年至 1981 年担任美国哥伦比亚广播公司（CBS）《晚间新闻》节目主持人，在职期间，报道过世界各地发生的重大事件，如前总统肯尼迪被杀、国内动荡、越战、冷战、太空人登上月球等。

接下来几秒钟的时间里，他一言不发。

在随后有关总统遇刺的新闻报道中，这段宣读不断出现。我陪着母亲一遍遍看着，一遍遍体验那个时刻。每一次，我们都傻傻地希望克朗凯特嘴里会说出不同的内容。然而，这位美国最令人信服的新闻主持人只是眨着眼睛抑制眼中的泪水。

在随后的三天里，母亲边看电视边哭，边抽烟，形同废人。她的注意力全在电视屏幕上。她不吃东西，几乎不睡觉，也不换衣服。她的悲伤发自肺腑，不能自已。她的泪水，有的被纸巾擦掉，有的被衣袖擦掉，滴下来的，都落到了沙发的透明塑料布上。

我认为，父亲也在为肯尼迪之死而感到悲伤，但无法与母亲相比。我认为自己有责任陪在母亲身边安慰她，此外，我也想陪她。于是，我们母子俩并肩坐在香烟的烟气里，盯着电视屏幕。在精心编排的某人或某国表达哀悼之间，主持人会即兴加入一些悼词，如“未尽的承诺”等。他们这是要为自己，也为我们解读肯尼迪之死的影响。

我那时还小，没有经历家人去世的事。此前我亲近的人去世的只有好友比利，他死于心脏病。那是我第一次为死亡所震撼。肯尼迪遇刺是第二次。我的悲伤从母亲那里受感染而来，对于一个十岁的孩子来说，我的母亲显然比总统重要。

对于偶像之死，母亲经历了几个阶段。我记得，最开始她是伤心欲绝，接着是阴沉，最后变得无法接近，甚至连我——坐在她身边的儿子——都不愿搭理。我们俩从未谈论过当时的所见所感。那个星期五下午，同胞们的心门都被悲伤堵塞，我则眼见母亲被雷击般的悲伤贯穿，随后仿佛披上了铅毯[①]，独自神伤。

那周星期日，在肯尼迪的出殡队伍出发前往国会大厦之前，电视台记者先播报了达拉斯警察局地下室的情形。记者们在报道中说，刺杀总统的疑犯李·哈维·奥斯瓦尔德（Lee Harvey Oswald）即将从拘留处被押上一辆装甲车，再将其运往戒备森严的监狱。这时，奥斯瓦尔德出来了。他身穿有领衬衫、毛衣，看上去是很普通的一个人。他被带着走过一群出离愤怒的便衣警察和记者。突然，现场一片混乱。一个人冲出人群，跑到奥斯瓦尔德身前，随后便是一声枪响。奥斯瓦尔德向前跌倒，接着一群身穿制服的警察就将他团团围住，只听有人大喊："他被打死了，他被打死了……毫无疑问，李·哈维·奥斯瓦尔德刚刚被人枪杀了！"母亲尖叫一声。

几年之后，母亲躺在救护车担架上，被人从我们的公寓里推出来，上了公寓楼那狭小的电梯，随后被救护车拉走了。我不知道这是怎么回事。我隔着七楼家里的窗户看着救护车离开，皮肤如针刺一般。

当时我十一二岁，我能明白母亲当时得了我看不出来的病吗？我能明白母亲的病不是骨折什么的吗？大家说到她的病情时都悄言轻语，我能明白这是为什么吗？或许我是能明白的，因为身为小孩子的我分明感到了无助和愧疚。母亲出院回家了，她住院的原因却从未在我面前提及。父母对此事的沉默，令我的愧疚感越发深刻。

我渐渐得知母亲得的是抑郁症，却不十分肯定。在 20 世纪 50 至 60 年代，抑郁症尚未被广泛认知，或者说未被社会认可为一种常见病。现有

① 防辐射用品。

的抗抑郁药物根本无法治愈。日子一天天过去，在我看来，母亲并不是个有心病的人。

母亲的一生并不容易。从小，她在她的母亲的恶言冷语中长大。结婚生子之后，又整日为家庭生计忧心。她生活在一间狭小的公寓里，要辛苦养育三个孩子。她的丈夫靠打零工挣钱，脾气火暴，夫妻关系紧张。

我知道她偶尔会伤心难过，但在肯尼迪总统遇刺之后，她郁郁寡欢的样子是我平生罕见。她变得情绪不稳定，脾气也难以捉摸。一天晚上，我们一家人乘车出去，父亲开车。他闯了红灯，交警让他靠边停车，从车里下来。我坐在后座上，看到交警给他开了张罚单，父亲却当着交警的面把罚单撕了，我吓得目瞪口呆。在车前灯的灯光里，碎纸像片片雪花落地。我不敢想象，有人竟敢如此羞辱警察。父亲犯法了！我在后座上，将心中的惊讶喊了出来："爸爸，你干什么呢？真不敢相信！"我如此说道，大概就是那个意思。我的话语刺激了母亲。她勃然大怒，从副驾驶座上扭过身来，胳膊伸到后座，用冰冷而坚硬的手扇了我一巴掌。

母亲慢慢变老，她的抑郁症症状渐渐明显，表现为时常愤怒甚至残酷。儿媳眼中的婆婆，孩子眼中的奶奶，变成了一个性格破碎的人。

后来，家人和医生把母亲的抑郁症情况慢慢透露给我。最初，她接受了电休克疗法。在那个年代，电休克疗法比现在要粗鲁得多。我不知道母亲需要多久接受一次治疗，也不知道治疗费是怎么来的，更不知道会有什么副作用。我还得知，母亲至少有过一次精神崩溃，或许，这就是那天母亲被救护车送走的原因吧。

但她有时候也会尽力掌控自己的人生。

有一天，比利的母亲告诉他的哥哥马蒂（Marty），我的母亲因为吃了太多安眠药，得立刻送到医院去抢救。我不知道比利的母亲是怎么知道的。我知道的是，马蒂当时只有十五六岁，刚刚拿到青年驾照[①]，他找到我母亲，把她抱起来，准备开他叔叔的车把她送去医院。就在他抱着我母亲进电梯时，我父亲来了，他从马蒂那里接过母亲，将她送到了医院。

母亲试图自杀——这个念头过于可怕，我不敢想，也不愿接受。但我知道，母亲活得很不顺心。

童年里，我有时候会觉得很无助。总统被刺以及电视直播的暗杀疑犯场景在我脑海中时时浮现。而令我更加痛苦的是，我在家里没有丝毫影响力，在我目睹了父母的情感创伤（不论他们是否自作自受）时尤其如此。父亲打着石膏，不能去工作。母亲被抬进救护车里，迷失了自我。追债人来电，父母却身无分文……这些回忆所导致的无助感如附骨之疽。我真想改变现状，为父母，也为我自己。可我只是个孩子。我毫无头绪。这一切仿佛就是命运，我却无可奈何，缺乏改变命运的语言、权威和知识。我心有余而力不足。

只有在运动场里、在球场上、在棋盘上，我才能左右其结果。

在家里，我唯一能做的就是不在父母的伤口上撒盐。所以，我尽量远离这些烦乱：我蒙在被子下面（家里有烦人的赌局时），我躲在楼梯里，我静静地坐在母亲身边。

作为一个男孩子，我的自制使得童年相对轻松一些。但是，随着长大，当我渐渐掌控人生，到最后甚至掌舵了一家公司，我不能也不愿再有无助感。

---

① Junior Driver's License，按照美国纽约州的规定，未满 21 岁的申请人通过路考之后拿到的是青年驾照。青年驾照持有人年满 17 岁，并且参加了难度较大的教育课程（DEC），拿到 Certificate（MV—285），可以换领正式驾照。青年驾照的持有人如果只参加了难度较小的教育课程（PLC），拿到 Certificate（MV—278），则需要等到 18 岁才能换成正式驾照。

我相信，在眼见某些事物被损坏、某个人受苦难时，我们大多数人都不会袖手旁观。但对很多人而言，在良知被唤醒、同情心被激起时，他们都不知道该怎么做。对我来说就是这样。在某种程度上，这本书其实是我的心路历程，记录了我是如何找到世人皆有的力量，在别人的人生中产生有意义的影响。

尽管心魔难除，但母亲尽力保持着家庭的稳定和希望。她把家里拾掇得干干净净、整整齐齐。她为我们装好午餐。她给我做三明治吃，好让我在学校操场上能生龙活虎。她让我们保持安静，以免激怒沉睡的父亲。她做得一手好饭。她让我们感到母爱。我上小学时，她常在放学时来接我，然后，我们俩手牵手去一个没有车窗的小货车那里，车身上喷漆写着“车轮上的图书馆”。我从车后轮处的门上去，就到了一个移动的图书馆里，里面满满的书架，为我打开五彩世界的大门。母亲为我办了人生中第一张图书证。

母亲认为，在美国这个国家，一个廉租房里长大的孩子也能出人头地。她让我听肯尼迪的演说，带我去看书，鼓励我成为家族里第一个拿到大学文凭的人，通过这些，她使我相信了这件事。是她在我的脑海里烙下这样的信念——在美国，一切皆有可能。为此我很爱她。我也爱美国，因为对我而言，这份承诺绝非虚言。

挺身而出保护所爱之物、救助所爱之人，在我掌管星巴克这个我爱之如家的公司时，这种本能展现得淋漓尽致。星巴克转危为安之后，我的救济之心又转向另一件令我牵挂的事。

第六章

在变局中不做旁观者

我渐渐意识到，在看到有人遭遇危难和体系崩溃之时，不可袖手旁观。假如两种困境俱在——人的苦难是因他人推卸责任或者对人有失尊重所造成的——那就是不公正。

对我来说，不公正会令我不安，我会利用现有的工具和资源与之斗争。小时候，我能陪着母亲坐着，别人却做不到。长大后，我能把一半工资交给父母。创业后，我能给伙伴提供医保福利，换别的任何一家公司都做不到。岁数大了，我对不公正的反抗就越发专注。我将这归功于日渐成熟的对人性和复杂问题的理解，归功于我身边人给我的影响，尤其是我的妻子雪莉和女儿艾迪森（Addison）。

艾迪[①]小时候，在她掉第一颗牙时，我和雪莉借牙仙子[②]之名给她写了封信，信中如此写道："能当你的牙仙子，我太自豪了！你是个极好的小淑女，你胸怀宽广、品格高尚，长大后也会是个优秀的人。要是让我给这

① 艾迪森的昵称。

② 源于美国民间传说，据说有一个仙女专门收集小孩子换牙时掉落的牙齿，小孩子要把掉的牙齿放在自己的枕头下面，这样做会收到礼物，不然就会遭厄运。

个特别好的小女孩一点建议的话，那就是：在学校里要好好表现，当一个好的倾听者，尊敬老师、团结同学。”

艾迪始终把尊重别人放在首位。她成长为一位坚强而有同情心的女性。她能敏锐察觉出那些刻薄或缺乏对他人尊重的人。上中学时，暑假里，她在一家熟食店打工，回到家后，她就给我们讲一些顾客的粗鲁样子。开始约会后，她能从小伙子对待餐馆服务员的态度上判断这个人的性格。她始终相信，观察一个人对待别人的态度，就能了解其人如何。

我的孩子们都很幸运。他们在一个舒适的家庭里成长，上的都是好学校，还能跟家人一起度假。虽然如此，但艾迪对自身以外的世界尤为关心，还想跻身其中。上中学时，她在食物赈济处和收容所当志愿者。她志愿当社工，在资金和人手短缺的小学里帮忙。这些小学的学生，很多都是来自单亲家庭，寄居在亲戚家里、寄养家庭，或是治安很差的街区。她为 LGBTQ 群体[①]的年轻人提供咨询服务，为吸毒者提供戒毒辅导。最近，她作为研究生在纽约市一家名叫“罗宾汉基金会”（Robin Hood Foundation）的旨在消除贫困的非营利组织工作。

多年来，我和艾迪养成一个习惯，偶尔会一起到我们家附近的那家星巴克的店外长凳上坐一会儿，聊聊天。她还小的时候，我会利用这宝贵的父女相处时光给她传授一些人生智慧。那些日子里，是女儿带给我快乐，教会我耐心，鼓励我对人性更加宽容。她还教会我何为潜移默化。时至今日，我仍能从她身上学到很多。

我的是非观是非黑即白的二分法，偶尔会令我对——例如，违背了信任、忠诚甚至道德规则的行为——有所成见。有时候，我甚至连家人、老

---

① 女同性恋者、男同性恋者、双性恋者、跨性别者、酷儿。

友、同事的行为失范都很难原谅，或者是对人性中难免的弱点斤斤计较。此外，我无论责人责己都很严厉。

在雪莉和艾迪的帮助下，我洞悉了自己内心的不安，急躁的情绪得以缓解，注意力也更为集中。我的经历教会我处理身边、工作中和世间的纷乱事务，还教会我将理智和情感统筹兼顾。

我的上半身被固定在一个大的金属颈箍里。

那是在 2011 年 7 月。星巴克的财务状况恢复正常，我得以接受一次拖延已久的手术。我十多岁时因打橄榄球而造成一处发丝状骨裂，这次医生将其治好，而且叮嘱我至少要休养一个月。

躺在沙发上无所事事，这不是我的正常状态。我不能用电脑，站起来就会疼痛难忍。我在电话里跟同事交流星巴克的运营工作，其他时间就通过看电视分分心。那一个月时间里，有线新闻正连续播报首都华盛顿发生的重大事件。

立法者和权威人士警告说，如果到了 8 月 2 日尚未通过新的预算法案，政府将会资不抵债。

我一般不愿看连续新闻报道。然而，整日躺在家里的沙发上，我发现自己对其看得入了迷。当时亟待解决的问题是，联邦政府是否会提高所谓的“债务上限”，即国家欠债的总额。共和党表示，除非通过一项大规模削减开支的法案，否则他们不会同意提高债务上限。他们此举其实意在阻挠奥巴马总统的施政进程。另外，民主党则表示，如果不同时增税，他们也不会在当年夏天考虑提高债务上限。

政客们在镜头前侃侃而谈，口口声声说己方将会竭尽所能，避免对国民造成伤害，还指责是走到对面的反对党[①]导致了僵局。两党的高层日日闭门磋商，出来时又个个摇头。两党好不容易制订出一份预算草案，希望双方各有妥协，却在委员会[②]上被否。国会屡次召集投票，又取消投票。有人威胁要用冗长发言妨碍立法投票。指责之声不绝于耳。

其中有两件事尤其令我困扰。其一，错过截止日或触及国债上限，意味着一部分最辛苦最无力抵抗风险的国民——国家老年人医疗保险制度的受益人、退伍士兵、社安金领取人、政府雇员、联邦退休金领取人——就会晚领、少领甚至领不到钱，人们将会立刻尝到政治斗争的恶果。

其二，提高债务上限其实是投错了门路。国家需要的，不是更多的负债，而是一个综合而平衡的财政预算，辅以一份两党一致同意的经济发展计划，刺激经济长期发展，增加就业。通过提高中产阶级久滞的薪金水平、让更多年轻人接受大学教育、鼓励企业家干事创业、为贫困人口提供医保等基本需求等方式，帮助国民自力更生。

换句话说，共和、民主两党的斗争不仅是处理欠妥，而且，其斗争的源头就是错的。政客们不是携手处理国民最迫切的需求，而是在是否增债、是否增税上面扯皮拉锯。这都是宏观决策，却非增长型战略。

我们选举出的这些官员，他们把党派的利益置于国家利益之上，他们失职了。我坐在沙发里，套着颈托，看着国家领导层的拙劣表现，童年时目睹父母因钱而争吵的心烦和无力感再次涌上心头。

---

① 美国众议院会议厅的一端是议长主持会议的主席台。主席台下面的议员席为半圆形，以中央走道分隔开。以主席台面对方向为准，民主党议员席在走道右方，共和党在左方。

② 2011 年 4 月 13 日由奥巴马总统提议成立的由副总统拜登领导的专门委员会，就削减赤字和提高债务上限进行谈判。

2011 年 8 月 2 日还剩几个小时，国会通过并且奥巴马总统签署了《2011 年预算控制法案》（*Budget Control Act of 2011*），将债务上限提高了 4 万亿美元。这只是权宜之计，难掩背后政治的紊乱。

数日之后，国际评级机构美国标准普尔公司（Standard & Poor's）把美国主权信用评级从顶级的 AAA 级下调至 AA+ 级。这是美国主权信用评级首次遭到“降级”。降级的原因却并非金融。标准普尔公司声称“（美国的）政治边缘政策”使得美国的国家统治“稳定性降低，效率降低，前景欠明朗”。此番来自第三方的、对民选领导层的“控告”，更令我怒火中烧。

我站在独特的角度目睹了华盛顿这段纷争。

那时，我重任星巴克的 CEO 已经两年。在此期间，我带领公司实现持久赢利，稳步成长，我觉得如释重负且自信满满。在此期间，我亲眼看到当大家齐心协力发挥创造力和才智去解决问题时，会展现怎样的可能性。

那年 7 月，多年里我首次有“机会”——一是在身体上，因为我被困在了沙发里；二是在精神上，因为星巴克已步入正轨——思考公司业务之外的事。

我是一家公司的掌舵人。这家公司的创办宗旨是成为当地社区的经济、知识、社会的一分子。这一点我从未忘记。

说到底，我爱我的祖国。

那年夏天，我义愤填膺。我们那些民选的官员未能恪守民主的核心原则，未能为了大局的利益而让步。他们中的太多人只知道自保。他们未能携手寻找共同点，在党派的意识形态上稍做让步，而是一心想着保证连任。我们看到的是党派偏见和自私自利，更严重的是，我们看到了民主精神的崩溃。这件事令我痛苦万分。

我跟很多美国公民谈起过，跟他们一样，我在考虑自己能做什么、该做什么。

2011 年，坐在家里，时刻铭记公司受托责任[①]的我还在考虑——针对新闻里所说的这些事，星巴克能做些什么。星巴克曾经参与过基层的政治活动。2008 年的选举日，我们向每位投票的选民免费赠送一杯煮好的咖啡，我们还向每位承诺在社区里宣传兵役的人免费赠送咖啡。

我想起了最近更新的公司使命（是在转型期制定的）中的一句话："每家门店都是社区的一分子，我们有责任成为大家的好邻居。"

我问自己：一家公司要想成为人们的好邻居，意味着什么？

我打算 8 月初结束休养开始上班。在那之前的那个星期天，我给星巴克的伙伴写了一份备忘录，提醒大家——顾客可能会因最近一系列政治事件而焦虑不安。我建议道，我们要继续维持门店的"本地舒心小憩场所"的气氛，以抚慰顾客的心情。

我收到大量伙伴回复的邮件，他们都对我的善心表示赞同。我想再接再厉，对那些已不再为人民服务的民选官员，我们能否引起其关注？几周之后，我又发出一份邮件，这次是发给 150 位行业领袖的。我敬请每位 CEO 做出两个保证：第一，拒绝向所有现任政客政治捐款，直到国会和总统就国债、税收和支出问题达成两党联合同意的长期政策。

"此举旨在敦促民选的国家领导层真正重视起国家的长期金融挑战，并甘愿以再次当选为代价。"我如此写道。

第二个保证是，希望诸位 CEO 能创造更多就业机会。

---

① 亦称"会计责任""经营责任"。在财产或生产资料的所有权和经营管理权相分离的条件下，经营管理者由于接受委托或命令经管和运用财产或生产资料而对所有者应承担的责任。

“要想使国家的经济循环系统回到正轨，唯一方法就是注入新的血液。我们不能干等着政府出台激励措施。我们需要马上增加就业机会。这样做的目的是激励民心。”

因为以上倡议已超出了星巴克的业务范围，所以，我收到很多来自外界的批评。“对不起，霍华德。我们需要更少而非更多商人涉足政治领域。”一位著名前CEO在博客上对我的抵制倡议做出如此批评。福克斯新闻频道（Fox News）说我此举实属“贪功冒进”。其他人也不同意我的倡议。一位CEO拒绝响应倡议，他说，美国政治制度之所以会有类似重划选区这样不公平的选举制度，其病根不是钱，也不是某些特殊利益。换句话说，我的出发点是错的。

当然也有人支持我的倡议。“对舒尔茨的倡议，我所欣赏的一点是，”《纽约时报》专栏作家乔·诺塞尔（Joe Nocera）这样写道，“他不是呼吁妥协，也不是当和事佬，因为这两种做法无法左右政治行为。”诺塞尔评论说，我的倡议实际而实用。

我受到鼓励，又写了第三封信。这封信是写给美国人民的。在信中，我表达的不仅是自己的心声，也是很多人的心声。这封信被数家国家级报纸全文刊发：

我爱我的祖国。我是‘美国承诺’的受益者。但现在我偶尔会忧心忡忡，因为我眼中的美国已不是我所爱的样子。跟你们很多人一样，我也对华盛顿领导层的劣政而失望……开国元勋推崇政治辩论的建设性意义，但今天，我们要用文明而尊重的口吻向诸位民选官员发出他们能听见、能听懂的信息：眼下，你们要把公民的权利放在党派利益之前。

在信中，我号召“诸位有心的公民”与我一起参加一次网络直播的听众来电市政厅会议。9 月 6 日，国会议员与总统休假回来之际，我坐在了镜头之前。与会的人还包括一位哈佛大学商学院的教授，一位联邦预算专家，一位两党连立组织的联合创办人，这个组织的职责是致力于实际问题而非意识形态，以弥补政府施政的漏洞。

“此次会谈旨在改变华盛顿出格的党派偏见！”主持人热情洋溢地宣布会议开始。在随后 90 分钟时间里，与会人员各抒己见，其间听众打进电话，或是表达苦恼或是建言献策。

然而，整个广播节目不大对劲，毫无建树。打进电话热线的人只是广大民众中的寥寥数人，我们只是在自说自话。其他与会者在政府事务方面的经验比我丰富得多，然而他们却似乎缺乏紧迫感。

我在座位上焦躁不安。我问自己，参加会谈如何才能为国出力。

会谈节目结束。我的观点得以广而告之，就像我率先拒绝向政客捐款一样，我的无力感稍稍缓解，可是“感觉好”与“做得好”是两回事。

公开表达观点，是必要的起步，可跟真正实现改变是两回事。

我在那年夏天的愤怒，只是漫漫长路的开端。国家因党派之争而行将瘫痪，我的懊恼与日俱增，一个个问题在我心中纠缠：作为公民，霍华德·舒尔茨的发声时机是在何时？作为星巴克的 CEO，我的发声时机是在何时？作为一家公司，星巴克是否要用语言和行动表态？什么语言最有影响力？什么行动最有意义？往大处说，企业公民的身份意味着什么？公司在社会里繁荣昌盛，该如何反哺社会？我在这个国家实现了自己的梦想，作为公民和 CEO，我是否有责任帮助它？

在所谓的“债务上限危机”之后一年，两党的民选官员们又在此问题上纠缠起来。他们煽风点火，使民众提心吊胆，利用国家预算问题谋求党派私利，而非领导国家实现共享的繁荣。

2013 年 1 月 1 日，两项法案生效，以前颁布的减税政策期满，大多数美国民众被增税，5000 亿美元的政府开支被砍。

一则充满焦虑的信息被政客们发出且被媒体炒作：增加赋税、削减开支，将会损害老百姓的经济利益。人们的家庭收入会减少，数百万人赖以生存的政府职位、政府合同、政府项目将大幅缩减。

这是假的。法案生效后的直接影响被人曲解了。大多数美国民众不会因为未通过一项新法案而在新年第一天就痛失经济保障。政客在煽动民众的焦虑情绪，而后者仍担心自己的钱包，害怕积蓄突然贬值，就像在 2008 年金融危机时那样。

我每天早晨读报纸上的头版新闻，开车去上班的路上听广播新闻。与尽快通过预算法案相比，重要的事多了去了。美国历史上，最大的希望和挑战一直是扩大机遇，我就是机遇的受益者。我日益担心华盛顿那些政治闹剧会剥夺更多平民的教育和就业机遇。又一次财政危机已经成形，政客们未能通过合作协商而达成实际妥协。整个国家都在屏住呼吸，看看如此劣政是否会在 1 月 1 日将国家推向所谓的“财政悬崖”。

两党合作施政已难以为继，恐惧散播者占了上风，国家危如累卵，我不想袖手旁观。我像去年一样写信，可意义不大。如果说前后有什么区别的话，信的内容比去年有失尊敬，党派分歧更大了。

圣诞假期前夕，我召集了星巴克的一些人，商量公司可以怎么做。我不妄想我们能显著改变民选官员的行为，但默不作声不是我的做派。公司里很多人都觉得，既然公司已经表明态度，就应该急流勇进。我相信，对他们而言，默不作声也是无法接受的。我们要以妥当的方式表达我们的心声，展现公司的价值理念。

我们想到一个办法。我们不能在国民的焦虑情绪上火上浇油，而是通过一位意料之外的“信使”，在乱局中释放积极信号。

2012 年 12 月 26 日，我们要求华盛顿地区所有门店共 120 位咖啡调配师在顾客的咖啡杯上写上“团结起来”。之所以选择这四个字，是因为它反映了广大民众的希望——共和党与民主党团结起来，避免坠入财政悬崖，制订一项长期的预算法案。

这是我们首次利用咖啡杯传播信息。多年以来，我们一直拒绝在星巴克的白绿色咖啡杯上搭载广告。咖啡杯是个神圣的容器，它盛着我们的核心产品，在咖啡调配师将其递给顾客时，就带上了私人感情。之前，我们最多只是在杯身上印刷一些激励人心的话语。

我当然知道，一位参议员在看到杯身上匆匆书写的“团结起来”后就突然良心发现，这种可能性极小。但我将此举视作一种公民参与，这与高举口号牌、给国会议员写信是一样的。

公司如何表达意向，这将是个不间断的尝试。

美国参议院通过了一项法案，暂时延缓了大规模增税和削减开支，国家免于坠入人为造成的财政悬崖。可这又是权宜之计，长期的预算法案仍未成形。

十个月之后，2013 年 10 月，联邦政府停摆。国家被狠狠扇了一个耳光。

停摆的第二天，我走进西雅图的星巴克总部。星巴克总部位于一个九层长条形砖混大楼，这里原本是西尔斯·罗巴克公司[①]的仓库兼配销中心。原本各楼层上堆满了琳琅满目的货物，其内部已被掏空，重新设计，现在已布满迷宫似的走廊，开放式楼梯，一组组舒适的椅子供人随时坐下交谈，还有以咖啡命名的大小会议室。每层楼都有独特布局，在楼里行走是种有趣的体验，或者是种恼怒的体验——因为太容易迷路。

8 楼中央，四条走廊汇入一个明亮的共享空间，其中有间功能完备的星巴克门店。一周总有几次，我会在这里排队买杯咖啡喝。取决于着急与否，我有时候是喝一份双份玛其朵咖啡——意式浓缩咖啡加入少量奶泡，有时候是一杯深度烘焙咖啡。

当天走进门店，我发现新伙伴约翰 · A. C. 凯利（John A. C. Kelly）也在排队。约翰是个让人难以忽视且容易接近的人。他个子很高，性格随和，脸上随时会绽放出笑容。他在星巴克的职责是代表公司与美国及全世界的政府及公民股东打交道。

星巴克从未在华盛顿设立游说办公室[②]。与大工业公司相比，咖啡公司的分量要轻得多，所以，除了门店之外，我们在首都的存在感寥寥。多年以来，我们曾就以下问题向政府游说：气候变化、食物安全、高等教育、退伍军人政策、年轻人雇用、税收、国际贸易、职场制度等。

20 世纪 90 年代，我曾受邀到白宫和国会大厦去谈一谈星巴克独特的全员医保政策。然而，在过去的十年里，我们未能积极向立法者汇报公司的工作，错失了使其加深理解公司经营理念以及拓展公司社会影响力的良机。雇用约翰，就是为了在这方面积极起来。

---

① Sears, Roebuck and Company，创立于 1884 年，美国著名私人零售企业。

② 对议员进行游说以影响其投票。

他深知首都的方方面面，热心善行。我很想知道他对政府停摆的看法。他告诉我，对国家而言，这次停摆尴尬而滑稽。“你认为我们该怎么做？”我的问题出其不意，哪有CEO愿意蹚政治浑水的？“约翰，你打算怎么做？”我意在鼓励他换个思路，原有的一家公司该如何应对社会和政治问题的种种限制，他无须顾虑。

他兴奋起来，走进维韦克·瓦尔马（Vivek Varma）——星巴克的公共事务负责人——的办公室，一场头脑风暴随即展开。问题启发了思路。一家公司该如何走出花言巧语的空谈，又避免变成莽撞的行动主义？我们不是要在停摆中牟利，而是要做一个负责任的企业公民，如何才能将“投机分子”的误解降到最低？我们能不能使债务危机中意见相左的双方团结起来，同时避免自己被分化、引火烧身？我们到底要达成什么样的结果？

停摆后一周，一则头条新闻触动我的心弦，令我愤怒且着急：《四位烈士的抚恤金及丧葬费因停摆而泡汤》。美军部署在阿富汗南部坎大哈省的部队，有四名士兵为了营救受伤的战友而进入雷区，最终壮烈牺牲。

帕特里克·C. 霍金斯中士、詹妮弗·M. 莫雷诺中尉，二人都是25岁。

二等兵科迪·J. 帕特森、约瑟夫·M. 彼得斯中士，二人都是24岁。

报道中说，四位年轻烈士的遗体定于第二天运抵多佛空军基地。但是，他们的亲人如果想到现场迎接国旗覆盖的棺椁，得自己掏钱前往基地所在的特拉华州。

根据停摆条款，美国国防部被砍了差旅费和阵亡抚恤金，其中包括每家10万美元现金、12个月的住房补贴，以及每位烈士的丧葬费。

在商界，公司的支出反映了其价值理念。倘若我在压力下砍掉了星巴克伙伴的医保福利，那就是不道德的，是对伙伴缺乏基本的尊重。经营公司与管理政府是有不同，但拒付死亡抚恤金，哪怕是临时的，也反映出对四位年轻烈士的家属极大的不尊重。站在烈士父母的角度考虑，其痛苦如雪上加霜。

四位烈士的家属受到的对待不仅不光彩，甚至不合情理。它更反映出一个更大的问题：我们的政府无法合理分配资金，以解决困境中的国民，其中就包括但不限于退伍军人及其家人。这件丑事就是铁证，政界的机能失调已经达到新低。

我们打算实施头脑风暴中想出的一个方案。一位在星巴克工作多年的伙伴建议，我们可以发起请愿以敦促政府结束停摆。我喜欢这个主意，因为我把请愿视作一种公民参与，而星巴克有得天独厚的优势。通过我们的门店，我们可以接触到全国各地心感震惊、沮丧、无力的人。时间紧迫，方案必须简单易行。我们要做的就是把请愿书发给门店经理，让他们将其打印展示。

公司里有少数人反对这样做。他们说请愿活动的目标不切实际，显得做作。我解释说，此举好就好在其意图，而非结果，而这种意图对我们的伙伴和顾客都很重要。我们可以借机利用门店的规模做点善事，真正展示我们的价值理念。此举不是为了放大我自己的声音，而是打造一个直接而民主的论坛，让更多的人有机会发声。

10 月 11 日，星期五，美国星巴克的顾客走进店内，就会发现稍有不同：店里多了一张小桌子，上面放了些笔，一本笔记板，还有一份请愿书：

> 华盛顿的领导层：现在是时候团结起来了。1. 重开政府，为民众服务；2. 按时偿还债务，以防再次出现金融危机；3. 年底前出台两党连立的长期预算法案。

一则同样内容的数字化请愿书被发到网上。但对我而言，此创举的好处在于，它在门店内营造出人人参与的氛围。走进当地咖啡店，跟邻居们围在桌旁表达心声，就有了亲力亲为的意思。政府似乎遥不可及，一张纸、一支笔却使得民众得以发出声音，有机会被高层听到。约翰深谙华盛顿的党派之争，他对这个创意尤为自豪，因为请愿活动找到了争论双方的共同基础，在理智和情感上将民众团结在一起，而不是使其在政治上被分化。

接下来的那个星期一，政府停摆进入第三周。

星期二，联邦快递的数千件信件、包裹寄到了星巴克的西雅图总部。我们把信件和包裹装到大箱子里，用平板手推车运到四楼一个没有窗户的会议室里。来自总部办公楼的100位志愿者等在那里，他们带着关心公共事务的热情和专业素养，在长桌上忙碌起来，将寄来的请愿书签名分类、记录。每一份请愿书他们都要看两遍，以确保不出错误，遇到重名的情况还要再次检查。他们记录邮政编码。这不是一份有趣的工作，但屋里的人都带着一种目标感。他们认为自己在做有意义的事。他们深感自豪，因为公司在帮助民众发声。

我站在会议室中央，在纸张摩擦的沙沙声和志愿者统计的低语声里，有那么一刻，我从中感受到了友情。这种感动并非来自政府里那些席位。这间会议室里的人相信自己在做一件有意义的事，他们的自豪感是真真切切的，他们的目的是纯洁的。

我哽咽了。

“你们现在所做的事，本不是你们在星巴克的工作。”我说着，房间里安静下来，“我想说几句话。你们手里拿着的，是我们的价值理念和指导原则。”我对他们说，对这件事我从未犹疑。“大家都知道，美国本应做得更好。大家都知道，有些事不太对头。可是，如果我们作为一家公司，大家作为公民，都袖手旁观、任事态发展下去的话，我们就会变成问题的一部分。”

截至中午，我们已经收集了150万份签名，还有一千多家门店的请愿书尚未统计完成。

星期三，16个装满请愿书的纸箱运抵华盛顿宾夕法尼亚大道的一家星巴克门店。约20位身穿绿围裙的伙伴自豪地把近200万份签名请愿书送到了国会大厦和白宫。

星期四，一位负责往国会大厦送签名请愿书的伙伴给团队写信道：“昨天在华盛顿简直太棒了。入职星巴克四年了，这是我最得意的一天。”

星期五，联邦政府重开。

请愿书与政府重开没什么关系，只是时间巧合而已。政府里有人打开过纸箱吗？我们不得而知。可我们把该做的事都做了，其他的无关紧要。

我们中的很多人都觉得在做一件大事。

我们收集的签名，以及从顾客和伙伴那里收到的反馈，都反映出身心疲惫的公众想让从政者听到自己的心声。在一些请愿书上，人们不仅签了名，还在空白处写上了“谢谢”二字。顾客们说，这是个好办法，能向国会施压。请愿书的重要性不容小觑，因为政府本应为人民群众服务。有人还说，希望华盛顿的某些人能听一听选民的心声，因为前者是后者选举出来为自己代言的。

请愿活动还遭到了批评。有人说，星巴克是把政治引入了商业领域，另外，还有人说星巴克此举力度太小，应该再接再厉。批评人士嘲笑我们，说我们是过街老鼠。约翰·凯利从在政府工作的老同事那里听到一句怨言：“你怎么会干这么肤浅的事？”约翰站稳立场反击道：“还记得你到华盛顿的初衷吗？还记得当初你因为信任政府、认为民众有权发声，而打算有所作为吗？”此后，约翰切合实际的理想主义不断影响着公司的作为。

随后几天时间里，围绕政府停摆的情绪平息下来，请愿活动也成了记忆。我开始接受现实。

的确，收集和统计请愿签名使得很多伙伴和顾客有所作为，而非眼睁睁看着新闻，做无意义的抱怨。今日的民主参与不过如此，只是强度稍逊。

但与我所写的那三封信一样，跟我们的咖啡调配师在杯身上写“团结起来”一样，请愿活动也只是个象征。绝大多数顾客都没有能力给困难民众实质性的帮助。的确，我们有所作为，但并非所有作为都有相同的价值。正如前文所说的那样，“感觉好”与“做得好”是两回事。只有亲身经历过，才能有这样的心得。

在民主制度中，抗议、请愿、反对声都有一席之地。符号和演讲也意味深长，要么是精神宣泄，要么是刺激对方行动。很久之前，肯尼迪在布鲁克林那番鼓舞人心的演说——给予每一位美国人“成功的平等机会”——就令我母亲深受鼓舞，继而督促我实现更大的人生理想。梦想起于豪言壮语。可是，进入21世纪已经十年了，美国这个建立在豪言壮语之上的国家，却面临着严峻且复杂的挑战。“美国的承诺”——就我的理解，是不论出身如何都有机会成功，具部分原因是大家都有教育和就业的机会——越来越多的人难以捉摸。每位公民都应该能上好学校，都应该能够得到、保住一份好工作并脱颖而出。如果我真心想让星巴克为公众的生活增光添彩，那么，一味寄希望于民选官员就是徒劳之举。

乘飞机四处出差，已成了我在星巴克的常事，但我从未厌倦于鸟瞰的景色。在晴朗的日子里，在起降之间，在斑驳的云间，我都喜欢望向窗外，看看美国。公园、摩天大楼、河流湖泊、蜿蜒的高速公路。我看过无数个泳池粼粼的后院，白碑点点的墓地。还有，那些在大城市郊区，一排排整齐划一的房子，就像排起长队的孩童。花园不远处就有废物堆积场，烟尘腾腾的工业区数小时路程之外就是座座粮仓。密歇根湖畔，芝加哥市的天际线从平坦的中西部高耸而起，就像立体书弹出的书页。在旧金山，一条条海湾桥梁将丘陵市郊联系在一起。一条条山脉融入阿巴拉契亚煤区。得克萨斯的风力涡轮机犹如翩翩舞者。从东海岸到西海岸，我见到茂密的森林、商场的停车场、中学的屋顶，有时甚至能见到尖塔。一望无际的大地上，小城镇如斑点一般。若是在晚上，有时候我只能看见一点灯光。

坐在飞机上，脚下的美国像一幅徐徐展开的壮丽的挂毯。可是，我在高空看到的只是个美丽的幻象。真相在地面上，在人们不可思议的、平凡而凌乱的人生细节里。真相在泥里。

美国的每个州都有星巴克的门店。不论人们喜欢与否，我们都是社区里无法忽视的存在。我们遍布美国大地。我常常尽力拿出时间行走在这片大地上，行走在门店里，跟伙伴和顾客交谈，多听而少讲。我从中发现，原来那些老生常谈都是真的：大多数人都有同样的愿望——希望自己被重视、被理解、被爱，希望有机会追逐自己或大或小的梦想。除此之外，我渐渐相信，大多数人都有各自的潜力，它极易被人忽视，一旦发掘出来就是无限。我遇到的大多数美国人，都想掌握自己的命运，他们只需要一个机遇而已。

我和同事们都在思考，除了在门店内营造人际连线和集体感之外，星巴克能否在美国有更大作为。这种作为与售卖咖啡关系寥寥，甚至毫无关系，而是解决经济和社会问题。我们能不能、应不应该把产品和经营上的创造力和严谨用于解决国家难题？这是我们公司的使命吗？作为企业公民，我们有责任蹚这个浑水吗？倘若如此，我们能走多远？应该走多远？

身为 CEO，身为美国公民，我问了自己一个更大的问题：不做旁观者，意味着什么？

第二部分

星巴克的重塑和使命

第七章

工作的尊严必不可少

我几乎每天都能在这家星巴克见到这个人，这并不奇怪，人都有习惯。可在 2011 年，我每次走进我家附近的这家门店时，不知什么原因，我总会注意到这位衣着整洁的中年男人。一天，我走上前去。

“我发现你每天都在，感谢你光顾星巴克。”我伸出手与他握手。握手过后，他把我叫到一边。他认识我。

“先生，我每天都来，是因为我无处可去。”

他不是无家可归。他说他有家，可他已经失业很久了。他找不到新工作，他说道。几分钟后，他哭了起来。我拍了拍他的肩膀以示安慰。在他脸上，我看到了父亲的影子。

我知道，失业的破坏力很大，不仅仅影响到经济层面。有工作时，我们得到的不仅是收入。工作、工作的场所，都是快乐、自尊抑或耻辱的源头。干得好，使人心生自豪和目标感。工作不好或没有工作，会使人失去活力。

2011 年，约有 1400 万美国人待业。我认为，其中大多数人都渴盼工作。工作的要求很多，但同样会实现抱负。新的工作岗位创造不出来，我们的民选官员又无法促进经济增长。我认为，美国欠缺的不仅仅是经济。我们欠缺尊严，这是个大问题。

我曾长时间观察思考人生中尊严的重要性。我认为，尊严——自尊以及值得别人尊重——是我父亲所欠缺的，也是我想让自己、让别人拥有的。维护人的尊严是星巴克的核心宗旨，包含在公司的使命中。

然而我了解到，尊严不是唾手可得的，得自己去挣。工作本身并不能令人有自尊。尊重来自工作的选择权，来自个人的表现——努力程度、责任心、结果，来自别人对待我们的态度——当别人对我们抱以同情、关注我们的需求、感激我们的贡献时，我们的自我价值就得到了强化。选择权、努力、成就、尊重，这都是尊严的来源。相反地，差劲的老板、经常性失业、工作表现不佳，就会削弱人的自信。不能找到好工作，或是没有工作选择权，就会造成集体恐慌。

尊严不是权利，也不是特权，但它对个人健康、对机构团体甚至对国家，都是必不可少的。

“怎么才能让美国人找到工作？”

2011 年 8 月 26 日，星期五。我坐在一群星巴克伙伴之间。他们都是我召集来的，来自公司的各个部门——咖啡、数字、市场、门店经营、后勤……我和公司的公共事务负责人维韦克·瓦尔马联合召集了这次会议。自从 2008 年入职以来，维韦克已成了我的左膀右臂。他之前在微软工作，是通信和政策研究部门的顾问。法学院毕业后，他还在国会工作过一段时间。对我们俩携手工作，他有独特的见解。他的父母是印度移民，他在俄克拉何马州奇卡沙镇（Chickasha）长大。他是个国家级的网球运动员，那年夏天刚刚当了爸爸。我看重他的，是他在压力下的镇定以及扎根实际的大设想。

我向大家解释说，我的想法是在星巴克的雇工范围之外提高国家的就业率。此举能刺激经济增长，改善人们的生活（类似我在店里遇见的那位中年男士）。

国家面临的问题很多，其中，星巴克最能出力的方面就是就业。我们的确在创造就业岗位。那一年，公司在全球增加了12000多名伙伴。但这已是我们的上限了。星巴克如果想对国家的高失业率稍尽绵薄之力，就得着眼于公司的能力之外。

我向大家征求建议，并提供了几条指点意见。“我们得尽快做点什么。”摩根士丹利投资公司[①]的分析师刚刚降低了对美国的经济预测，警告美国和欧洲即将迎来又一轮经济衰退。何况，我们要的是实实在在的成果，而非仅仅是好的自我感觉。

大家纷纷建言献策。我们可以捐款给职业培训机构，或是让求职者到门店里撰写简历、接受职业咨询。

亚当·布洛特曼（Adam Brotman）开口道：“我做过一些研究。”

亚当是西雅图土生土长的企业家，他创办了数字音乐公司PlayNetwork，从1998年起就负责星巴克门店的音乐。现在他为星巴克工作，负责为顾客建设数字和移动网络。他聪明、好奇心强、心地善良，经常自愿参加工作职责之外的创造性项目。这时他继续说道：“研究的结果，总是指向小企业及其面临的障碍。”

小企业是地方经济发展的发动机，但它们的发展停滞不前。大萧条

① Morgan Stanley，1935年成立于美国纽约的国际金融服务公司，提供包括证券、资产管理、企业合并重组和信用卡等多种金融服务。

对小企业伤害最深，部分原因是它们依赖银行贷款来维持前期发展。自从2008年开始，国内很多银行不是倒闭，就是被吞并，大多数银行只愿贷款给资质高、资产优良的企业，而小企业的创业者不受青睐。

小企业不发展，就不会雇人。

“我们可以推广一下种植园贷款项目的经验。”维韦克建议道。

多年来，星巴克一直向咖啡种植户提供信用贷款，以帮助其发展。2011年，我们一共做出1470万美元贷款承诺，惠及七个国家的45000多个咖啡种植户。到2015年，我们打算将这个数字提高到2000万美元。这笔贷款通过非营利组织发放到种植户手里。

有人建议搞微型金融，即向缺乏资金的人提供小额贷款，哪怕只是数百美元。我自己就是白手起家的，所以我深知，对发展中国家的创业者和小企业主实现自给自足来说，小额贷款无异于天降甘霖。将这个模式用在美国的创业者身上，这个点子非常迷人。

然而，贷款给我们的供应商是一回事，贷款给与星巴克业务无关的企业，我们就变成银行了。而星巴克不在银行业。

亚当想到了什么，像个见到新玩具的孩子一样兴奋：“可以用众筹！”

多亏了互联网，任何人在遇到难题时，都可以通过像Kickstarter这样的网站向朋友或陌生人每人索要哪怕1美元的捐款，实现集腋成裘的目的。

亚当建议，我们可以开创一个基金项目，号召人们捐款。

第二天，亚当给我们写了一封长信，建议星巴克开创一个筹集资金的独立部门，通过这个部门，星巴克可以筹钱并将其捐给某个致力于解决就业问题的非营利机构。

“我们可以细心挑选百分百致力于创造就业、职业培训的机构。”亚当在信中如此写道。他草拟了一个宏大的计划。

星期天，我请亚当、维韦克等几个人到我家里吃比萨，并仔细研究这件事。

我们几个人围坐在厨房的大工作台旁。我从外面买了比萨，台子上是敞开盖子的比萨盒，我的两条金毛猎犬——哈珀（Harper）和芬（Finn）——伏在我们脚下。我们一边吃比萨，一边讨论亚当的备忘录。

大家一致同意，向小企业贷款是可行的。星巴克在上市之前，有十多年时间都是一家小型私人公司，从某些方面来看，我们的每家门店都像是一家小企业。在门店里，很多顾客坐在桌旁，一边喝着咖啡，一边通过笔记本电脑和手机做着生意。在星巴克里喝咖啡时迸发出创业理念的事更是屡见不鲜。

大家还一致同意，我们需要一个信誉良好的合作伙伴，最好是一家可信的非营利组织。

我的思路转向项目的实施问题。众筹是可行的，但我们需要一个载体来发动民众捐款，一种有形之物，一个象征。不能是使我们赢利的产品，而是一种实物，能将民众的心汇聚起来。

这时我想到一件物品：多年前，一条印有“LIVESTRONG”（坚强生活）字样的明黄色硅胶腕带，以其对癌症患者的支持而风靡一时。

“腕带。我们需要一条腕带！”现在，我变得像一个见到新玩具的孩子似的。

一个小时过去了。比萨盒空了，狗都去窝里睡觉了。

维韦克在厨房里踱步。他低着头，手插在牛仔裤兜里，对我们讨论的结果做了总结：第一，小企业是美国创造就业机会的法宝，我们自认为能够找到办法，帮助创业者获得资金，以促进其事业发展；第二，我们需要合适的合作伙伴；第三，霍华德想通过某种具有象征意义的物品——或许是一条腕带——以代表为国家创造就业岗位的集体努力。

“这是个摸着石头过河的时代。”维韦克为大家打气道。我知道，他要向大家的创意提出指导意见了。“我们要动手干，”他补充道，“但我们面临很多难题。”怎样筹钱？怎样向顾客表述，才能使其相信我们此举是合法正当的，而不是某种市场炒作？该怎么衡量活动的结果，以证明我们取得了实实在在的成效？

我们的志向过于远大，似乎有些遥不可及。我们本可以打退堂鼓，就此结束当天的会议，拍拍狗的脑袋，再一致同意写信、签支票，要比我们这份计划简单得多。但是我们，不仅仅是我一人，都想实实在在做点事。我们想众人拾柴，做点大事。

第二天，我写信给星巴克的诸位董事。“我们要做的事很大胆，很复杂，有风险。”我如此写道，“但是符合星巴克的作风。创业精神、好奇心、英勇无畏，这是我们骨子里带的。”

在我家的研讨会结束后几个小时，亚当·布洛特曼就给妮雅·张（Nia Zhang）打了电话，把我们的计划告诉了她。妮雅是个很有创意的人，她先是在美林证券公司[①]的投资银行部门工作，后来加入星巴克，在市场部工作。她也被微型金融的潜力所吸引。

他们找的人之一是罗德尼·海恩斯（Rodney Hines）。他是个周到、专注的人，曾在服务水平低下的社区工作过，也有公共政策方面的工作经历。他之前在微软工作，负责其社区事务，三年前加入星巴克，负责为星巴克选择支持的慈善事业。他在美国的慈善界人脉很广。

① Merrill Lynch，成立于1914年，美国著名证券零售商和投资银行。

“我这里倒是有个合适的，”罗德尼对亚当说，“你们听说过 CDFIs 吗？”

这拗口的首字母缩略词还真很陌生。CDFI 的全称是“Community Development Financial Institution”，意为“社区发展金融机构”。看我们还是不懂，罗德尼进一步解释道，CDFIs 是多家金融组织，它们向全国低收入地区的新兴公司、小企业、住房项目、非营利组织提供贷款。

“大致来说，CDFIs 投资的地方，都是银行看不到眼里的。”罗德尼说道。他还认识一个宾夕法尼亚州人，此人是 CDFI 一个伞状组织[①]的领导。

宾夕法尼亚州的星期天晚上 11 点，罗德尼用黑莓手机给马克·平斯基（Mark Pinsky）发了一条短信：“我们有个想法，你或许能帮上忙，盼复。”第二天他们就通了电话。

马克的组织叫“机会金融网络”（Opportunity Finance Network），简称 OFN。OFN 从银行、富人、捐赠人那里筹得资金，再放给特定的 CDFIs。CDFIs 用这笔钱从其他金融机构吸引更多贷款，再以低息贷款的方式放给社区里的企业。

得知这件事之后，我心中犹疑。这些名字——OFN、CDFIs——都太陌生了。顾客会相信它们吗？我们能相信马克吗？我觉得，选一个知名度高且我认识其领导的非营利组织合作，会更保险一些。但我们赶得有点急，不舍得放弃手里的选择。我们邀请马克到西雅图来。

与此同时，我们还联系了两家著名的非营利组织。但在那一周结束时，两家都拒绝了我们的请求。我很失望，于是马上把注意力放在了这拗口的首字母缩写词上。这些 CDFIs 是什么？我很好奇马克·平斯基来访时会

① 伞状组织是一个由各种机构（特别是工业）组成的团体，成员间协调行动、共享资源。在商业、政治、或其他环境下，伞状组织为下属组织提供资源和进行认证。

说什么。

三年前，2008 年 9 月，飓风艾克（Hurricane Ike）的风眼墙的疾风穿过休斯敦市中心，所过之处，将体育场的屋顶都掀开了。休斯敦的第三区一片狼藉，当地存在已久的阳光健康食品店及素食熟食店的房子也被毁掉。店主阿尔加·布儒瓦（Arga Bourgeois）得知房东不打算修缮房屋，她害怕父亲传下来的这家店铺就此倒闭。没有银行愿意贷款给她用于修缮房屋。

“阿尔加·布儒瓦就是 CDFIs 帮助的那类人。”马克解释道。他语速很快，我是开着车跟他通电话，车载扬声器里传出他热情洋溢的话语。他当时身在星巴克的一个会议室里，向约 30 位与会者解释 CDFIs 的工作机制。我当时在路上，是通过电话参加的会议。

飓风艾克过后，得克萨斯州的一家 CDFI 向阿尔加发放了 3 万美元贷款。2009 年春，阳光熟食店恢复营业。阿尔加及其员工重回岗位。马克说，数千个像阿尔加这样的小企业的创立、发展、雇人都是难题，因为他们从银行那里连 1 万美元都贷不到。“简单来说，CDFIs 是按客户具体要求发放商业贷款的，就像星巴克根据顾客的口味调制饮料一样。但我们做得要更复杂一些，我们在这种金融模式的宣传方面又做得太差，所以鲜为人知。”我欣赏马克的坦诚。他像是个正直的人。

马克继续说道：“在传统的金融理念里，CDFIs 的债务人都是借钱不还的人，但他们不是这样。”自从 20 世纪 80 年代中期开始，CDFIs 共发放 300 多亿美元贷款，资助了 55000 家企业，98% 的贷款都被偿付。

“怎么样？”有人问道。CDFIs 的利息比传统金融机构要低。CDFIs 也没有赢利压力。更重要的是，他们还通过提供记账、销售建议、技术援助、指导等方式实实在在、竭尽全力地帮助债户。他们了解自己的客户。

马克建议，星巴克可以把门店里筹来的钱交给他的OFN，后者再将其百分之百转给全国的CDFIs。CDFIs把这笔钱用作抵押贷款，然后将贷来的钱放给社区里提供工作岗位的企业和机构。他说，平均来说，CDFIs能放出七倍于本金的贷款。

要对来店买拿铁咖啡的顾客解释这些事情，是够费力的。

我总爱结交有专长且与我有相同价值观的人。所以，我信任马克，相信他和OFN——一家业内声誉良好的低息贷款机构——是帮助我们刺激就业的最佳伙伴。

马克补充道，OFN和CDFIs将会对贷款人进行审查，然后分类放款，并对工作岗位的开设情况进行跟踪。

星巴克则要支付OFN的运作成本，以保证从顾客那里筹来的钱百分百流入社区。另外，"星巴克基金"（Starbucks Foundation）将立刻向OFN拨款500万美元，如此一来，OFN就能在项目启动时立刻发放贷款，而不是慢慢等着顾客的捐款积累起来。

会议结束了，我们取得了很多成果，也遗留了一些未解的问题。我的期望值很高。初涉新事，问题是难免的。

企业主总会遇到意料之外的麻烦。一场飓风毁了你的店面。一个竞争者照抄了你的产品。一个投资人要吞并你的企业。三十多年时间里，我曾遇到太多这样那样的麻烦。有些麻烦至今阴魂不散。

我创业之后遇到的第一个坎儿，是在我筹到165万美元创办了"天天咖啡"并在西雅图开了三家门店之后一年。杰瑞·鲍德温（Jerry Baldwin）——星巴克的联合创始人、我的前老板，也是我的第一批投资人——来找我，说他和戈登·鲍克打算把星巴克卖掉，其中包括六家门店、烘焙工坊，以及星巴克商标。

“好消息是，”他说道，“霍华德，我们认为你是接手的最佳人选。”

坏消息是，我自忖道，我拿不出那么多钱。

杰瑞说，他和戈登打算把星巴克以 380 万美元卖给我，这笔钱刚刚能够偿还他们的债务。他们给了我 60 天时间筹款，还保证说，这期间绝不会考虑第二个人选。这个机遇仿佛天命。“天天咖啡”的门店里早就开始卖星巴克的咖啡，星巴克的全豆咖啡将会补足“天天咖啡”的饮料空白。如果交易顺利，我的门店一夜之间就能扩大三倍，还都位于城市的繁华地带。我兴奋异常，立刻起草了一份并购计划并将其通知给“天天咖啡”的各位投资人。

一个月之后，杰瑞给我打来电话，其内容令我大吃一惊：有人要买星巴克。“你说过，你们不会把星巴克卖给外人！”我急了。

“不是外人，买方是你的股东。”他答道。我信任的某人私底下向杰瑞和戈登出价 400 万美元，一次性现金交易且不做尽职调查[①]。杰瑞问我，有多大把握能筹到 380 万美元。

我实话实说：“前景不错，但我不敢保证。”

杰瑞对我很坦诚：“霍华德，我不能眼瞅着 400 万美元不要。我们再给你三十天时间筹钱。不行的话，就对不住了。”

我很快就发现，我不仅将与星巴克失之交臂，此外，那位竞争者投资人正雄心勃勃地游说“天天咖啡”的股东，要把星巴克和“天天咖啡”合并，并对新公司的股权重新分配，削弱我的控制权。我是“天天咖啡”的

---

① due diligence，为投资决策而做的一系列事前调查。

创始人，这样做是不公平的。我愤怒至极。倘若如此，即便我不会被从新公司里扫地出门，我的影响力也会大为受损，我怕这样一来星巴克就不能发展成为我设想的那种公司了。身为创业者，又刚刚当了爸爸，我已渐渐明白：为企业塑造价值理念、营造企业文化，就跟养育孩子是一样的，要趁早养成其行为模式和理念信仰。“天天咖啡”仿佛一个婴儿，正在迅速成长。我们早已在“天天咖啡”的公司和门店里建立起真正的同志友情和相互尊重。大家就像一家人一样，为了同一个目标聚在一起：在我们中间，也为顾客，打造一种共同体，维护人的尊严。在我们眼里，“天天咖啡”不是只为挣钱的咖啡公司，而是一家兼“卖咖啡”与“跟人打交道”于一体的企业，也就是说，公司的预算、扩张等决策都要考虑到伙伴的利益。我担心，倘若那位股东买下了星巴克，继而兼并了“天天咖啡”，这种悉心培育的心态就没了。对我而言，这一仗要是输了，很多事就危若累卵。

起初我吓坏了，甚至告诉雪莉，我们可能一无所有。接着我冷静下来，振作精神，准备奋力斗争，誓要打赢这一仗。我只须想出办法。一天晚上，在打完一场休闲联盟的篮球赛之后，我将这件事告诉了一位队友兼朋友。他名叫斯科特·格林伯格（Scott Greenburg），是位年轻的律师。

“我带你去见见我们律所的高级合伙人吧。”听完我的困境叙述，斯科特·格林伯格建议道。

“见谁？”我问道。

“比尔·盖茨。”那时是 1987 年，斯科特说的“比尔·盖茨”全名是老威廉·H. 盖茨（William H. Gates, Sr.），即微软联合创始人威廉·H. 盖茨三世（William H. Gates Ⅲ）的父亲。那时，盖茨父子俩我一个都不认识。

第二天，我和斯科特走进西雅图最牛律师之一的办公室。老比尔·盖茨身高 6 英尺 7 英寸[1]，他身形巨大，在西雅图的影响力也是如此。

“请坐。”老比尔・盖茨对我们说道，接着便拿出一本记事本，“把来龙去脉都告诉我。”我从头到尾把情况解释了一遍。我去意大利出差，我在星巴克工作，我筹钱开办“天天咖啡”，我收购星巴克的机遇，最后我跟他说了要争夺星巴克的那位股东的名字。那人是西雅图商界的名人。

“霍华德，咱们俩是第一次见面。我得问清楚，你还有所隐瞒吗？”老比尔・盖茨问道。我摇了摇头。“你所说的这些都是实话？”他又问道。

“是的，盖茨先生。我跟你说的都是实话。”接下来我们又谈了一会儿。最后他说：“霍华德，你两个小时以后再过来一趟，自己来。”

我走到街对面，吃了点东西。再回到老比尔・盖茨的办公室时，他对我说：“霍华德，我陪你去见见那位股东。”我的心跳加快了。

我们到办公室时，我觉得就像是胆小的狮子随着奥兹大法师去觐见。[2]那位大人物勃然大怒：“在你一文不名时，是我们给你投的资！”他当着老比尔・盖茨朝我吼道，“现在你有机会收购星巴克了。可那是我们的钱！你要是不同意我们的计划，你就别打算在西雅图做生意了。你再也筹不到一分钱。你会变成过街老鼠。”我吓坏了，紧张不安，同时也很生气。要是我袖手让他买下星巴克，我所有的付出和梦想都将化为泡影。

“收购星巴克是我的主意，”我反驳道，声音发颤，“你是从我这里听到的！”

这时，我身边的高大男人说话了：“太卑鄙了。”老比尔・盖茨对我的竞争者及其同僚说道，“你这么高地位的人，竟然奸诈到要去偷这个孩子

---

① 约 2.01 米。

② 典出《绿野仙踪》。

的梦想。”两位年长的人对视片刻，老比尔·盖茨开口道：“你，退出。由霍华德来筹钱收购星巴克。你听明白了吗？你，给我退出。”接着我们俩就走了。

之前，从未有像老比尔·盖茨这种分量的人站出来为我说话。事实上，之前从未有成年男人这样热情而正直地为我说话。

我们乘电梯去一楼大厅。我哭了，一半是因为感激，一半是因为害怕。我很肯定，刚才的交锋是我赢了，但我还得去筹钱。老比尔·盖茨所做的事改变了我的人生，也改变了无数人的人生。

“霍华德，我给你投资，帮你筹钱。”老比尔·盖茨如此说道。我不敢相信自己的耳朵。这个我刚刚认识的人，他不仅维护我，还承诺亲自为我的梦想投资，还帮助筹划了其余的筹款方案。

老比尔·盖茨所做的并非是为我投资而已。他让我明白了，一个陌生人也能改变另一个陌生人的人生。这是个人生启迪。在我认识并娶了雪莉为妻之前，我总觉得是在孤军奋战，我不仅要谋生，还要出人头地。后来我为杰瑞和戈登工作，他们帮助我孕育了梦想。现在，一个我几乎不认识的人从天而降，保住了我的梦想。在我觉得除了妻子之外再无支撑时，老比尔·盖茨拉了我一把。他的义举我铭刻于心。我明白，我有责任保障他的投资，给他回报，还要感恩他一辈子。

1987年我差点与星巴克失之交臂，那是一次痛心的经历。如果我失败了，会牵连很多人，包括妻子雪莉及我的伙伴们。2011年，美国无数面临困境的创业者都在经历我当初的故事。

在新罕布什尔州坎特伯雷市，一家小型有机农产品公司的所有人卢克·马奥尼（Luke Mahoney）和卡塔莉娜·马奥尼（Catarina Mahoney）

夫妇即将破产，因为他们的农田未能续租，他们又没有钱再去买一块地。

在俄勒冈州的海滨市，吉米·格里芬（Jimmy Greffin）想开一家小型啤酒厂。海滨市的渔业和伐木业已经衰败，他打算以碑酒吸引游客。吉米有完美的厂房，那是一栋有99年历史的老楼。但如果贷不到款，他无法将厂房翻新。

在纽约州的特洛伊市，罗宾·苏格兰（Robyn Scotland）想开一家日托中心，其贷款请求却被数家银行拒绝。

在经济不景气的佛蒙特州巴里市，一场暴雨毁了辛西娅·杜普雷（Cynthia Duprey）的房子，她的家庭式经营的生意泡了汤。而市里唯一一家书店就要倒闭，她想借机把书店买下来，可银行不贷给她钱。

在南加利福尼亚，米格尔·冈萨雷斯（Miguel Gonzales）正在筹一笔数百万美元的款，以使“冈萨雷斯北门商场”开家新店，创造一百多个就业岗位。

不需要统计数据，我就知道，米格尔、辛西娅、罗宾、吉米、卢克、卡塔莉娜以及数千计跟他们一样的人正处在成败边缘。我是过来人。他们的志向跟我的一样真实。他们对失败的恐惧也跟我一样真实，而我仍对其心有余悸。

第八章

当星巴克遇见善良天使

距星巴克总部不到一英里的距离，西雅图港占据了普吉特海湾东岸的一大片区域。站在办公室里，越过周围的工业区，我能看到港口上巨大的门式起重机将大型货船上的洲际集装箱搬到卡车和轨道车上，后者再将其运往全国各地。一个个巨大的集装箱里，装着越洋而来的价值数十亿美元的汽车、电脑、服装、玩具、家用器皿、机械，还有无数钢铁。这种商品流动只是美国商业的豹之一斑，却不是全部内容。

距西雅图数百英里，在俄亥俄州的东利物浦市，我们能看到另一番景象。这是一个位于俄亥俄州与宾夕法尼亚州边界的小镇，地处俄亥俄河畔，曾被誉为美国的“陶器之都”。东利物浦市曾有一百多家工厂，生产的陶瓷制品精美无比，从瓷器到香水瓶应有尽有。可到了 2011 年，“陶器之都”只剩两家工厂还在运营。其中一家名叫“美国马克杯与啤酒杯厂”，只有三名员工。它曾经有数十位员工。当时，东利物浦市的失业率达到近 10%。

在资助小企业的项目开始之时，星巴克的人对“美国马克杯与啤酒杯厂”一无所知，但我们希望，通过我们的努力，能增加像东利物浦市这种地方的就业率。可在2011年秋季，这种希望极无把握。

我对商业头脑的最早的记忆是在童年。那是我第一次去曼哈顿。叔叔带我去了无线电城音乐厅[①]，除了演出，我还记得结束后去哪里吃了饭。

位于时代广场的“霍恩和哈达特自动售卖餐厅”（Horn & Hardart Automat）里，有一面墙的小窗户，每扇小窗里面都是不同的食物。一份火鸡三明治、一碗果冻、一份苹果派，甚至还有一杯咖啡。我看着叔叔把一枚硬币投进一个投币口，打开一扇上方有铰链的小窗，从中取出一份馅饼。窗户关闭，一份新的馅饼出现在小窗里！叔叔说，窗户墙的后面有一位魔法师，这些都是他变出来的。当时我并不知道，其实在墙的后面有一位勤劳的员工，不断将新的食物放进空的窗格里。馅饼很好吃，取馅饼的方式也令人赞叹。更令人另眼相看的，不是馅饼，而是其自动售卖机，是获取馅饼的体验。

什么东西能激发顾客的想象力、什么东西能刺激顾客消费，这些都令我着迷。象征和故事能调动顾客的情绪，我的商业头脑明白其重要性。声音、颜色、象征，都能使创意更富生机，创造魔法效果。而魔法不仅限于售卖馅饼和咖啡，我能将其扩展到各个领域，如创造就业岗位。

9月末的一个下午，我办公室的咖啡桌上散放着十来条布料和塑料的腕带。我们五个人在挑选试戴。大多数腕带都过于昂贵。我拿起一条从萨克斯第五大道精品百货店（Saks Fifth Avenue）买来的尼龙腕带，它很漂亮，但一条要75美元，对我们的生产和销售而言，其成本过高了。我们打算制作50万条腕带。

---

① Radio City Music Hall，世界最大的剧场之一，位于美国纽约曼哈顿区。

“我们的腕带，要跟这条一样漂亮，而且男女通用。”我指着一条光滑的腕带说道，“还有，妮雅，它得便宜一些，以便制作和销售。”妮雅·张负责腕带的设计和采购工作。她也知道公司的腕带活动不是什么骗人的噱头。

我又拿起一条细而薄的腕带：“我们的腕带，要比这个厚。”每一毫米都至关重要。如果你戴上它时不觉得骄傲，就不会愿意戴它，也就意味着不会愿意捐款。

我们创造就业岗位的活动很复杂，所以我们将活动的名字起得很简洁，“为美国创造就业岗位”。这个名字令人一目了然，却稍欠鼓舞性，所以，我们想要一个能抓住活动主旨的时髦语。于是，在挑选了腕带之后，我们又开始挑选标语。“团结”“在一起”“团结起来”“同一个国家”……有人还背诵了《效忠誓言》[①]里的一句话。

“‘不离不弃’怎么样？”吉娜·伍兹（Gina Woods）问道。吉娜是一位有六年工龄的星巴克伙伴，负责公司的特殊项目。她在逻辑细节和大局观方面有过人之处。包括我在内，大家都喜欢跟她共事。吉娜在艾奥瓦州长大，跟我一样喜欢狗。我常常喜欢跟有新颖思路的人讨论问题，所以，这次我把吉娜拉到这个项目里来了。“不离不弃”这个词尚未成为一个政治口号，在 2011 年的秋季，我对这个词感觉既熟悉又新鲜。

除了腕带，还有一件麻烦事需要我们解决。

现有的经济模式中，尚未能对 CDFI 贷款所创造的就业岗位的数量进行量化。所以，马克的 OFN 团队咨询了很多劳动力经济学家，以构建一

---

① *Pledge of Allegiance*：“我宣誓拥护美利坚合众国国旗及它所代表的合众国：一个由上帝庇佑的国家，不可分割，所有人在此均享有自由及正义。”

个方法论。我们从而决定，一份 21000 美元的贷款应该能让一家小企业创造或维持一个岗位。为确保这一模式的有效性，我们请“穆迪分析”[①]的专家为其背书。为使“创造就业岗位”的捐款人感到有意义，我们使用了 CDFI 的七倍复捐法，以呈现平民捐赠者的低额捐款的成果。

一条腕带售价 5 美元，我们会交给 CDFI35 美元，每收到 3000 美元，CDFI 就能放出 21000 美元贷款。这个数字刚好能让一家小企业创造或维持一个岗位。几美元的腕带就能带动如此大的效应。

就这样，一个个决策出台，原本在我家厨房里吃着比萨讨论的创意，现已成形。现在，我们只需要告诉民众我们的意图，并获取他们的支持。

2011 年 10 月 27 日，我坐在圣路易斯的布希体育场（Busch Stadium）里，观看世界职业棒球大赛的第六场比赛。福克斯有线电视网络正现场直播这场比赛，福克斯体育的一位高层就坐在我旁边。观看比赛期间，我跟他提到了星巴克的“为美国创造就业岗位”项目。

“霍华德，如果比赛能打到第七场，我们可以为你腾出一段广告时间，明晚。这是绝佳的宣传机会。”他说道。

当时星巴克正在制作一个商业广告，可要等到一周之后才能完成发布，那时“为美国创造就业岗位”项目也要上马了。比赛在进行，我的脑子里却全是广告的事。世界职业棒球大赛的决赛——近十年首次打到第七场才决出胜负——激动人心，是绝佳的宣传机会，机不可失。可比赛是否会打到第七场，尚不明朗。如果在今天的比赛中“得州游骑兵”打败“圣路易红雀”，那么系列赛就结束了，无须打第七场。可比赛九个回合过后，比分依然胶着。

① Moody's Analytics，全球最著名的信用评级、风险评估公司之一。

第十个回合，两队都得了分，依然难解难分。最终，第十一回合，大卫·佛利斯（David Freese）打出一记“再见全垒打”[①]，结束了比赛，“圣路易红雀”获胜。体育场里顿时沸腾了。

我立刻给西雅图总部打电话布置工作。我们的创意团队和广告部门要在不到一天时间里完成60秒的商业广告，以赶上第七场决赛的时段。

第二天晚上，布希体育场，我儿子乔迪（Jordy）（当时25岁）陪我站着看比赛。我们站在一垒垒线外，距本垒有一掷的距离。体育场里的所有人都站着，欢呼、呐喊、挥手。我穿着一件红色帽衫，仍能感到冷飕飕的。“圣路易红雀”再得一分，就能实现辉煌的胜利。

到那时为止，我最感慨的，是能跟儿子在一起看比赛。

乔迪还不会走路时，我就常带他去看比赛。我记得曾带他去西雅图的“国王球场”看棒球比赛，就像我小时候把米奇·曼托奉为偶像一样，在那场比赛里，“西雅图水手队”的外场手小肯恩·格里菲（Ken Griffey, Jr.）成了他的偶像。我和乔迪聊天，开玩笑，我们都喜欢狗，一起度假，一起度过家庭的平凡时刻，棒球也成了我们父子深情的重要组成部分。跟我小时候不同，乔迪从小到大都喜欢回家，跟家人相处，他和他的朋友们常到家里来玩。我喜欢他的朋友们。

乔迪也是个狂热的体育迷。从能拿起球棒、能扔球时起，他就开始参加团队运动了。我和雪莉很少错过他的比赛。我们有时是坐在日光灯下的学校体育馆的看台上，有时在潮湿的天气里裹着雨衣坐在露天看台上，我们陶醉于乔迪天生的运动热情以及竞技的欢乐中。他在队里受人欢

① 后攻的队伍在最后半局时，在双方比分是平分或者落后的情况下，打出本垒打超分，就立即结束比赛。

迎和尊重，他跟我父亲一样，喜欢钻研，喜欢收集数据，喜欢观察和分析战略。乔迪在大学里打了四年篮球，然后将这份热情继续下去，当了一名体育记者。2018 年，他成了 ESPN① 的分析员，当时正担任 ESPN+*The Boardroom* 节目的通讯记者。儿子显然热爱他的工作，而读他的报道，听他的播报，都带给我无尽骄傲和快乐。

一同观看世界职业棒球大赛，是我们父子俩都无法忘记的经历，尤其是当“圣路易红雀”的左场手艾伦·克雷格（Allen Craig）接到来球，使球队获得队史上第十一个冠军时。

当天晚上我没有目睹“为美国创造就业岗位”的广告向收看世界职业棒球大赛的 2500 万观众播放时的盛况，但之前我就看过其内容了。我们决定，不要热闹、花里胡哨的设计，也不要明星出演。我们想让观众真正理解我们要做的事。广告以气势磅礴的小提琴乐开始，接着，红色的背景上出现一张白色的美国版图，屏幕上闪出一行蓝色的字：

> 我们中还有 9.1% 的人没有工作。大家携起手来，就能改变现状。

接下来的 58 秒钟时间里，除了音乐，什么都没有。广告里没有人，也没有其他声音，只有动画。比赛中插播的这则广告，仿佛是在讲述一个故事：

> 小企业是美国劳动力的支柱。小企业的发展，决定着就业岗位

① Entertainment and Sports Programming Network，娱乐与体育节目电视网，是一家 24 小时专门播放体育节目的美国有线电视联播网，于 1979 年开播。

的增加。我们有办法帮助小企业发展。只须在星巴克的门店里或在CreatJobsforUSA.org网站向‘为美国创造就业机会基金’捐赠5美元，这笔钱将全部用于遍布美国各个社区的小企业的岗位维持和新设。您将得到一条腕带以示贡献。‘星巴克基金’将捐赠500万美元以示支持。大家齐心协力，不离不弃。

表面看似简单，背后却极为复杂。

11月1日，星期一，在我家厨房里边吃比萨边讨论已是八周之前的事了。这段时间以来，大家都在电脑屏幕前忙忙碌碌，因为CreatJobsforUSA.org网站正式上线了。星巴克遍布全国的咖啡调配师都已经得到通知。近7000家门店里都张贴了彩纸告示，向顾客解释捐款如何流向小企业，助其发展，继而增加就业岗位。在每家门店的登记簿前，都有腕带等待发放。我们最终选定的腕带结实而有弹性，由红、白、蓝三色编织绳手工编织而成，在手腕上缠绕两周，很漂亮。腕带上的饰物是一块拉丝铝，上面刻着“不离不弃”字样。近一年时间里，我每天都戴着一条这样的腕带。

我和马克·平斯基前往纽约，去推广“为美国创造就业岗位”项目。媒体为CDFIs提供了覆盖全国的曝光率，这份知名度本应属于诸位捐款人的，但他们都成了刺激小企业发展的幕后英雄。

我还希望，星巴克的每一位伙伴，在看到媒体的报道和广告之后，都能对公司心生自豪。

项目启动令人激动，我迫不及待想看看成果如何。在真正有捐款流入、刺激企业雇人之前，一切都无关紧要。吉娜负责“为美国创造就业岗位”项目，我每天，甚至一天两次去她那里看项目的进展情况。

“吉娜，怎么样了？”我问她。她则看着电脑，向我报告最新的进展。在公司全体大会上，我还会让她向大家汇报筹款的数额，以使总部的每位伙伴都能感受到耕耘收获的自豪。

起初的两周时间里，“为美国创造就业岗位”项目筹到100多万美元，其后数字持续上涨。最终，“为美国创造就业机会”卖出了80万条腕带，成千上万的个人以及谷歌、香蕉共和国、花旗银行等企业纷纷伸出援手，一共捐赠了1520多万美元，全国的CDFIs以其为本金，贷到10600万美元，并将其用于社区小企业的发展。我们的创意，为美国增加或维持了5000多个工作岗位。

我们此举，解决了美国的失业危机吗？没有。但我们尽了微薄之力，且产生了实实在在的影响。

在俄勒冈州，吉米・格里芬利用CDFI的贷款翻新了有99年历史的老楼，购入酿酒设备，雇了19名员工，开办了“海滨酿酒厂”。在新罕布什尔州，马奥尼夫妇买下一块地，购入新的农用器械，还维持了10名农场工人的规模，没有减员。在纽约，罗宾・苏格兰从CDFI得到2万美元贷款，她开了“生态宝贝日托中心”，共雇用了4名全职和兼职员工。在加利福尼亚州，米格尔・冈萨雷斯从CDFI得到850万美元贷款，开了一家新鲜食品市场，雇用了118名全职员工、4名兼职员工，因开工建设，还产生了40个建筑岗位。在佛蒙特州巴里市，辛西娅・杜普雷在圣诞节前从CDFI得到4万美元贷款，得以在主街上开了“下一章书店”。

“为美国创造就业岗位”也到了俄亥俄州东利物浦市。

乌利奇・霍尼豪森（Ulrich Honighausen）是星巴克的一个供应商，是加利福尼亚州的一名企业家。他曾开办了一家名叫“霍森威尔”的设计公司。有一次他来我办公室找我，那时我才从他口中第一次听说“东利物浦市”这个地方。乌利奇说，他看到我在 2011 年 9 月接受 CNN 的采访。

“你在采访时说，政客们失职了。你还号召美国的商业领袖广开招聘之门。”他如此回忆道。他受那次采访鼓舞，打算为“霍森威尔”的产品寻找一家美国制造商。原本，这些产品都是外包给国外厂商的。在其寻找过程中，他找到俄亥俄州一家小型陶器制造商，就在俄亥俄河旁边。

他去了东利物浦市，与“美国马克杯与啤酒杯厂”的负责人会面。后者名叫克莱德·麦克莱伦（Clyde McClellan），长着一头白发，性格随和。我们当时正要寻找一家美国陶器厂，定制数千个印有“不离不弃”字样的白色马克杯，如此一来，乌利奇就将克莱德介绍给了我们。马克杯的收益将捐到“为美国创造就业机会”项目。在我办公室里，在介绍东利物浦市时，乌利奇说，它曾是个繁荣的小镇，陶瓷业是其唯一产业。产业衰败之后，这个小镇就一直没有恢复元气。我想象东利物浦市的样子，却很模糊，我得亲自过去看一看。要想理解其真实情况，就得实地考察一番。

我们驾车前往东利物浦市，一路上全是废弃的工厂、封闭的店面、无人居住的房屋。这都是产业向海外转移的遗留物。大大小小的街道十分荒凉，空地上杂草丛生，住宅和商店的窗户，玻璃不是没了就是碎了。这是美国的缩影。

我走进“美国马克杯与啤酒杯厂”那有着 111 年历史的厂房。这里原本是家家具厂。夕阳穿窗而入，光影中飘浮着陶瓷粉尘。我穿过厂房，跟这里的身穿工作服的工人打招呼，我的西服肩部已落上薄薄一层白粉。我走到一位梳着马尾辫的年轻女工身旁，她的身边是一排半成品的马克杯。我问她可不可以讲讲自己的故事。她的声音很轻，所以我倾下身子听。她有孩子，已经失业很久了，克莱德接了星巴克的订单，忙不过来，就把她召回来帮忙。她拿起一个马克杯，向我们展示如何将其打磨抛光。她微笑着。俄亥俄峡谷的生活并不轻松。

克莱德·麦克莱伦请我及两位同事到他二楼办公室里。工厂里热浪滚滚，所有的东西——克莱德的办公桌、其各式各样的椅子——都似乎有数十年历史。我坐了下来。克莱德为工厂的凌乱而向我们道歉，他本不必如此。

“大多数人都不会穿深色衣服到这里来，”克莱德看着我，说道，“太容易沾灰。”

“我根本没想到。”我答道。接着便请克莱德讲讲他的情况。

克莱德从事陶瓷制造业已经 40 年了。“这种商业模式很简单，”他说道，“收到订单，生产，交货。”

可这种谋生手段对体力要求很高，工作环境又热又脏。克莱德解释说，在这间厂房里，150000 磅如石头般坚硬的黏土及来自各地的 50 磅重的袋装原材料将被运到四楼的两个 800 加仑的容器里，然后被制成浆。每天上午，再用大漏斗把浆注入二楼的石膏模具里。“其实就是利用重力。”他解释道。

克莱德坦白说，过去几年里他一直入不敷出，只能举债经营。收到星巴克的订单，他很激动，但要如期交货，他得抓紧雇人。可他打交道的那家银行拒绝贷款给他，供他雇人、升级设备，他很沮丧。

那家银行在经济危机中经营维艰，已被一家大金融机构收购了。

“我拿着星巴克 30 万美元的订单去银行申请贷款，”克莱德说道，“可他们拒绝了。”没有贷款，他的公司利润将会很低。尽管如此，克莱德还是决心履行合同。何况，他需要这份工作，东利物浦市也需要工作机会。他放出消息，说“美国马克杯与啤酒杯厂”要招人，近 100 人前来应征

20个岗位，他不得不拒绝了一部分人的申请。

我首先给克莱德吃了定心丸，说星巴克与“美国马克杯与啤酒杯厂”的合作将是长期的，然后我问他一个问题：“你听说过CDFIs吗？”他摇了摇头。我转头面向同事弗吉妮雅·特佩尼（Virginia Tenpenny）。弗吉妮雅负责评估星巴克的供应商，以确保后者为伙伴提供公平而安全的工作环境。弗吉妮雅的工作方式集分析与同情于一体，便于了解生意背后的人。数个月之前，正是弗吉妮雅在总部大厅里拦住我，告诉我乌利奇正在寻找美国制造商一事。我叫弗吉妮雅来，是为了了解更多情况，这才有了与乌利奇见面的事。我还叫弗吉妮雅到东利物浦市来，她早已详细了解过克莱德的情况。

“弗吉妮雅，你觉得呢？”我问道，指的是克莱德的情况，“符合马克和OFN的条件吗？”弗吉妮雅点了点头。我们告诉克莱德，我们能帮他。克莱德笑了。多年来，他听到太多承诺。

乘飞机返回时，我望向窗外，看着下面的俄亥俄峡谷。美国还有很多像东利物浦市这样的城镇，无端被人遗弃，失去生计的民众迫切需要工作谋生。我的故乡从未有先繁荣后消失的工业，湾景区的人都不富裕，但无须经历由盛而衰的绝望。

那一周晚些时候，克莱德的手机响了，是马克·平斯基打来的。“我刚刚接到霍华德·舒尔茨的电话，”马克对克莱德说道，“我帮你联系了一个组织，名叫宾夕法尼亚州格林斯堡发展基金（Progress Fund in Greensburg）。”

几天之后，几位身穿西装的格林斯堡CDFI融资人走进了“美国马克杯与啤酒杯厂”粉尘满地的厂房。

“这么说，你前几年经营得很艰苦，”他们一边记笔记，一边对克莱德说道，“你现在开始发展了？”克莱德把当初去银行贷款时准备的财务报表交给他们看。数周之后，“发展基金”整理了克莱德的债务，制订了付款计划，贷给他 15 万美元，用于偿还债务、支付几个大账单。两三个月之后，数千个光滑如镜、上面印有“不离不弃”字样的白色马克杯摆上了全国各地的星巴克门店的货架。在我写作本书期间，“美国马克杯与啤酒杯厂”仍在为星巴克制作马克杯。

“为美国创造就业岗位”项目出台之后，星巴克的几位投资人给我打电话，说此举是分散精力。

“你做的是挣钱的买卖。为什么浪费时间去为别的公司创造工作岗位呢？”有些股东了解星巴克的企业使命和价值理念，有些却不懂。

我一一向他们解释——为什么“为美国创造就业岗位”对国家、对我们公司都是件好事。为什么此举——就像我们为所有伙伴提供综合医保一样——不是浪费，而是投资。这是在谋求民众的信任。

在门店工作的伙伴就是一个小社会。国家的风吹草动，都会影响伙伴的生活，哪怕是间接地影响。毫无疑问，2011 年，很多伙伴的朋友家人都经历了失业之痛以及随之而来的生计动荡。通过帮助国家创造就业岗位，我希望我们的伙伴能产生自豪感，因为他们的雇主关注的不仅仅是卖咖啡这一件事。

“为美国创造就业岗位”项目同样加深了我们与顾客的关联。在危机中——我认为，2011 年，我们国家不仅经受着失业危机，还有领导危机——在无力左右的大势下，民众希望心情能好一些。有时候，解决一个问题，就能缓解民众的焦虑。当问题复杂难解时，一次团结的体验，一次能传播“我们同舟共济”信念的活动，都能令人舒心。

想一想，在自然灾害过后，社区的民众合力灾后重建。在国家遭受袭击之后，市民的爱国心大增。“为美国创造就业岗位”项目让民众产生万众一心的感觉，为国人提供了互助的机会，通过此举，星巴克使很多人——包括众多顾客在内——感到自己是在做一件大事，同时强化了公司长久以来的集集体感和同情心于一体的价值理念。

有人说“为美国创造就业岗位”项目是“企业的社会责任”。这个说法很有吸引力。但我不喜欢将其用在星巴克身上，因为如此一说，就把解决社会问题与增加公司的财务业绩分而论之了。而在星巴克，这二者其实是一回事。

放在十年前，星巴克干不出为美国的小企业筹款这种事。但在2011年，公司已经十分壮大，能跳出我们服务的社区，着眼全国。我在“为美国创造就业岗位”项目中有个体会：星巴克为国出力的方式，并非消减华盛顿的党派斗争，而是利用我们的资源去维护基本的人类尊严。

有人担心“为美国创造就业岗位”项目会损耗星巴克的财力，我用数据进行了反驳。在“为美国创造就业岗位”项目上马的那个财年，2011年10月至2012年9月，星巴克的营业收入是创纪录的近20亿美元，全球总收入是创纪录的130亿美元。对投资者而言，星巴克的每股收益同比增长10%。我向怀疑论者保证，“为美国创造就业岗位”项目并未给星巴克带来损失。

为保持公司发展，我们做了很多：开发新的咖啡品种，为顾客制作移动App，升级门店技术，改良食品，聘任提拔新的领导……“为美国创造就业岗位”项目也是其中策略之一，它令伙伴们——或许还有一些顾客——都对星巴克心怀期待，希望星巴克能继续利用手中资源，发挥创意，改善民众生活。

对我而言，“为美国创造就业岗位”项目是一个证据，证明了一个简单而深奥的道理。我意识到，“我们”的力量比“我”的力量大得多。作为企业领导和团队构建者，我早就知道这个道理，但现在我又有了新的发现：这个道理在公司之外的地方同样行得通。与我独自一人写信相比，团队的多样才智和众志成城潜力更大。在国家大事、维护基本的人类尊严方面，这个道理尤其正确。换句话说，使大家团结在一起的，不是我的个人热情，而是大家的同舟共济。

离开东利物浦市途中，我思考着美国机能失调的政局。2012 年了，它尚未有好转的迹象。围绕是否提高债务上限的又一次争斗已在所难免，总统选举也近在眼前。

但是，“为美国创造就业岗位”项目使我感到乐观，因为除了国家项目和政客们之外，国家还有别的救助方式。我们有的，是亚伯拉罕・林肯总统曾说的“善良的天使”①。

我回想起星巴克的创始人，想起老比尔·盖茨，想起我早期的投资人，想起雪莉，想起雪莉的父亲，想起多年来无数个伸出援手帮助星巴克成功的人。最近，像乌利奇・霍尼豪森、马克・平斯基、星巴克的诸位伙伴，还有 CDFIs 的工作人员，他们都用行动证明——今天，善良的天使就在我们中间，人们愿意互相帮助。

母亲对我说的“美国梦”，还没有破灭。它只需要一根救生索。

---

① better angels，出自林肯就职演说。

第九章

我们的义务

母亲不愿我参军，她想让我上大学。

可在1972年2月2日，我们母子俩都没什么选择。当天，美国政府对越战[①]第四次抽签征兵。广播里传出的征兵命令规定，1953年出生的健康男子要参加此次抽签征兵，去越南前线。

抽签仪式在华盛顿商务部会堂举行。一个身穿军装的瘦男人站在主席台的麦克风前，双臂笨拙地垂在身侧。柯蒂斯·塔尔（Curtis Tarr）负责此次抽签。他右边是一个透明的鼓状容器，里面装着365个红色胶囊，每个有福饼大小，每个胶囊里面装着一张字条，上写1月1日至12月31日之间的某个日期。他左边也有一个透明的鼓状容器，里面装着365个蓝色胶囊，每个胶囊里同样装着一张字条，上面写着1到365个数字。他会同时从左、右两个容器中各取一个胶囊，以此决定哪天出生的人被征兵，被送往越南的丛林和稻田里去。

① 是指1955年至1975年冷战中在东南亚爆发的一场大规模局部战争。越战是“二战”以后美国参战人数最多、影响最重大的战争，最后美国在越南战争中失败。越南人民军和越南南方民族解放阵线最终推翻了越南共和国，并统一了越南全国。

塔尔对着麦克风说话，他的讲稿事先排练过，声音却甚是和蔼可亲。他向记者、在场的其他人以及包括我们母子俩在内的数百万观众介绍了当天的抽签征兵安排。

当时我 18 岁，是够资格征兵的第一年。我们全家都在湾景住宅区的另一间公寓里看直播。在这间公寓里，在整个住宅区，都弥漫着明显的焦虑情绪。我不是唯一等待通过随机抽签决定命运的年轻人。母亲爱国，但她还是祈祷我的生日——7 月 19 日——会与一个较大的数字匹配，至少是大于 125，不知什么原因，很多平民都相信这个数字在当年是一条安全线。母亲不是唯一的祈祷者。1972 年，很多美国年轻人仍在为一场目的不明确、不得人心的战争而丧命。那些回国的军人，哪怕是伤兵，也常常受到冷淡，或是承受国人的愤怒。

我跟国人一样迷惘。不论战争的理由最初是什么，多年以来，它已被残酷的战争和首都传出的靠不住的说辞所淹没。我理解国家害怕东南亚扩散的共产主义，但我无法理解美国为什么要与之抗争。华盛顿传出的声音——无论是理查德 · 尼克松还是他的前任林登 · 约翰逊——都无法动员我参军、继续这场斗争。当初，罗伯特[①] · F. 肯尼迪竞选总统时，曾在一个高台上演说，我和母亲前去听他演说，给他支持。他承诺，一旦当选，就把美国从越战的泥潭中抽身而出。对我，对我那一代的很多人而言，肯尼迪就是理智的化身。可是，在他于 1968 年遇刺身亡之后，他澎湃的同情心和坚强的意志就后继无人了，至少我从未听到此类声音。我跟国人一样反战、不信任政府，在朋友和亲人面前毫不掩饰自己的反对越战立场，但我并未上街抗议。回想当初，我想，我当时关注更多的是如何离开卡纳

① “罗伯特”的昵称是“鲍勃”。

西，而非帮助国家从半个地球之外的冲突中脱身。我还相信，当时我并不惯于将异议在亲朋好友之外表达出来。

但是，对参加越战的人，我从未有丝毫不敬。我认识的几位高中学长，就脱下学校优秀运动员夹克，穿上了军装。对他们，我心里想的只有钦佩他们的勇敢。等我到了征兵年龄时，一想到就要跟他们并肩作战，我就焦虑不安。跟很多 18 岁的男孩子一样，我觉得自己并非打仗的材料。但一旦应征入伍，我知道，我就会接受训练，我要为国而战。我的父亲期盼这一刻。

抽签开始，两个透明滚筒开始缓慢手动滚动。在难熬的十分钟时间里，在这场离奇的碰运气游戏中，承载着数千人命运的胶囊翻滚碰撞。从加利福尼亚州到缅因州，从路易斯安那州到北达科他州，所有生于这一年 365 天的人都在等待，有 200 多万人。

滚筒停止滚动，胶囊静止。一个接一个，红、蓝二色胶囊分别成对从两个滚筒中取出，身穿军装的工作人员将其中字条取出来，再高声宣读。

红色胶囊，“1 月 10 日”；蓝色胶囊，“37”。

于是，所有生于 1953 年 1 月 10 日的美国男性公民，他们的号码就都是“37”了。一对接一对，命运被揭示，然后被隆重地张贴在讲台后方两块大公示板上，以示每个出生日期所对应的顺序。没有数字化，也没有机器操作，整个过程全是人工完成的。

当我跟今天的年轻人分享那段经历时，他们都认为其古老，却很少有人明白抽签是怎样的原理。

抽签仪式沉闷而缓慢地进行着，我和母亲坐在家里等着。她忐忑不安，一根接一根地吸烟。她一只手拿烟，另一只手抓着电话听筒。电话另一端是她的姐姐，亦即我的姨妈罗达（Rhoda），她的儿子艾伦（Alan）与我同岁。这姐妹俩不知谁的儿子的生日会被抽中，都紧张不安。我的心也在怦怦跳，为我，为表弟，也为母亲担惊受怕。我已近 19 岁，能理解母亲的脆弱。

“10 月 26 日”宣读出来了，姨妈挂断电话，打给还在学校的艾伦。她歇斯底里地告诉艾伦，他的签是“78”。“7 月 19 日”被宣读出来，配的数字是“332”。母亲从座位上一跃而起，紧紧地抱住了我。我被征召入伍的概率微乎其微了。数秒钟时间里，我的未来向我们母子俩敞开。我如释重负：一是为了我，二是为了母亲。

结果，当年抽签征兵的人，都没有去服 1973 年的兵役。1973 年 6 月，美国废除征兵制，从那时起，美国就开始采用志愿兵制度了。

1975 年美国从越战中脱身，到那时为止，已有 58000 多名美国人为此牺牲。

在随后的 40 年里，越战抽签征兵是我最接近军事生活的一次。在星巴克的日子里，我对现代武装力量的了解主要来自电影、纪录片和书籍，当然还有关于美军再次涉及某某战争的新闻报道——先是 20 世纪 90 年代在波斯湾，接着是 2001 年 9 月 11 日恐怖袭击之后在伊拉克和阿富汗。但就像我对越战的看法一样，不论我是否认同美国的军事行动，我对军人的尊重都毫不动摇。

2011 年春，我受邀到西点军校①演讲。收到邀请，我既感到荣耀，又颇为惊讶，不知是否应该接受邀请。我那时已经 57 岁了，对军事知道什么呢？父亲曾经当过兵，但他对此缄口不言。他从未向我谈及“二战”期间的经历。我的朋友及其孩子也都没有在军队服役的。此前我甚至从未跟

① United States Military Academy at West Point，成立于 1802 年，是美国历史最悠久的军事学院之一。

身穿军装的人有过交谈。2011 年，星巴克的伙伴里有退伍军人，有在公司工作的，有在门店工作的，有在伊拉克服役的，有在阿富汗服役的，但我对其中任何一个人都没有了解。而西点军校这些年轻人，他们在战争期间入伍，并非被抽签征召，而是志愿参军，我能对他们讲些什么呢？

之前，在我成年之后，与军队、军人最为接近的一次，还是通过我的同事兼好友约翰·卡尔弗（John Culver），他于 2002 年入职星巴克，负责掌管公司 26 亿美元的海外业务。约翰的祖父、外祖父都曾在“二战”中服役，他的父亲是位陆军上校，曾两次参加越战。多年以来，约翰跟我分享了他记忆中看着父亲在军训中指挥，母亲及几个孩子一起听父亲从越南寄回的录音带的情形。约翰是我认识的唯一一个在军人家庭的自豪、忐忑、恐惧中成长的人。

或许这就是我觉得在西点军校演讲欠妥的原因——它会刺激我想起自己对军事体系的孤陋寡闻，我会不适应，但这同样是我接受邀请的原因。

我受邀演讲的对象，是“黑金领导论坛”（Black and Gold Leadership Forum），他们邀请各行各业的领军人物——包括商界——为西点军校的优等学员做讲座。收到邀请之后，我就要求约翰·卡尔弗与我同去。妻子雪莉、儿子乔迪（当时 25 岁）也会陪我去。这是一次学习的好机会。

从纽约到位于哈得孙河谷的西点军校，有近 60 英里车程。越是接近，我内心的期望越是强烈，但真正到了，那种感觉还是令我猝不及防。井井有条的校园，一栋栋花岗岩楼房，坐落在纽约州那崎岖不平、枝繁叶茂的环境中，人工之美与自然之美相映成趣。

我与西点军校的校长小大卫·H. 亨通中将（David H. Huntoon, Jr.）一起落座。他跟我介绍了学校的特色，说每名学员必须是典范才会被录取——每年只有 10% 的申请会被通过——并最终在西点毕业生的队伍中赢得一席之地。正如西奥多·罗斯福总统在进入19世纪时所说的那样，“致力于成为国家最伟大的公民”。西点军校的毕业生不乏国之栋梁。1843年那一届，有尤利西斯·格兰特；1903年那一届，有道格拉斯·麦克阿瑟将军；1915年那一届，有艾森豪威尔总统。其他杰出毕业生包括奥运会运动员、艺术家、探险家等等。我从未去过一个与国家历史如此密切相连的地方。在西点军校，我觉得仿佛是到了圣地。

在参观过程中，随处可见西点校训“责任、荣誉、国家”的体现：俯瞰之下，是哈得孙河的弯道，那里曾是美国独立战争的战略前哨。被人称作“平原”的蔓延的田野，教学楼和宿舍那哥特式建筑，一座座令人敬畏的、军事和政治伟人的纪念碑和雕像，其中就有一尊乔治·华盛顿总统骑马的青铜像；还有百年历史的学员教堂美不胜收的彩色玻璃窗……在美国的大地上，我从未见过如此悠久而庄严的地方。

我为这种庄严而震撼，对美国的历史心生敬畏之情，这种感受是我之前参观博物馆、阅读历史书所体验不到的。然而，我身在此地的庄重感，马上就被面对西点军校的年轻学员们的情绪所超越。

在我们身边，到处可见西点军校的学员。他们身穿灰色制服步行去上课，有人朝我们敬礼，有人踢着正步走过。远远看去，看着他们整齐划一的步伐，我敬佩这里一丝不苟的纪律性。然而，我更好奇那些没看到的事。这些年轻人的所思所感是怎样的？是什么驱使一个十多岁的少年考入纪律如此严苛的西点军校？是什么让他们放弃了一般大学四年的经历，转而为军队服役不止四年，而是近十年时间？每一位西点军校的学员都承诺毕业后在军队服役至少五年时间。一个高中孩子，如何知道军队就是其归宿，更何况是在战争期间？

我眯起眼睛，试图从学员的脸上捕捉到蛛丝马迹，想从其表情、眼神中找到问题的答案。

我在他们这个年龄时，美国也有战事。我不愿被抽中征召到越南战场，但如果我真被抽中了，我也会义无反顾。但是，跟这些西点军校的学员不同，我不是个会志愿参军服役的年轻人，也不愿过一种纪律严苛、充满牺牲精神的生活。

我对星巴克的成就感到自豪，但我同样相信，西点军校的学员们保家卫国的决心，比我此生所做的任何事情都更有意义。我对雪莉说，我觉得不能跟他们谈领导力的话题。

距离我的演讲还有一个小时，我把亨通将军叫到一边，带着敬意告诉他，我何德何能向这些学员讲述领导力呢。我请他把讲座改成非正式的问答模式。当天，我们都是学生，互相学习。

走进气氛庄严的教室，里面已有30位身穿双色灰制服的学员就座。这个规模正合我意，非常适合亲密的讨论。我拉出一把椅子，坐下，略微感到有点窒息。我不知道在座各位学员的故事，但我对他们考入西点军校的个人选择及其符合录取条件的优秀特征而心感敬畏。我从未与一群志愿为国牺牲的年轻人共处。看着他们无畏的面孔，我因为缺乏这种勇气而感到惭愧。

“让我给你们讲述领导力，实在是欠考虑了，”我说道，“我应该向你们学习才对。”

接下来的一个小时里，我们只是交谈。我问他们的问题都很简单：你是哪里人？你为什么考西点军校？当西点军校的学员是什么感觉？你以后打算干什么？他们之中，有的来自军人世家，有的则是家族里第一个当兵的人。他们跟我讲学校里的事。他们说，他们的日常生活刻板而严苛，课很难，作业很多。他们的未来打算各种各样，有的要继续军旅生涯，有的想去从事别的公共服务事业，有的则想去私营机构。他们表达能力很好，都很自信，在有人开玩笑时立刻绽放出笑容。在严肃的军装下面，他们还是孩子，正是如此，才使得他们的成熟更令人感动。

学员们向我问起星巴克。我向他们分享了公司的历史，以及其间我的经验教训。我讲的都是跟他们有关的方面，如：信念要坚定；顺风顺水时领导工作就格外简单，逆境中却是相反；做生意时，往往要在信息不充分的前提下做出决策。我跟他们说，这些道理在战场上同样适用。

学员们的故事没有太特殊的。我更多的是被他们的自信和使命感所打动：在如此小的年纪，他们就能投身于如此伟大的事业。这些学员，原本都能去别的重点大学，不必受到严格的管理和多年的军事训练。在西点军校，爱国主义是先决条件。

在这一天时间里，我还看到并与别的学员交流。不同的性别，不同的人种，不同的出身，不同的家庭条件，甚至不同的身体条件。他们有高有矮、有瘦有壮，有黑人、有白人、有棕色人种。还有很多女学员。他们所学的科目也五花八门。西点军校学员的多样化，令我想起了美国的特殊之处：在这个国家，因为共同的信念、习惯、目标，形形色色的人都能走到一起。

一天的访问结束，回程时，我沉思了一路。不管大家对“9·11”之后美国发动一系列战争的政治内幕的看法如何，我们都无法不尊重这些选择把祖国放在首位的年轻人。是的，在西点军校，他们会接受一流的教育，会有诸多发展机会，但他们努力在西点军校争得一席之地，其日后的军旅生涯及可能的牺牲奉献，都展示出他们的责任感和爱国心。这一点是无法不令人敬佩和争相学习的。

打动我的，不是美国展示出的军事实力，而是这些年轻美国人身上为国奉献的精神气质。

回想起来，我突然发现，我于 2011 年访问西点军校，恰好就在我开始公开对国家的社会顽疾及美国政治高层危机表达失望之情之前。我相信，正是因为目睹了西点军校所展现的理想和责任感，我才有了动机和勇气，一抒心中不平。正如我渐渐了解的那样，军旅生涯，并不是人人合适、人人满意、人人能有的选择。但为国出力的途径并非只有这一条。

能将这些学员称作“美国同胞”，是我的荣耀，但我不知道他们是不是以同样的眼光看我。当天的访问令我发现，自己与国家的武装力量、这些新老勇士以及最近涉入的战争是如此疏远。这种疏远令我的自豪感冷却很多。

南希·肯特（Nancy Kent）从 1995 年开始就是我的行政助理。在我的工作中，她是一个永恒而稳定的存在。她机灵而热情，为我把每天接踵而至的请求、邮件、电话、会议安排得条理有序。她直觉敏锐，笑容极具传染力。人们在跟我谈话之前，总是先跟南希进行一番愉悦、有时是深入的交谈。我对她始终怀有尊重、敬佩之情。

2012 年初的一天，南希从我办公室门口探头进来，说道：“霍华德，亚瑟·莱维特（Arthur Levitt）来电话找你。”亚瑟是证券交易委员会（Securities and Exchange Commission）在任时间最长的主席，我不知道他找我何事。我认识他很多年了，对他敬仰有加。“鲍勃·盖茨部长退休了，要回西雅图养老。”我拿起电话，亚瑟对我说道，“他很想见见你。”

罗伯特·盖茨（Robert Gates）自从 2006 年起就担任美国国防部长。我不知道他是美国西北人。亚瑟曾向盖茨建议，等他退休了，可以考虑进入星巴克董事会。很明显，盖茨动心了。我猜，他可选的董事会该有很多。

西雅图市内及市郊是很多商业巨头的总部所在地：亚马逊、微软、波音、科斯科、诺德斯特姆，还有很多新兴企业。

我知道，盖茨部长被奉为美国最尽忠尽职的公务员。他曾在八位总统麾下从事多个部门的工作，其中包括中央情报局的局长。盖茨似乎是华盛顿罕有的一种政治家，他总是把国家的福祉放在党派利益前面。在我看来，他是一位真正的爱国者。我想向他展示我的敬重之情。

西雅图是个穿便装的城市。只有在参加董事会，或是有贵宾来访时，我才会穿深色西装打领带去上班。而盖茨部长来访那天，就是我穿正装的时候。

刚一接触，我就发现，盖茨并不如其头衔那样威风凛凛，尤其是在他请我简称他为“鲍勃”时——尽管这对我来说是个难以答应的请求。

在他 90 分钟的来访期间，我们大多数话题谈的都不是星巴克。我更感兴趣的是盖茨部长在领导国防部时面对的各种挑战，尤其是在两位执政风格迥异的总统麾下经历了两场战争。盖茨平易近人，很务实。他还是个正直的人。他同样厌恶政界的虚伪和国会缺乏透明度。我们俩都反感官僚主义和政治边缘政策。

我问他为何想要进入星巴克的董事会。尽管他透露自己一周数次去五角大楼内部的星巴克，喝一杯深度烘焙加奶油的咖啡，但他向我强调他的动机绝非仅仅喜欢我们的咖啡。他说，打动他的，是我们对待伙伴的方式。说着，他提起了我们为伙伴提供医保的事，还说到了我们公司的价值理念、公司使命、团队文化。

我相信，如果盖茨部长能加入我们的董事会，那对公司来说就太幸运了，而持这一观点的也大有人在。于是，2012 年 5 月，现有的十一位董事请他加入董事会。谢天谢地，他答应了。

随着彼此了解的加深，我和鲍勃的话题开始涉及美国的现役和退伍军人。他极其了解美国的战时战略和联邦政府的内部工作，他对美国军队的感情也超出了职业的尊重。鲍勃定期会见部署在海外的士兵，还到部队医院探望在那里疗养的身负重伤、人生从此发生巨变的伤兵。他不像几位前任那样，只用一封没有人情味的慰问信打发烈士家属，而是亲自撰写慰问信。他还出席烈士的葬礼。他知道如何清晰表达对战友的感情，他将其描述为爱。

鲍勃担心，部队官兵在退伍之后，可能得不到广泛的尊重、体贴，人们可能无法理解其经历、风险和对社会的贡献。

通过交谈，我对战场上为国奉献以及在数千个非战斗岗位上奉献的人有了深入的了解。但是，在直觉上，我还是不理解军人经受的身心危险及很多军人的坚强精神。直到有一天，一位伤兵走进我的办公室。

陆军上士勒罗伊·佩特里（Leroy Petry）穿着崭新的军装，上面装饰着多彩的绶带和金色的臂章。我不懂这些饰物代表什么样的荣誉，也不知道他脖子上挂着金色五角星的浅蓝色缎带背后的故事。我知道的是，“星巴克部队网”（Starbucks Armed Forces Network），简称 AFN——一个由有退伍兵身份的伙伴和其配偶们建立的团体——邀请这位美国最高军事荣誉——荣誉勋章[①]——的获得者来为公司的伙伴演讲。

在佩特里上士到来之前，AFN 的成员就告诉我，他是美国陆战队——

① Medal of Honor，由美国政府根据 1862 年的美国国会法而设立的美国国家颁发的美国最高军事荣誉勋章，颁授范围面向美国武装力量所有分支的成员，包括陆军、海军、空军、海军陆战队和海岸警卫队，获奖者必须“在与合众国的敌人进行的战斗中，冒着生命危险表现出超乎寻常的英勇无畏精神”。该勋章由担任美国武装力量最高统帅的美国总统亲自颁发。

美国陆军的精英部队，专在极度危险的行动中从事近距离作战——的成员。收到荣誉勋章时，佩特里上士成了越战之后第二个活着接受这个荣誉的军人。

我们先在办公室里见了个面，然后他就出去为伙伴们演讲了。佩特里上士性格随和。他告诉我，他被部署在刘易斯－麦科德联合基地（Joint Base Lewis-McChord）；这是一个重要的军事设施基地，距离星巴克总部只有一小时车程。我很惊讶，如此近的地方竟然有部队基地，而我对其几乎一无所知。我们握了握手，他的右手是假肢，从袖子里伸了出来。先前有人曾告诉我，他在战斗中失去了右手。我不知道该不该问问他受伤的事，因为问与不问都显得欠缺尊重。最终我选择避开这个话题，但很快我就从他的演讲中得知了其中缘由。佩特里上士很谦逊，所以，我对他即将讲述的故事的震惊程度未有准备。

佩特里上士演讲的地方，在九楼的正厅，我们到达时，这里已经聚集了数百位伙伴。阳光从玻璃屋顶倾泻而下。楼梯上挤满了人，走廊里也摩肩接踵。主持人先是简单介绍了佩特里上士的身份，接着，大屏幕上开始播放国防部制作的宣传片。佩特里上士的陆战队战友一个接一个出现在镜头里，讲述着当天在阿富汗偏远山地发生的事情。那时佩特里还是中士，他们75团2营被派了一个任务，去追捕一个藏匿在偏远山村的基地组织重要人物。

行动那天上午，佩特里中士所属的一排战士乘坐两架切努克直升机奔赴目的地，可刚一落地，他们便受到数目不详、手持AK-47突击步枪的叛乱分子的袭击。

宣传片播放了大约两分钟，突然出现了技术故障，大厅里的屏幕黑屏了。佩特里上士便亲自接着往下讲。他转身对着我们，用自己的话描述了自己获得荣誉勋章的经历。大家都聚精会神地听着。

乱战之间，几名战士不经意走错了地方，佩特里中士跟了过去，想告诉他们怎么走。他走进一个空旷的院子里，找到排里的一位年轻士兵，上等兵卢卡斯·罗宾逊（Lucas Robinson）。佩特里和罗宾逊立刻笼罩在敌方火力之中。佩特里对我们说，突然之间，他身子猛地一颤，仿佛被重物砸中一样，原来，他的左大腿被一颗子弹击穿了。这是他生平第一次被子弹击中，但他感觉并未伤到骨头，于是就继续往前走。我站得离佩特里不远，这时我四下里看了看，只见大家都目不转睛地盯着他，听他继续往下讲。

罗宾逊也受了伤。佩特里和他在一栋小房子后面找到掩体。佩特里先是用无线电向战友报告了两人受伤的情况，接着从马甲上取下一枚手雷，朝子弹的来处扔去。手雷爆炸了，敌人的枪声哑了。这时，丹尼尔·希金斯（Daniel Higgins）中士冲过来救他们俩。希金斯正在检查罗宾逊的伤情，这时，一枚手雷落在三人 10 英尺开外。手雷爆炸了，希金斯和罗宾逊被掀翻在地。佩特里当时在墙的另一端保护二人，他从墙角探出头去查看有无其他敌人，又转过头来看了看希金斯和罗宾逊的情况。就在这时，又一枚手雷落在了更近处，只有三五英尺远。佩特里知道，不到四秒钟，这枚菠萝样子的手雷就会爆炸，其威力足以使三人丧命。

佩特里上士继续讲着，大厅里鸦雀无声。他用右手抓起手雷，将其扔开，可就在这个棒球大小的东西堪堪离开他的手指尖时，它就爆炸了。佩特里被冲击力弹了出去，倒在了地上。他睁开眼，庆幸自己还活着。他坐起身来，看了看右手，只见右手已被齐根炸断，仿佛是被锯掉了。他的右手不知去了哪里，只剩下烂肉里的腕骨，还在往外渗血。

“这么说可能是疯话，”他淡淡一笑，说道，“我看着手臂，心里想的却是：'嗯？怎么不像电影里演的那样喷血呢？'”大家听言笑了起来，紧张的气氛得以稍稍缓解。

佩特里中士坐在地上，给手腕缠上止血带，又看了看身边的战友，接着用无线电向其他战友报告了情况。交火仍在继续。他们撤到安全地带，可直到又一位战友饮弹牺牲，他才意识到自己腿上的伤情：原来，子弹从他的左大腿穿过，势头不减，又钻进了他的右大腿。

我考虑对佩特里上士说几句话，要配得上他的英勇无畏和牺牲精神。如果仅仅是感谢他为国家所做的贡献，似乎是不够的。我转过身，问罗伯·博凯里（Rob Porcarelli），他是星巴克的律师，是前美国海军中尉。

“罗伯，我能给他一份工作吗？”

罗伯是 AFN 的联合创始人，也是请佩特里来演讲的人。他听到我的问题，稍微有点意外，接着便露齿而笑，答道：“你是老板，你说了算。不过我觉得他是合适的。”从阿富汗回国之后，佩特里没有选择退役，而是延长了服役——罗伯说，对这种从战场死里逃生且荣誉满身的人来说，这是很罕见的。

话虽如此，我走到佩特里身前，请他到星巴克来工作。我说，不论什么时候，只要他来，我们就有工作给他。接着我问他，我们还能为他做点什么。

“你需要什么？”我恳求道。我们怎么补偿他都不过分。可是，他连一杯咖啡都不要，而是幽默地答道：“能把来回的汽油钱给报了吗？”

后来罗伯跟我解释说，佩特里的回答并非夸张的笑话，而是其真实情况的反映。身为荣誉勋章获得者，部队不要求佩特里出席公共活动或接受演讲邀请。他之所以接受像我们这样的邀请，完全是出自责任感，每次都郑重其事地穿着洗得干干净净、熨好的军装，有时还会特意理个发。部队不负责其中的花销——包括他自己开车近50英里来到我们总部大楼的汽油钱——也不允许他收费。今天为我们演讲，是佩特里为国奉献的又一种方式。

回办公室的路上，我思考着鲍勃·盖茨对我说的那些话。他相信每一位美国人都有道德义务去关爱那些保家卫国、牺牲奉献的人。我问自己，当天听佩特里上士演讲的人里，是否都恪守这份公民义务。有些人是的，但我知道，我不是。

第十章

招聘不是慈善活动

2003 年，一位美国海军中士给他的朋友们写了封邮件，抱怨星巴克不给驻伊拉克的美军捐赠咖啡。他错误地声称，星巴克不支持美国对伊战争及“所有与战事有关的人”。他请朋友们将此事广而告之，号召抵制星巴克。数周时间，这封邮件传遍全球，造成了误解——尤其是在部队里——星巴克不支持美国军队。

此人的抱怨缘于对一则传言的误解：几位部署在伊拉克的美国海军士兵的确给星巴克写过信索要免费咖啡，而当时星巴克的政策是只向慈善机构提供免费产品。公司的公共事务办公室给上述海军士兵提供了声明，对公司的政策做了解释，表达了遗憾，说我们不得不拒绝他们的请求，因为根据法律，美国军队不属于慈善机构。

回顾此事，我们的回信措辞欠妥，而且可以说是冷漠的，如同我们不向军队捐赠咖啡的决定一样。但不论怎样，这个错误都不代表公司对军队持有负面态度。对于 2001 年 9 月 11 日之后的战争，不论是公司还是我，都没有做过任何公开表态。

我们安排公司专人与这位海军中士取得联系，向他解释了事情的原委，他向我们道了歉。在发出第一封信五个月后，他又给朋友们写信澄清此事。当然，这封澄清信并未广泛传播，所以，尽管数个网站和媒体随之做了澄清，但最初的谣言还是继续流传了数年之久才渐渐平息。

2004 年，星巴克做了早就该做的事，向驻扎在科威特、伊拉克、阿富汗的美军捐赠了 50000 磅全豆咖啡。从此之后，我们持续向美国海外驻军捐赠咖啡。我收到很多士兵寄来的照片，照片上，身在沙漠或山岭中的他们喝着星巴克的深度烘焙咖啡。

想起这则谣言，我仍无法释怀，但直到 2013 年我才意识到，如果论及对“9 · 11”之后的退伍军人的支持，有些事比谣言更具杀伤力。

当年 8 月，我跟星巴克的领导层一起召开月度例会。当时，星巴克刚刚取得 42 年来最好的财务季度。我们提高了现有门店的销量，新开了多家门店，推出了很多新产品，与很多公司达成了合作，股东的收益屡创新高。秋季在即，我们即将迎来最忙的季节。

公司各个部门的伙伴偶尔会要求在领导层会议上发言。当天发言的，是来自 AFN 的三位代表。维韦克事先曾提醒我，让我留意一下他们发言的内容。

果然，他们投放在会议室大屏幕上的数据令人扫兴：在全美 135000 位星巴克伙伴中，只有不到百分之一——确切地说只有大约 950 人——曾在部队服役。我们雇用的退伍军人应该比这个数字多一些，因为很多伙伴并未表明自己的退伍军人身份，尽管如此，公司伙伴中退伍军人和后备军人的占比也是极低的。全国共有 1040 万 65 岁以下退伍军人，共占全国工作年龄人口的 4%。我们本应做得更好。

向我们汇报这一情况的人名叫罗伯 · 博凯里，前美国海军中尉，公司的律师，即前面邀请勒罗伊·佩特里到公司演讲的人。另外两位分别是米克·詹姆斯（Mick James），海军退伍军人，1993年入职星巴克担任咖啡调配师，先后担任多个经理岗位，与罗伯一起创办了AFN；还有弗吉妮雅·特佩尼，她在公司负责公共事务，即前文中陪我去东利物浦市的那位。弗吉妮雅没有当过兵，但她父亲曾参加过越战。她之所以出席这次会议，是因为被勒罗伊·佩特里的故事所感动而加入了AFN。

他们仨决心推动星巴克对退伍军人的支持，此次出席领导层会议，为的是说服我们加大帮扶力度。

弗吉妮雅说得很坦率："我们还不是一家对退伍军人友好的公司。"

别的很多公司，其中包括很多零售企业，都比我们做得好。它们很多都出台了对退伍军人的招聘承诺。

这则消息令人不快。星巴克的公司使命是成为社区的积极力量，但我们在支持退伍军人这件事上却如此消极被动。我很感激罗伯、米克、弗吉妮雅将此事引起我们的关注，更高兴的是他们还带来了解决问题的建议。

他们的第一个建议，虽说力度不大，但执行起来是相对简单的。在"老兵节"①这一天，只要顾客表明现役或退伍军人身份，即可免费喝咖啡。第二个建议，星巴克在美国军事基地内部或附近开设新的门店，这些门店将与部队利润分成，并且其雇用的伙伴只能是退伍军人，或是现役军人的配偶。星巴克此前已有两家开在不发达社区的门店与社区利润分成，所以，推广这种模式也是可行的。

他们的第三个建议，就颇富争议而且比较复杂了。他们说，星巴克应

---

① Veterans' Day，又称"退伍军人节""退伍军人纪念日"，1919年11月11日被定为美国的休战日，以纪念第一次世界大战中牺牲的人。1978年福特总统将这一天确立为联邦节日。

该在随后五年里雇用1万名退伍军人以及现役军人配偶。这个就有些难度了。星巴克此前从未发布过公共招聘目标或是指定招聘特定群体，何况这个群体还是我们知之甚少的。我感到会议室里每个人都有所顾虑，但我直观上觉得，我们不能只发放免费咖啡，还要做点别的。

回顾往事，我发现，使我做出这个决策的，是与盖茨部长的一次次交流。鲍勃从不逼我做什么事，但通过他，我看到了退伍军人给职场带来的积极影响。他曾说，战争能从多个方面改变一个人。退伍之时，他们身上都具备了入伍前没有，并且雇主所需的品质和可转换的技能。他解释说，通过率领战斗小组在瞬息万变的环境中作战，退伍军人积累了大量经验，被锻炼出优秀的团队协作能力。除此之外，他们还能创新地解决问题，在压力下尤其如此。他们极富责任心，非常可靠，还养成了以目标为驱动的思维模式。什么样的公司不喜欢这样的员工呢？

鲍勃还说，虽说部队的日常与私营企业的工作风马牛不相及，但当过兵的人都有快速学习的能力。他举例说，一位海军飞行员能在风暴中把一架F-18战斗机降落在航母甲板上，在上班高峰期制出咖啡当然不在话下。

更有意义的是，鲍勃还指出了星巴克与部队某方面的文化相似性，这是我仅凭自己绝对想不到的。他说，在战斗中，军人都是亲密的小组成员，但退役之后，这种同志友情和家庭感就没了。很多退伍军人都渴望在平民生活中再度体验这种感觉。他们还渴望一种目标感。他们先是从事保家卫国的伟大事业，几年之后，又干起了只为谋利的生意，这对他们来说是很失意的。鲍勃认为，星巴克强调为社区服务，培养团队和家庭感（尤其是在门店里），这对离开部队的人来说是个称心的工作环境。若非鲍勃提醒，我不可能想到这些连点成线的要素。

罗伯、米克、弗吉妮雅在会议室里继续陈述，我却想到了国家层面。

2013年，有100万军人即将转为平民。这个退伍军人暴增的现象，是阿富汗撤军及军队裁军的结果。他们需要工作，国家也需要他们都找到饭碗。

雇用更多退伍军人似乎是当做之事，却很复杂。会议室里的其他人都知道，或许比我更清楚，星巴克不是专为招募退伍军人而创办的。理由一，我们没有这方面的专家。对私营企业来说，军人的简历如天书一般难懂，我们的人事经理不知道，也不会分辨军人的经验如何转化到公司内部或零售岗位上去。

对军人的成见也会影响招聘的决策。考虑到创伤后应激障碍的存在，招聘人员会摸不准退伍军人的心理状况。据说所有的或者说大部分退伍军人都受过心理创伤，这个误解需要在我们公司乃至在全国范围内得到澄清，不是所有退伍军人都患有创伤后应激障碍。

对招聘退伍军人一事，公司领导层存在种种顾虑，而这些顾虑都是合情合理的。

“要是行不通，怎么办？”我问AFN的成员，因为风险太大。不像在马克杯上书写“团结起来”，招聘退伍军人不能是一时冲动之举，它必须成功，必须能持续下去才行。

弗吉妮雅毫不犹豫：“的确有难度，但只要是正确的事，就没有失败一说。”

身在领导层的人，有时候必须在信息不充足的情况下做出决策。我们不知道该如何解决已知未知的问题，但我们同意在“老兵节”这一天为退伍军人提供免费咖啡，在军事基地内部及附近开设门店，以及开始招聘退伍军人、现役军人的配偶。现在，最大的问题是确定招聘的人数。

我给鲍勃·盖茨打电话，想听听他的意见。他坚信，设定一个里程碑，比实际数字更重要。我还咨询了其他几个人。他们都认为，确定一个清晰的目标，这样有利于调动公司伙伴的积极性，也能让大家更有责任心。话虽如此，1 万人可不是个小数，对管理门店日常事务的诸位伙伴来说尤其如此。他们中的很多人对军队的了解还不如我。

AFN 的成员解释说，其实全国 120 万现役军人配偶很容易适应星巴克的公司文化，如此一来，1 万人的目标是不难实现的。众所周知，军人配偶群体具有很强的社区服务意识，他们从事志愿活动的数字是全国平均值的三倍。但是，由于经常随军四处调动，他们的失业率是全国平均值的两倍。然而，如果是入职星巴克，在其军人配偶被调往别的军事基地时，他们可以随军去当地的星巴克工作。我们已经招聘了很多军人配偶，再多招聘一些的可能性很高。

最后，罗伯和米克代表 AFN 向我们保证，不论我们能否达成招聘 1 万人的目标，现有的退伍军人伙伴都将坚定地支持我们。2013 年 11 月，我们对外宣布，星巴克将于 2018 年前招聘 1 万名退伍军人和现役军人配偶，开设五家面向军人的门店。此外，我们将在全国范围内向退伍军人及现役军人、现役军人配偶提供免费咖啡。

“我们要做的……不是慈善活动。”我在声明中如此说道，“不是博爱之举。事实上，这只是件好事。与保家卫国的人肩并肩工作，能丰富星巴克的文化。”我真心相信，此举能增强伙伴的自豪感，增强民众对公司的信任感，而这种信任感，对任何公司和组织来说都是至关重要的。“我们要做的事，对国家、对公司、对股东来说都是应做之事。但请大家不要误会，这不是施舍。我们要招聘的人，他们才华出众、经验丰富、高风亮节，公司必将从中获益匪浅。”

现有伙伴的意愿——开放思想、学习、克服成见、适应新形势——将最终决定此次招聘项目的成败。

负责为星巴克招聘 1 万名美国退伍军人的人名叫克里夫·巴罗斯（Cliff Burrows）。他是个英国人，在威尔士出生，在赞比亚长大。克里夫之前在荷兰阿姆斯特丹的星巴克工作，2008 年我把他调到了西雅图，让他负责当时水深火热的美国国内业务。他是个才能出众的零售行家，广受尊重，如果没有他的支持，招聘项目很可能会夭折。但克里夫也有知识短板，他对美国军队的了解几近于零。

除了门店之外，克里夫还跟同样需要招募退伍军人的部门合作，其中包括供应链和法律部门。他们请来了招聘专家。星巴克保留了一位顾问，雇了一位内部招聘人员，让他俩帮助培训招聘人员和门店经理。这两人都曾在军队服役。我们还制作了一份工作指南，名为《军队 101》，以揭秘军队生活。比如说，书里阐述了“军官”与“士官”的区别，以及种种军衔的区别。这是对公司里招聘退伍军人、与退伍军人共事的普通伙伴的基本培训。

接下来，在 2014 年，克里夫组织带领全国各地的地区经理，乘坐六辆大巴前往刘易斯－麦科德联合基地参观。一个月前我曾去参观过，对军人在战斗中的表现有了更直观的了解。参观期间，诸位地区经理观看了炮兵一字排开，四人一组，以极高的精度连续操作，准备、上膛、开炮，命中远处的目标。他们还跟负责采购数百万美元防御设备的军官见面会谈。在餐厅里，他们跟士兵们共进午餐，很多人是第一次跟身穿军装的同胞交谈。

地区经理们亲眼看到的，是纪律严明的团队齐心协力操作复杂的装备完成任务的情景。他们会面交谈的，是在后方为作战士兵提供支持的、训练有素的专家。他们亲耳听到的，是与公司的伙伴一样背景形形色色的故事。这些士兵之所以参军，有的是出于保家卫国的热情，有的是为了收入，有的是人生走错了方向，希望有个新的开始，有的是为了不断参加军事行动的刺激……不论是出于什么动机，他们在这里，作为一个个亲密无间的战斗小组的成员，都养成了大量技能和强烈的目标感。

通过学习交流，我们的地区经理开始与盖茨部长一样，与军人群体搭建连线，也跟我得出了一样的结论，那就是：退伍军人对星巴克是有益的，反之亦然。

我们都在不断学习，招聘项目也并非一如所愿。不是所有招来的退伍军人都喜欢星巴克的工作或者能适应公司的文化。不是所有人都能长期在星巴克干下去，有的人只是把星巴克当作踏板，继而更上一层楼，这都是好事。但是还是有数千人留了下来，他们的故事也成了公司画卷中的一部分。

特德·沃肖（Ted Warshaw）是一名美国空军退伍军人。他开了十年战斗机，退役后却没了工作。他和家人长期住在一家旅馆，其间他四处奔波找工作，他经济拮据，情绪低落。这时，他参加了一个军人招聘会，一位星巴克的招聘人员走上前来，问他是否愿意到咖啡店工作。特德很惊讶，但他愿意接受新事物，于是就接受了一位星巴克门店经理的面试。2014年11月，他开始上班，职务是咖啡调配师。两年时间里，他已升职为门店经理，获得了本地区咖啡调配大赛的冠军，还买了房子。

2014年4月，刚刚结婚两个月的蕾切尔·拜尔凯克（Rachael Bialcak）的丈夫——一位战斗机维修师——就被调到了俄克拉何马州伊尼德市的万斯空军基地，但他们家在犹他州，两地相距1000英里。在搬到新公寓之后，孤独而心烦意乱的蕾切尔在附近一家星巴克里坐了一天，以逃离新住所的死寂。她跟店员成了朋友，后者问她犹他州的趣闻逸事，请她喝咖啡，看她流泪还拥抱了她。蕾切尔深受感动，当天就申请在门店工作，如此一来，用她的话说："成为这种感觉的一分子，并且跟他人一起分享。"下面引用的是蕾切尔的原话，之所以将其分享出来，是因为在表达公司伙伴、顾客的情感连线这件事上，她比我说得更好。

> 接受这份工作的时候，我没想到会跟几位伙伴建立长久的友情。我没想到一位伙伴会邀请我去家里共进感恩节晚餐，没想到全店为我庆祝生日，没想到在得知父亲得了癌症时团队全员在休息室里一一与我拥抱，没想到一位顾客听到我们谈论每周的高尔夫球活动就送给我一盒高尔夫球，没想到一位顾客因为我胃疼就给我送药来，没想到我会与那么多顾客成为朋友……我没想到，我在家人之外还有家人。

后来蕾切尔的丈夫又被调到了新泽西州，她随之前往，在附近一家星巴克入职。"新的门店仍然是家一样的感觉。"

在星巴克实现目标的路上，有那么多人也实现了自己的目标，一想到这里，就格外令人欣慰。这种状况已在星巴克持续了 40 多年，但尤为显著的，是表现在退伍军人和军人配偶身上。这个群体需要工作，好帮助他们继续生活下去。

2017 年，星巴克提前一年达到了招聘 1 万名退伍军人和军人配偶的里程碑。我们再接再厉，准备到 2025 年为止招聘 2.5 万名退伍军人和军人配偶。2018 年，星巴克在全国 21 个州开设了至少 45 家军人家庭门店。我们招聘的退伍军人和军人配偶，很多人都选择穿一件特殊的绿围裙，上面饰有美国国旗。如果你在我们的门店里看到有人穿这样的绿围裙，请向他们为国家所做的贡献而表示感谢。如果他们愿意，你还可以跟他们聊聊他们的军队经历。

有些好处是无法衡量的。一旦开始从军人群体招聘，会吸引更多退伍军人前来应聘，因为入职的退伍军人对工作感到满意，会将公司推荐给更多同类人才，从而使我们负责招聘的伙伴的工作变得更简单、更高效。更多伙伴对服役的意义有了深入的了解，爱国心也得到增强。

在这方面，星巴克仍在不断学习，不断总结经验教训。退伍军人有很多共性，但他们的风格、优缺点与其他群体一样多种多样。偏见是双向的，好坏各有所持。我们将他们奉为英雄，但我们也不能忘记，他们同样也是人。

鲍勃·盖茨告诉我，战争能改变一个人。我目睹了军队的积极影响，却从未亲眼见过战争对人的身心造成的残忍且导致人生巨变的创伤。招聘项目出台几个月了，我的学习之旅仍在继续。我见过的人、听过的事，一次次令我心碎，同时督促我一次次挑战极限——一家公司、一个公民，怎样才能为那些保家卫国的人提供最好的支持？星巴克已经做出表率，为退役士兵提供免费咖啡，但我们能不能、应不应该在除了为退伍军人提供好的就业岗位之外再做些什么？

第十一章

磨难是人生的“意外”

在卡纳西的街上，一个孩子若是对另一个孩子说了那四个字母的脏话，后面再跟着“off”[①]，那一场架就在所难免。15 岁时，有一天，放学后，我朝母亲说了这句脏话。我曾费力回忆，想回忆起为什么会说这句话。我在街上无数次听到这个词。母亲当时说了什么令我心烦的话吗？我当时心情不好吗？时至今日，我仍想不起到底自己是受了什么刺激，才会说出那么不尊重人的话。

几个小时过去了。家里平时吃晚饭的时间是 5:30。还不到吃饭的时间，我正在冲澡。我没听到父亲回家，也没听到他进了卫生间。我只看见浴帘被“唰”的一声拉开，父亲的拳头迎面而来。他打我的时候，莲蓬头里的水还在冲刷着我的身体，我双臂抱着头和身子以自保，随后就被揍倒在浴缸里。血混在水里流进下水道。打完，父亲就像进来时一样一言不发地闪身出了卫生间。整件事来得快去得也快，却在我心中久久难消，至今仍记忆犹新。

① 即 fuck off，滚蛋。

我几乎站不起来去关水龙头。我又惊又疼。之前父亲从未对我这么狠。

我从浴缸里出来，擦干身子，尽量不让家人共用的浴巾沾上血。当天晚上，我没有跟家人一起吃晚饭。睡觉前，父亲和母亲都没跟我道晚安，这是反常的事。第二天早晨，起床后，我又去了卫生间，看着镜中的自己。伤得太明显，我决定向学校请两天假。

我记得，后来我没有因为说了脏话而向母亲道歉。我本该道歉的，孩子不能那样对父母说话，那是不对的，我们都知道。在那些年里，这是我们母子关系中极其反常的一件事。从那之后，我们俩不再一起做一些事，比如一起去“车轮上的图书馆”，但我们都还爱着对方，保护着对方。我相信，我们母子俩都心知，就在我对母亲说脏话的那一天，一个无声的誓言被打破了。

此后，母亲从未跟我谈起那件事，父亲也从未因为揍我而道歉。很多年里，我都无法向人提起这件事，但被父亲痛揍的记忆、我的愤怒甚至偶尔对父亲的恨意，都像病毒一般寄居在我的体内。数十年的时间里，这些情绪一直影响着我对他的印象。

我在一个问题家庭长大，这段经历使得我对同样境遇的人抱有理解。在湾景，跟那么多人聚居在那么小的区域，我得以近距离目睹别人的麻烦事。长大后，我搬到了别的地方，这种近距离的视角就很少了。我的身边，不再有家庭问题跟我相仿甚至比我还惨的人。但这种情况因为我的妻子雪莉而发生了改变，她再次把我带入了那个世界。

20 世纪 90 年代中期，我全神贯注于星巴克的发展，雪莉则积极参加社区里的志愿者活动，为辍学、无家可归、无人看护或流浪街头的孩子提供帮助。她成了一个优秀的非营利组织“关爱青少年”（YouthCare）的积极分子。一个冬天的晚上，她跟其他志愿者一起，向在外过夜的年轻人发放食物、袜子、手套等物。他们把一辆厢式货车停在西雅图国会山（Capitol Hill）附近，迪克家汉堡连锁店后面。他们打开后备厢，有孩子走过来，他们就问孩子们需要什么，并把资助物品送给孩子们，其中包括干净的注射器，以防止注射吸毒者之间传播 HIV 及其他传染病。他们此举还有额外的意图，那就是让这些孩子与成年人达成信任并从后者那里得到所需的帮助。

当天晚上，回到家里，雪莉因为目睹的惨状而闷闷不乐。她见到的那些年轻人的状况都惨不忍睹，从志愿者那里得到资助物品时，他们的感激之情溢于言表。他们并不粗野，也不是危险人物，而是一些饥饿、疲惫、易受伤害的青少年。其中有个男孩给雪莉留下了极深的印象。她送给他一双袜子，其间二人眼神接触，男孩对她说："谢谢你，外边真冷。"

"霍华德，"雪莉对我说道，"要是我们的孩子这样……"在她眼里，那个男孩不是离家出走，不是吸毒者，而是因出生或寄身的环境所导致，没有机会安心地成长。

雪莉继续在西雅图的街头当志愿者，其间认识了很多年轻人，了解了他们的特殊境遇。在收容所，在马路边，她和那些年轻人并肩而坐，对他们嘘寒问暖，认真聆听他们的话。他们愿意跟她说话，因为她不是伪善，而是对他们发自内心地给予关怀和帮助。对他们了解得越多，她就越发同情他们，越想为他们寻找出路。

1996 年，我和雪莉创立了一个家族基金，以加强我们的慈善义举。在随后十五年时间里，出于对问题环境里的年轻人的同情，雪莉一直对捐赠的款物和自己的时间细致安排。我们的家族基金规模不大，除了我们夫妻俩之外，只有几位顾问。我们没有为其设立专门的办公室，雪莉也不在家办公。她是基金的负责人和主心骨。久而久之，她跟很多基于社区的慈善组织的领导建立了良好的关系。她自学非营利组织的运作方式、财务支出以及工作成果的衡量方式。她青睐那些为年轻人传授知识和技能的组织，如学习技巧、自信心培养等。“关爱青少年”、“蓝嘲鸫”（Mockingbird）、“树屋”（Treehouse）都是本地她最喜欢的组织。她还由衷钦佩“美国青年建筑团”（YouthBuild USA），这是一家全国性非营利机构，他们将学业和实际工作有效结合，让青少年在接受高中教育的同时学习建筑知识，接受职业培训。除了直接捐款之外，雪莉一直脚踏实地，深入街头巷尾帮助那些孩子。

有时候我也跟她一起去。每当如此，雪莉都要让我亲耳听一听她要见的青少年的心声。我们坐在一起，听孩子们分享一些自己的事。其间我听到了各种各样的经历——家庭受虐，吸毒，因为惹了祸或是同性恋而被父母赶出家门，外面的坏人引诱他们加入黑帮、让他们贩毒或卖淫……我从未遇到过这样的麻烦事，但我能体会到他们的孤立无援、恐惧、孤独，甚至绝望。我震撼于他们悲惨经历的种种细节，连我都未做好准备与别人分享自己的成长经历，他们却做到了。更重要的是，我意识到，与这些年轻人相比，我的成长经历里的苦难程度根本不值一提。小时候，我家虽然没什么钱，但我能吃饱穿暖，还有张睡觉的床。

久而久之，因为深入了解到西雅图市残缺的社会福利事业、资金短缺的学校、好意帮助困境中的青少年却低效的非营利组织，雪莉的同情心再度高涨。她同样掌握了青少年无家可归或辍学的原因以及什么样的资源或公共服务项目能帮助他们重回正轨。

她把看到的、听到的与我分享，我渐渐同意她的观点。她仍不断探望那些机敏而顽强的年轻人，他们想要的东西，其实与别的孩子并无二致——住在安全的家里，上个好学校，交朋友，有人能听他们的倾诉，有双新鞋，经济上有保障，能感受到爱……她还见过一些很有潜力的青少年，只要有机会、能得到适当的支持，他们就能发光。可是，对他们而言，机会是什么呢？

“这些孩子，该在星巴克工作。”雪莉早先就跟我提起过。

2013 年，雪莉急于扩展一个职业培训项目。这个项目是她、星巴克、关爱青少年、美国青年建筑团共同参与的。项目为年轻人提供一门课程，共计 160 个课时，内容是教他们如何冲调咖啡，这样他们就能凭此找到人生第一份工作。“咖啡师培训及高中教育项目”将向参与者提供到店实践的机会。这个项目的毕业生能胜任任何一家咖啡馆的工作，无论是不是星巴克。同时他们还能拿到学分，获得高中同等学历。

雪莉想把这个项目扩展到别的城市，如此一来，更多孩子能学到技能、找到工作。但扩展工作非常艰难，因为这需要专业知识，还要投入大量时间，这都超出了我们夫妻俩的能力。但我们没有放弃，而是决定找人帮忙。

2013 年 10 月，我们聘任了家族基金的首位全职执行董事，丹尼尔·皮塔斯基（Daniel Pitasky）。雪莉立刻就喜欢上了他。丹尼尔此前一直致力于帮助困境中的青少年。在 20 世纪 80 年代，他就为洛杉矶街头一些史上首批被诊断出 HIV 的孩子提供建议，并创办、管理了两家卓有成效的高风险年轻人关爱组织。他还曾在多个组织担任国内策略顾问，最近是在比尔及梅琳达·盖茨基金会工作，为低收入及少数民族青少年提供支持，助其完成高中学业，毕业后能够谋生。丹尼尔对青少年的支持热情而实用。跟雪莉一样，他也是个品貌兼优的人。

丹尼尔是社会服务专业的硕士，还有商务专业的硕士学位。我尤其欣赏他在社会服务方面强调的——要达成可测量的结果。

招募丹尼尔的最初目的，是让他辅助雪莉扩展咖啡师培训项目，增加基金会的资金投入，帮助我们在捐助方面更有策略。

舒尔茨家族基金会的救助目标里，并不包括退伍军人。我与雪莉在晚饭时曾多次提及此事，并跟她讲述了在过去一年里我的所见所得。她对鲍勃·盖茨的了解和尊重也日益加深。当年秋天，我跟鲍勃有过一次感触颇深的交谈。回到家里，我问雪莉，她是否考虑过，我们的基金会能否设法为退伍军人提供帮助。我们商量了一晚，最终同意借基金会为退伍军人做些事，但我们不知道该做什么。我们只知道，仅仅写张支票捐点钱的话，不足以真正改变他们的人生。

我们把这个想法告诉了丹尼尔，他也正有此意。于是，在主管基金会短短数周之后，我们三人一起走上了学习之旅。在为退伍军人做些有意义的事情之前，我们首先要了解军队的文化以及他们面临的困难。此后数月时间里，我们的所见所闻出乎意料。

“与去阿富汗执行任务相比，面试工作更令我紧张。”说这句话的人是一位军士长——募征兵的最高军衔。他跟我、雪莉、丹尼尔坐在一张大桌子旁，周围还有他的十多个战友，都身穿迷彩作战服。我刚刚问他打算在部队待多久。听到他说找工作比战争更吓人，我大感惊讶。

我看了看雪莉，她跟我一样吃惊。

那是1月里一个冷飕飕的阴天，我们到刘易斯－麦科德联合基地了解军人从现役转为平民的流程。短短几个小时时间里，我们非常忙碌。基地的工作人员，包括肯尼斯·达尔少将（Major General Kenneth Dahl）在内，都不吝时间与我们接洽。

我们问这位军士长，为什么他会觉得求职面试比作战任务更吓人，他的回答与在座数位战友如出一辙。部队里有些项目，能教军人写简历，但他们中很多人根本不知道以后要从事什么职业，甚至不知道离开了部队能干什么。他们不知道在部队学到的技能、受到的训练怎样用到平民生活中，也不知道该怎么用非军事的语言描述自己的经验和资质，才能让招聘人员听懂。我站在星巴克的角度去判断，他们的顾虑很有道理。

转为平民之后，还要面对别的麻烦事。部队生活管制极严，军人连何时起床、到哪里报到、醒着的时候干什么都要听从指挥。而平民生活就宽松多了，没有那么多规矩，大多数事情都是自己做主。对退伍军人来说，对很多人来说，需要时间进行调整。而且，突然回到无拘束的平民生活中，会令人感到被隔离了一般，望而却步。

我和雪莉、丹尼尔渐渐理解了：部队有很多优异之处，但在把士兵顺利转到平民生活这方面，他们做得欠佳。对我们在刘易斯－麦科德联合基地见到的那些军人来说，调整适应新生活困难重重，不仅是因为公司缺少招聘退伍军人的专业人士和动机，还因为退伍军人及其家人存在各种特殊情况。害怕求职面试，只是其冰山一角。

2012 年，我第一次见到退休的四星上将彼得·基亚雷利（Peter Chiarelli）。他请我帮个忙。

彼得是西雅图本地人，他上过大学，还在华盛顿州读了研究生。22 岁时，他被征募为少尉，从此开始了漫长的军旅生涯。在此期间，他曾被派驻海内外多个军事基地，其中包括在五角大楼任职。他在五角大楼工作时，恰逢 2001 年 9 月 11 日恐怖分子劫持了美国航空公司的 77 号航班撞向五角大楼。

那次恐怖袭击之后的数年时间里，彼得率领部队去了伊拉克首都巴格达，八个月之后又负责指挥驻伊拉克的多国部队。2008年，他被任命为第32任美国陆军副总参谋长。他的职责包括监管所有军人的训练和装备情况，管理陆军预算，保障50万陆军的福祉。

他负责的，还有一项艰巨的任务，那就是减少陆军持续增长的自杀率。他统率军队很多年了，他得知——被陆军归类为“残疾”的大多数军人，并不是受伤截肢或烧伤患者，而是被诊断为患有创伤后应激障碍或创伤性脑损伤的人。他很震惊。很快，他就成了这两种病的专家，也成了我的老师。

创伤后应激障碍是身体遭受伤害或是威胁之后偶发的精神障碍，症状包括闪回、噩梦、愤怒、焦虑、迷惑。创伤性脑损伤则是由脑震荡引起，常常发生在脑部受到炸弹冲击之后。创伤后应激障碍和创伤性脑损伤不易确诊，其影响包括抑郁、自残甚至自杀。

不幸的是，“9·11”之后执行任务回国的、受到心理创伤的军人，并不像身体受伤那样受到精密的治疗。彼得用了四年时间整顿了部队对创伤后应激障碍和创伤性脑损伤患者的治疗。2012年他退休了，回到西雅图老家，担任了“One Mind for Research”——一个致力于脑损伤治疗的非营利组织——的行政长官，仍然致力于此。前陆军上将的新工作是筹款资助研究，正因如此，他才会与我会面。他向我寻求资金支持，我承诺设法提供帮助。

彼得的肩膀很宽，人也沉稳干练。我们于2013年再次会面，我对他说了星巴克招聘退伍军人的事。他很高兴，却又有些伤感，还稍带点吃惊，因为我在部队的知名度太小。他认为，像我这样有影响力的人，不应该与部队隔绝。我永远不会忘记，他当时看着我的眼睛，说道：“霍华德，你要是真想帮助退伍军人，你要想真的了解他们，就得去沃尔特里德。”

沃尔特里德收治的都是严重受伤或患病的军人。彼得提醒我，去那里探访不是件轻松的事，但我还是听从了他的建议，决心去看看。

彼得说得对。但尽管有了他的事先提醒，那里的所见所闻还是大出意料。

沃尔特里德国家部队医疗中心（Walter Reed National Military Medical Center）位于贝塞斯达，是 2011 年由海军和陆军两家部队医疗机构合并而成。其收治的病患下到列兵，上到美国总统。肯尼迪总统遇刺后，其尸检就是在当时的贝塞斯达海军医疗中心（Bethesda Naval Medical Center）进行的，里根总统于 1985 年在这里做了手术。最近，已故的约翰·麦凯恩议员（Senator John McCain）在沃尔特里德国家部队医疗中心接受过脑瘤治疗。

我从鲍勃·盖茨那里得知了一点沃尔特里德国家部队医疗中心的历史，他在医疗中心整顿——设施、门诊、名誉——工作中扮演了重要角色。先前，这里的运作出现了重大问题，其中包括收治门诊伤员的病房脏乱差以及严重的官僚主义作风。

1 月的一个寒冷的上午，我和彼得一起来到沃尔特里德国家部队医疗中心的不规则形状的、由混凝土建成的前院。这里距华盛顿只有 10 英里。维韦克、丹尼尔、约翰·凯利也来了。雪莉这次没能来，她打算改日再来。

我们参观的第一站，是“国家无畏中心”（National Intrepid Center of Excellence）。这是一个集研究、诊疗于一体的机构，占地 72000 平方英尺，由商业房地产开发商兼慈善家阿诺德·费舍尔（Arnold Fisher）捐建。阿诺德的家族创办了费舍尔家族基金会（Fisher Houses Foundation），在全国范围内的部队医院附近，为陪伴入院治疗的退伍军人的家属免费提供住所。“国家无畏中心”是费舍尔家族捐建的第二个旨在治疗军人心理健康的医院。从其安静、波浪般的玻璃楼面，就能看出它与别的治疗机构不同。

中心的内部设计充分照顾到有心理障碍的病人。弧形墙壁使得内部空间气氛柔和。嵌壁式窗户可防止阳光直射，以免刺激病人头疼。内部设有瑜伽训练室和美术教室。

我们在大厅里看到很多病人，从表面看，他们跟我们没什么不同。他们身穿便服。我们看不出这些退伍军人有病。事实上，我只从一个迹象就看出中心的这些病人处于极度痛苦之中。

楼内的很多墙面上，都挂着彩色混凝纸做成的人面，这些都是病人制作挂上去的，是他们康复治疗的手段之一。这种艺术表达手法，可以帮助病人“把心中的恶魔具体化”，导游如此介绍道，并借以宣泄他们用语言无法表达的因战争及其后果造成的痛苦记忆。这些人面讲述了怎样的故事啊！

大多数人面都是抽象的面部特征。有些人面闭着眼，有些没有眼睛，有些人眼中流着血。有些人面张着嘴，似乎是在尖叫，有些则紧闭着嘴。人面的肤色有黑色、褐色、白色，还有些面部皮肤被剥掉的。有些人面在双颊和下巴上有符号，有太阳、有白色的墓碑、有各种各样的美国国旗。有些人面上写满了字：懊恼、压力、伤感、孤独、痛苦、祈祷、音乐、希望、朋友、妻子、杰西卡……一张人面的嘴唇上，用大写字母写着“什么最重要”。一张人面被涂成了砖墙模样。一张人面的头皮上画了颗粉色的心。

“身体上的伤触目惊心，”彼得说道，“但你看不到脑子里的伤。”涂画的人面，代表着看不见的痛苦。看到它们，我想起了鲍勃·盖茨给我写信，说了他参观沃尔特里德国家部队医疗中心的感触。他说，伤兵是战争的真实面孔。

我们静静地离开国家无畏中心，去了另一栋大楼。

虽然伊拉克战争和阿富汗战争陆续展开，但美国的部队医院并未做好接收前线伤员的充足准备。从未有如此多的士兵从如此严重的外伤中活下来：各种断肢情况、致命的枪伤、严重烧伤……负伤后的生存率如此之高，部分原因是保护重要器官的护具得到改良，原本致命的爆炸现在已危害大减，即便失去胳膊腿，也能保住命。再就是药物效果大增，在战斗中能及时止血，伤病患者能及时被送往医院救治。这些以及其他先进技术，使得军士长塞德里克・金（Cedric King）能活下来。

“勇士餐厅”位于沃尔特里德国家部队医疗中心的一栋楼里，是个阳光沐浴下的自助餐厅。在走进“勇士餐厅”之前，我对军士长塞德里克・金一无所知。我们几个人要在这里跟几个康复身体的病人共进午餐。一张铺着白色桌布的长桌，六位军人——有几个人陪伴着配偶——早已落座，等着我们到来。我挨着一个方下巴、露齿而笑、坐着轮椅的男子坐下。他向我伸出右手握手，我发现他的胳膊没了一段。

“我是军士长塞德里克・金，”他自我介绍道，“很荣幸能见到你，舒尔茨先生。”他手劲很大，声音深沉。参观国家无畏中心令我仍然压抑，他的活力令我猝不及防。接着，他的问题如雨而至。

显然，塞德里克知道我是谁，甚至还读过我的第一本书。他告诉我，他对如何管理星巴克很感兴趣。这段对话同样令我惊讶。我没想到竟然能在沃尔特里德国家部队医疗中心跟人聊星巴克的事，但塞德里克很好奇。

“你是白手起家，万丈高楼平地起啊！”他赞道。

塞德里克使我想起了以前，在只有少数人相信我的意式咖啡吧创意能够成功时，我的那份执着。他说对自己的困境有同样的执着。起初我并不明白他的意思。我的创业史曾给一些企业家带来鼓舞，可没想到在军人身上也有效果。他解释道：“我要去参加波士顿马拉松。除了我之外没人相信我能做到。”他声音中透着的自信令我无法怀疑他的决定。我们的谈话内容充满生机，塞德里克的乐观心态令人愉悦，让我几乎忘记了自己身在医院。

导游宣布午饭开始。我站起身来，彼得·基亚雷利站起身来，丹尼尔和维韦克站起身来，军人家属都站起身来，但塞德里克和他的几个战友没有站起来，而是将身体推离了长桌。这时我才发现——自从我踏入餐厅就没意识到——与我们共进午餐的这些人，大多数都没有腿。塞德里克双腿皆无。他挺直身子，做出站立姿势，原本活泼的表情变得紧锁双眉、紧闭嘴唇，一看就是承受着极大的不适感。他凭义肢站立，很不舒服。

事先我就知道此行将会见到失去四肢的人，但突然间见到这么多肢体残缺的人，还有很多是年轻人，还是令我错愕异常。对这些人及其亲人来说，对塞德里克及其妻子来说，漫长而艰难的人生才刚刚开始。目睹如此骇人的身体创伤，令我十分震惊。

塞德里克慢慢地排队取餐，我突然意识到，我很想深入了解一下他的情况。他的身体已经残缺，但内心仍然完好无损，精神仍然振奋。事实上，他的心理状态跟身体状态截然不同。我们端着盛满食物的餐盘回到长桌旁，我开始连珠炮似的向他问问题：他的经历，为何失去双腿，回国之后他的生活发生了怎样的变化……他都坦诚地一一作答。

塞德里克在北加利福尼亚长大。他是单亲家庭，他跟母亲住在一个拖车房屋里，母子俩相依为命。小时候，他受尽欺辱，学校生活也不快乐。刚刚高中毕业，他就报名参了军。他恪尽职守，作战英勇，加入了美国陆军陆战队。他在陆军领导力学院进修，只剩一门科目就能毕业，倘若没有受伤，他早就能完成学业了。塞德里克爱部队如爱家，始终不渝。2012 年 7 月 25 日，他率领小队到阿富汗一个荒村执行一项侦察任务，不幸踩了地雷。冲击波把他的双腿齐膝炸断，还炸掉了部分右臂。他的伤很重，医生注射药物令他昏迷。几天后他苏醒过来，已是身在德国兰施图尔地区医疗中心（Landstuhl Regional Medical Center），妻子和母亲陪在床边。

“他们给你截了肢。”妻子告诉他。

此后一年半时间里，塞德里克接受了数次手术。他说他已经看见了地狱，但对上帝的虔诚，还有家人的支持，以及“大难不死，必有后福”的信仰，令他坚持下来。

他的表达方式很有趣。他说，他不仅是给脑子重新编程，学习如何用义肢走路，他还在重构自己的人生。塞德里克的妻子辞了职，带着两个年幼的女儿到贝塞斯达来陪他。他们现在住在沃尔特里德国家部队医疗中心的“宁静公寓”（Tranquility Hall）——为康复中的伤病员及其家人居住而修建的公寓楼——的一间小公寓里。塞德里克每天早上 6 点起床，到“勇士餐厅”为家人买早饭，妻子则在家为即将出门上学的两个女儿——一个 6 岁、一个 10 岁——梳头穿衣。吃过早饭之后，塞德里克把两个孩子送到校车站点，然后开始一天的理疗或体检。

如果说康复是塞德里克的“新工作”，那么疼痛就是他的“同事”。截断的腿骨仍在肌肉组织里生长，这使得用义肢行走如同走在玻璃碴儿上一般。就这样，他竟然还要去参加马拉松。

塞德里克身上令我敬畏的，不仅是他遭受的磨难，还有他积极乐观的心态。这个人深信自己好运将至，因为他已经失去太多。正如他自己说的那样，他别无选择，只能看菜吃饭，“就像一个厨师只能用厨房里现有的食材做出美味佳肴一样”。

塞德里克对我说，他没有遗憾，不后悔人生里发生的任何一件事。他的故事和心态令我感动。我问他是否可以保持联系。随后几个月里我们俩的交往，是当天在“勇士餐厅”里谁都没有预想到的。

当天晚些时候，我们一伙人经过一个地方。一根红线后面，是一堆锈铁，上方是一幅油画，画的是倒塌的纽约世贸中心——“9・11”遭袭中心地带，也是美国有史以来历时最久的战争的起点。这堆锈铁是世贸双塔一根被热辐射熔扭的横梁。

离开沃尔特里德国家部队医疗中心时，我满心疑问。国家如何评估一场战斗的代价，或者说，如何衡量“反恐战争”的胜利？清除了对美国本土又一次袭击的威胁？杀死了一个恐怖组织头目？我只知道一件事：作为一个国家，我们的尊严不能仅以开战的有效性为衡量标准，还有那些自愿为国而战的人服役时、退役后受到的待遇。

西点军校的年轻学员，勒罗伊・佩特里上士，沃尔特里德国家部队医疗中心——一步步走来，我耳闻目睹了美国人的奉献和牺牲。战争的代价，就这样以残缺的肢体、咆哮的人面、人眼可见和不可见的创伤等形式，赤裸裸地展现在我的面前。

值得吗？此前我从未对这个问题如此纠结。我认为，当美国及其盟友真正面临安全威胁时，应该诉诸武力。战争应该是真正必要时采取的手段，而非党派偏见、直觉、自负、急躁之下的一时冲动。

美国发动伊拉克战争和阿富汗战争的理由不尽相同。2001 年，时任总统的乔治·W. 布什及其他政府高层对阿富汗采取军事行动以打击塔利班，因为他们庇护为“9·11”恐怖袭击负责的基地组织。发动这场战争，我认为是保证美国安全的公正而必需的决定。然而，2003年入侵伊拉克，却是基于错误的情报和固执的假设。在沃尔特里德国家部队医疗中心，我亲眼看到了两次决定、两次军事冲突造成的人生巨变。战争的沉重，令我如披沥青。

这些军人，都不是发动并维持入侵的人。军人服从的，是平民领导层下达的命令，居于首位的就是美国总统。不论他们内心里是否赞同开战的理由，他们都义无反顾。就此而言，我认为，他们理当在回到祖国时得到欢迎、关怀、同情和新的人生机遇。

在首都华盛顿，维韦克安排我们与他一位名叫拉吉夫·钱德拉塞克拉（Rajiv Chandrasekaran）的老朋友共进晚餐。拉吉夫是《华盛顿邮报》[①] 的资深通讯记者兼副主编。他已在《华盛顿邮报》工作了二十多年，报道的足迹遍及全球近四十个国家。他曾先后担任《华盛顿邮报》驻巴格达、开罗、东南亚的总编。

1月里，维韦克给拉吉夫打电话叙旧，拉吉夫随口提到自己正在围绕退伍军人写一个系列报道。报道基于《华盛顿邮报》与凯泽家族基金会（Kaiser Family Foundation）——一家致力于健康问题的非营利组织——联合展开的一项研究。拉吉夫未料到，一个在咖啡公司工作的人竟然会对退伍军人这个话题感兴趣。这时，维韦克跟他讲了星巴克招聘退伍军人的

① *The Washington Post*，创办于1877年，美国华盛顿规模最大、创办最早的报纸。20世纪70年代初通过揭露“水门事件”迫使尼克松总统辞职，颇具国际威望，尤其擅长报道美国国内政治动态。

项目，以及我对退伍军人日益增加的关注。拉吉夫接受了维韦克的邀请，愿意到华盛顿来跟我们聊聊研究的事。

我和彼得、维韦克、丹尼尔、拉吉夫在华盛顿一家著名的印度餐厅拉西卡餐厅（Rasika）会面。拉吉夫有一本饱受赞扬的著作，记录了美军入侵之后将权力转交给伊拉克人民的事。所以，他对“9·11”之后的军事行动及政治有实实在在的了解。作为一名战地记者，他曾深入驻外美军，对军人在战争中面对的危险有切身体会。总而言之，他对军人自愿承受危险的精神无比尊重。所以，在得知研究中民调的结果时，他才会如此惊讶且难过。55% 的退伍军人，亦即这一代军人总数中的 140 万人，反馈说，他们感觉与美国的平民生活脱节了。

听到这里，我脑中浮现出刘易斯 - 麦科德联合基地的军人。“与去阿富汗执行任务相比，求职面试更令我紧张。”我同样想起的，还有星巴克招聘退伍军人时的困难，以及归国士兵的高自杀率。点连成线，展现在我眼前的，是这个国家的军人和平民两个群体之间令人遗憾的隔阂。

随后的两个小时里，我们谈到了所谓的军民隔阂。从 2001 年起，战争的负担和恐惧就不相称地落在一部分美国家庭头上。近 7% 的美国公民，要么自己在部队服役，要么有近亲在军队服役。近 1% 的美国人口——100 个人里只有 1 个——曾直接参与这场美国历史上持续时间最长的战争，且都是自愿参军。部分由于美国已经作废的征兵制度，此前的军事冲突——第一次世界大战、第二次世界大战、朝鲜战争、越战——影响的范围更大一些。曾经的征兵制度使我们不得不关注战争，因为我们自己或亲戚朋友就有人投身战场。在以前的战争中，不论在前线还是后方，国人的参与度毫无疑问比现在要高。但在过去的十年里，很少有人会与战争有切身关联，所以，我们很难理解战争对人会产生怎样的后果。

饭吃完了，我们五个人得出一个结论：我们需要加把劲，让绝大多数美国人明白退伍军人在战场上做过什么、退役之后能做什么。这次会谈很重要，饭虽吃完了，但以后的交流仍将继续。

父亲从未向我提起“二战”中他在部队的经历。时至今日，我仍不知道他被派往南太平洋地区期间到底做过什么、见过什么、所感所想是什么。我只知道他得了两种当地通过蚊子传播的流行病——疟疾、黄热病。除此之外，他再没有别的伤。当兵的经历给他的心理产生怎样的影响，我只能臆测了。

“二战”结束后退伍的军人，很多人都抓住了《退伍军人权利法案》[①]的机遇，但我父亲不在其中。据我所知，父亲既没有知识，又没有一技之长。从他身上，我只看到一些从直觉上就不愿效仿的缺点：投机取巧，没有职业道德，寅吃卯粮，脾气暴躁……父亲被什么东西击垮了，但我从不知道那究竟是什么。

我这一生的大多数时间里，都难以对他真正产生尊敬之情，只是在他受伤时，在他无力抵抗环境所迫时，我会同情他。尽管如此，愤怒还是压制了我对他的其他情感。

2014年，不再年轻的我对军人有了新的了解，也得以站在新的视角看待父亲。今天，我刚能想象出他当时的情况：年轻的弗雷德·舒尔茨（Fred Schultz）被抽签征募，被派到千里之外的危险之地。一个毛头小子历经恐惧，或许还目睹了许多战争惨况，带着这份记忆退伍回家。他是不

---

① *Servicemen's Readjustment Act of 1944*，又称G.I. Bill，是美国国会于1944年颁布的一个法案，旨在帮助退伍军人在“二战”后更好地适应平民生活。其中一项是向退伍军人提供免费的大学或者技校教育以及一年的失业补助。

是有创伤后应激障碍？他的战时经历，是否激怒了他心中的恶魔，影响了他的人生抉择？或许是。

我不由得纳闷儿：要是让父亲做一个人面，他会将其涂成什么样子？

第十二章

为他人铺路的责任

丽莉雅妮·卡米卡其（Liliane Kamikazi）不怕死。她只有 10 岁，她怕的是砍刀。

1994 年春，丽莉雅妮还是个孩子，她的祖国卢旺达爆发大规模屠杀，屠杀的对象有男有女，还有孩子。这是一次政府及统治阶层的胡图族对图西族的恶意、残忍、快速的种族灭绝。

当时丽莉雅妮的父亲远在首都基加利工作。一天，母亲让丽莉雅妮和她姐姐打好包裹，以便去舅舅家避难。

“走吧，”母亲说道，“快跑！”丽莉雅妮一家是图西族。从那时起，她再也没有见到父母。

“我跑得很快，”丽莉雅妮对我说道，“但他们来的第一天，我没跑。”

那天天气晴朗。50 多个手拿砍刀的男人来到丽莉雅妮的舅舅家。他们唱着歌。“他们说‘开始干活儿’。”丽莉雅妮后来回忆道。这些人包围了她舅舅的房子，让家里所有人都到外面去。她姐姐跑进了树林里。丽莉雅妮吓傻了，没敢跑。那些人让她舅舅、舅妈、表哥、表姐站成一排。不知出于什么原因，他们把丽莉雅妮、她外祖母和表弟拉到一边，让他们看着亲人被砍刀砍死。5月的那个恐怖的日子里，他们几个是仅有的幸存者。

2012年我第一次见到丽莉雅妮。当时，我对她无比痛苦的过往一无所知。我只知道她是我们星巴克总部咖啡店的咖啡调配师。她个子很高，但令我注意到她的，不是她的个头，而是她很少跟人有眼神接触，一举一动总是轻手轻脚的。当她接待我或是递给我咖啡时，我能感觉到她的悲伤。

一天，我看见她坐在桌旁读书。她那时在休息。我走上前去跟她打招呼。那时我才第一次见她微笑。“你做新书推介时，我听过你的演讲。”她指的是我2011年出版的《一路向前》。我在她身边坐下，问她是怎么入职星巴克的。

一段时间之后，丽莉雅妮才向我透露了她家遭受的灭顶之灾。那天，她只告诉我她是来自卢旺达，是来西雅图上大学的。毕业之后，她想到星巴克的市场部门工作，于是就提交了在线申请，却迟迟没有回应，于是她就面试了咖啡调配师，这样多少算是进了星巴克，以后再做打算。

我问丽莉雅妮是否见过市场部门的人。

“霍华德，没那么容易。”她礼貌地反驳道。我喜欢丽莉雅妮。她聪明而努力。她历尽艰辛才逃离家园，开始新的生活。我跟妻子雪莉曾走遍全国，而丽莉雅妮却是独自漂洋过海来到异国他乡。

“我保证让你见到市场部的人！”我对她说道，过后就让吉娜·伍兹去见她。

2013年夏，丽莉雅妮交回绿围裙，开始在公共事务部工作。

每天去办公室的路上，我几乎总会经过丽莉雅妮的办公桌。我常会停下脚步跟她打招呼，寒暄几句。有时候我们俩一起吃午饭。我还介绍她与雪莉认识，有几次邀请她到家里吃饭。我在家里邀请同事们过节聚餐时，总会把她也叫上。

我渐渐发现，尽管有着刻骨铭心的惨痛过往，但丽莉雅妮像天使一样善良，也像狮子一样坚强。虽然如此，但是直到有一天她坐在我办公室里，向我讲述了她恐怖的童年经历，我才真正对她有了全面深入的了解。

丽莉雅妮的家人在她眼皮底下被杀害，第二天，两个男人又回来了，都拿着砍刀。“快跑！”外祖母对她喊道。这一次她跑了。路上她被石头绊倒，磕破了膝盖，她爬起来继续跑。之后她再也没见到外祖母和表弟。

卢旺达针对图西族的大屠杀在持续了近一百天后终于结束。据估计，有 80 万到 100 万人被杀，丽莉雅妮的大部分家人都在其中。她十多岁时寄居在别的舅舅家里，还有她的姐姐，也奇迹般地幸存下来了。丽莉雅妮上了学，她学习挺好，对自己的幸存心怀感激。但阴影如附骨之疽。悲伤侵蚀着她的心灵，她总是思念母亲。她想念母亲称呼她“Cheri”——意为“宝贝”——的样子。她还想念母亲做的香草布丁。有时候，丽莉雅妮为自己做布丁吃，以享受暂时的甜蜜。

但家人惨死的情形无法抹去。每当如此，她就看电视以求分心。在她低落悲伤的时候，她总会看一个电视节目，那就是《奥普拉脱口秀》[①]。丽莉雅妮那时听不懂英语，但奥普拉·温弗瑞主持节目的活泼与热情远胜语

① *The Oprah Winfrey Show*，由美国脱口秀女王奥普拉·温弗瑞制作并主持，是美国历史上收视率最高也是美国历史上播映时间最长的日间电视脱口秀节目。始播于 1986 年 12 月 8 日，于 2011 年 9 月 9 日结束，共有 3000 多集。节目一般以话题型为主，关注性、虐待儿童、减肥困难、缺乏自信等与普通百姓生活息息相关的现实问题，试图通过对典型事例的探讨和分析，给人们提供一种指导性的建议。奥普拉·温弗瑞（Oprah Winfrey），1954 年 1 月 29 日出生于密西西比州科修斯科，美国演员、制片人、主持人。

言。奥普拉浑厚而宽慰的声音穿过屏幕，填满丽莉雅妮空荡荡的心。奥普拉拥抱别人、与人共泣以及她随处可见的微笑，都令丽莉雅妮感动。有时候，丽莉雅妮会在半夜醒来，她打开电视，调低音量，坐在屏幕咫尺之外看《奥普拉脱口秀》的重播。

丽莉雅妮后来曾说，奥普拉令她对明天怀有希望，还令她渴望到美国看一看。15 岁时，丽莉雅妮就决心来美国了。

2013 年秋，丽莉雅妮已经在星巴克工作了两年。这时，公司准备推出一款新产品：奥普拉印度奶茶。

那段时间，奥普拉要来西雅图，要来星巴克总部。办公室里都疯了。每个人都想见见奥普拉。在会议间歇，我找了个安静的空当，问奥普拉能否帮我一个忙，我想让她见个人。

我把丽莉雅妮领进会议室。奥普拉站起身来。丽莉雅妮盯着她，眼睛圆睁，然后快步走向她，扑入她的怀中。奥普拉拥抱着她。丽莉雅妮黏在奥普拉身侧，感谢她挽救了自己的人生。

当年感恩节，奥普拉邀请丽莉雅妮到家里一起过节。从此之后，丽莉雅妮跟奥普拉及其朋友家人共度了很多节假日。

丽莉雅妮现在还在星巴克工作，是我们数字新闻部门的项目经理。

认识丽莉雅妮，教我认识到了人的韧性，经历大难继续前行的能力，以及扶携他人的责任。2017 年，丽莉雅妮创办了一个非营利组织，名叫女孩的桥（A Bridge for Girls），旨在培训卢旺达女性缝纫及出售成品，以自力更生。截至 2018 年秋，已经有了 32 位参与者。

丽莉雅妮 34 岁了。她会告诉你，她的很多梦想都已成真。但她同样知道，只有梦想是不够的，“要有路才行，”她如此说道，“你得给他们一条路。”

2014 年，“为别人铺路”的责任越发引起我的重视。不仅仅是为了处于困境中的人，也不仅仅是为了像丽莉雅妮一样无畏而坚强的人，每个人都应该有第一次甚至第二次机会。

3 月，在 2014 年星巴克股东年度大会上，我先是讲述了一段与咖啡无关的逸事。我站在台上，向全场与会者讲述了几年前在伦敦视察星巴克门店的事。一天下来，我见了数百位伙伴。我打算独自去街上走一走。每到一个城市，我都喜欢独自逛逛。

我在伦敦市里一家家商店逛下来，希望能从别的商人那里得到些启迪。最后，我来到一个租金非常高的地段，发现一条非常时髦的街道。眼角处的一家小店似乎与周围的气氛格格不入。这家店面宽不过 15 英尺，没有华丽的标牌，只是在门上写着一个词：奶酪。我的好奇心被勾了起来，也有些饿了，于是就走了进去。

身在店内，仿佛时光倒流。墙皮脱落，地板老旧。空气中有股霉味，似乎掺杂了历史和蓝奶酪的味道。柜台后的男人至少有 70 岁了。他没刮胡子，身穿法兰绒衬衣，袖子卷到肘部。我们开始交谈。他给我一些不同的奶酪试吃，还专业而热情地向我介绍其酸度、醇味，以及配酒时的味道。他的友好态度令我鼓起勇气问了个私人问题。

“你怎么付得起这条街的租金？”

他微微一笑，答道：“我不用付租金，这栋楼是我的。”

会场里，大家哄然而笑，但重点不是这句诙谐的话。随后，老人给我讲了他的父亲、祖父，他们都在这家店里做奶酪，这个家族生意已经持续了一个多世纪。时至今日，他的儿子也在做奶酪，就在伦敦市外 100 英里的地方。假如把这个店面租出去，租金收益要比做奶酪挣得多。但老人说，他做奶酪不图挣钱，而是家族荣耀感使然，历史责任感使然，数代相传的自豪感使然。这句话才是重点，却不诙谐。

谁都不知道领悟会在何时出现，什么时候会有预料之外的因素开拓我们的眼界。而那次与老人的对话——我对与会者说——仍时时令我扪心自问：就星巴克而言，我们的核心目标是什么？我们存在的理由是什么？

我让诸位股东在接下来三个小时的会议中时刻想着这个故事。在随后的会议中，我们会回顾过去一年星巴克取得的创纪录的收入和利润，会制订计划推出新产品、开办新门店，会讨论讨论当天会议的主要议题，即呈现在我身后 66 英寸大屏幕上的一个问题：对一家以营利为目的的上市公司而言，其角色和责任是什么？

这个问题暗指的，其实是一个公司除了赚钱之外在社会中的角色。星巴克曾以多种方式阐述这一概念，上可追溯到“天天咖啡”时期的首个公司使命。我们开的门店越来越多，却一直努力维持盈利和社会道德之间微妙的平衡。我们在全世界开展业务，利用其规模多做好事。最近，我将星巴克描述为一个以人道为纲、以业绩为领的公司。我还喜欢维韦克说的那句话——星巴克要做大事。这些不是陈词滥调，这些话一直鼓舞着我们的伙伴，影响着我们的决策。

2014 年的股东大会上，用一个开放性的问题阐述公司的目标，我认为更可靠一些，因为我没有一个确定的答案。我只知道，在公司历史上的这个时刻，我们要多做些事。

为什么，在三十年后，星巴克要涉足其他上市公司认为有风险或不务正业的领域？我向股东们解释了几个原因，其中最大的原因，是美国缺乏领导力。

“不论你是共和党、民主党、无党派，还是自由论者，都不重要，”我如此说道，“我想，大家都已感觉到这个国家有点不对劲儿，我们正在加速变得平庸。”

我刚20岁出头时，有一天，我打开家门，听到父母正在吵架。母亲看见我，就抓着我的胳膊，一边痛哭，一边向我解释缘故。

“夏洛克，”她说，“夏洛克就要来找你爸爸麻烦了。”“夏洛克”是个贬义词，代指放高利贷的人，假如出自非犹太人之口，就是反犹太的称呼了。父亲借了5000美元高利贷，用于支付弟弟受戒礼聚会的费用。听到这件事，我虽然有些难过，但并不奇怪。

按照犹太人传统，男孩满13岁就要受戒，从此需要遵循犹太律法规定的道德和价值观。简而言之，在理论上，他已经成年了。我们家不是犹太教徒，不恪守犹太教规，也不会定期去会堂礼拜。但我们认识的犹太人家庭大都把受戒礼当成惯例，我的父母也想给孩子办个仪式。我记得，我13岁时，已在卡纳西一所犹太会堂的希伯来学校里上学，也学了些希伯来语，准备在我自己的受戒礼上当众朗读一段《妥拉》[①]。

根据传统，仪式结束后会有庆祝活动。庆祝活动可以很简单，比如亲朋好友一起吃一顿普通的午餐，有的家庭也会办得奢侈一些。令我吃惊的是，在我的受戒礼结束后，我的父母执意要在长岛的一个宴会厅里举办夜宴。他们够呛付得起这笔费用，我没问他们哪里来的钱，不仅租下宴会厅，还给父亲置办了晚礼服，给我和弟弟两人置办了金色的西装。我从未穿得如此光鲜。父母还请了专业摄像师给我们拍照，我们摆

① *Torah*，又译《托拉》，广义上指上帝启示给以色列人的真义，亦指上帝启示人类教导与指引。狭义上指《旧约》的首五卷，犹太教称为《摩西律法》或《摩西五经》。

好姿势拍照，我很是得意。我记得，我身边全是父母的亲朋好友，还有我的朋友们，比利也在内。整个晚上，大家纷纷上前来拥抱我，向我表示祝贺。

“霍华德，恭喜你，祝贺你！”他们一边向我表示祝贺，一边递给我一个装了钱的信封以做贺礼。这些钱的原意是将来我上大学的学费。

宴会期间，父亲让我把收到的钱都交给他。我按他说的做了，因为我认为他是要替我保管。回到家之后，我跟他要。

“没了，都花了。”父亲说道。接着他告诉我，那些钱都用来支付宴会的费用了。

我空欢喜一场。我为这一天准备得极为用心。虽说我喜欢当天的宴会，但我从未要求庆祝一下。那笔钱本应用来供我上大学，或者在 13 岁时给自己买一两件心仪之物，却为一场多此一举的夜宴挥霍殆尽。我觉得，父母想通过此事来向亲朋好友炫耀，因为他们中有些人比我们家富裕。可即便花了我的钱，他们还是难以付清所有花销。摄像师的钱就没付，所以他拒绝向我们交付照片。我见到的那天仪式上的照片，只是客人们拍的一些。

失去了钱，更甚者，失去了信任，令我怒火中烧。从那时起，对父亲的行为，我的宽容越来越少，偏见越来越多。

此时，我的受戒礼已过去八年，母亲来求我了。“霍华德，去吧，”她说道，“去莱维（Levy）家一趟，替你爸爸借点钱。”我认识莱维一家，我跟他们的儿子是朋友。他家在曼哈顿做毛皮生意，上高中时我曾在那里打工挣钱。他们可能是我父母认识的唯一的富人。一想到要去卡纳西较豪华的街区，到莱维家借钱，我就起鸡皮疙瘩，我做不到。我看着父母，打算抗令不从。那时我已经 6 英尺高，比父亲高了，但他脾气依然暴躁。

母亲还在求我："去吧，霍华德，夏洛克就要来了。"我不知道母亲说的是什么人，但我不想让父亲受到伤害。我仍然爱他，但一想到去莱维家，我就……

父亲潦草地在纸上写了5000美元借据，承诺连本带利一起还。他把借条交给我。我听到母亲还在说："去吧，霍华德。"

应门的是莱维太太，她让我进了屋。我们坐在厨房里，我告诉她来意，把借条交给她。我像个木头人似的，话都说不出口。羞愧感像血液里流淌着冰。莱维太太起身离开厨房，去找莱维先生了。我一个人在厨房里等着，分秒如年。我气呼呼的，觉得父母是利用我来承担他们的过错，我的胃里似乎有东西在搅动。这时莱维太太回来了，递给我5000美元现金。我抬不起头来看她。从此之后，我再也没去莱维家，我没脸去。

据我所知，没有要账的人伤害过我父亲。1987年，在他的葬礼上，莱维太太走上前来，把父亲的借条递给我。我看着这张十五年历史的纸条，上面的字迹依然熟悉。莱维太太对我说："等你有时间了，咱们谈谈这件事。"我再次羞愧难当，我连本带息把钱还给了她。

我记不清具体的时间了，在那一刻我意识到，因为有钱，我的生活发生了变化。1992年星巴克上市，当天的首次公开发行，公司的市值是2.5亿美元。我占股10%。理论上说，一夜之间，我就成了千万富翁。星巴克此后的业绩一路高歌猛进，我总是无法弄清自己的股票到底值多少钱，但我有了从未有过的安全感。

我不得不承认，一面是作为富有的成年人书写对金钱的感想，一面是作为一个父亲穷困潦倒的小孩子书写自己的生活，对我而言，前者更为不适。

一夜暴富是件不寻常的事。我记得，当时感觉像是中了彩票一样。在我人生的某一时刻，在多股力量的作用下，在我的公司里，我持有的股票被市场估价为数百万美元。所有企业家都会受到不可控因素的影响：消费趋势、宏观经济等等。就我个人而言，我曾被一位投资人釜底抽薪，差点失去星巴克。我还得益于老比尔·盖茨那些人的支持帮助，辛勤工作和最初的设想最终变成了丰硕的果实，对此我深怀感激。

短时间内，我和雪莉从租住小房子转为建造梦想中的家。我们开始体验财务自由的生活，同时要做优秀的父母。有了钱，我们能轻松地成为理想中的父母——我小时候无缘拥有的那种父母。小时候，父母常常会因为经济问题而吵架。就其中部分原因而言，正是因为没有钱，父亲才如此消沉堕落，母亲才如此压力重重。

有了钱，事情就好办多了，家里的选择也多了，但我和雪莉不愿孩子的价值观和自尊受到金钱的影响。就像雪莉说的那样，让我们的孩子广开眼界、一路成长，这非常重要。

我们向孩子讲述优越的经济条件伴随的责任，并以身作则。我们夫妻俩也在摸索学习。我们尽力让他们理解家境较差的人所面临的困难，我们通过语言和行动向他们强调融入社区的重要性。雪莉定期参加志愿活动，帮助无家可归的青少年。通过星巴克，我希望孩子能理解这样的人生道理：不论是个人行为还是公司行为，“与人为善”都是最基本的要求，这是人之本分。

考大学时，我们鼓励他们根据爱好去选择。我们的希望和期盼是，成年之后，乔迪和艾迪都能通过勤奋、事业和家庭获得满足感。现在，艾迪是一名社工，乔迪是一名体育记者。他们俩都已结婚成家，配偶也都很优秀。乔迪的妻子布莉安娜（Breanna）、艾迪的丈夫塔尔（Tal）都是非常和善、大方、开朗的人，都成了我们这个不断增长的大家庭的一员。他们跟我们两个孩子的价值观相同。我们六个人以及两个孙子、外孙经常相聚。我们都无比珍视家庭。

在我们最亲密的空间，对我们的身心来说，金钱都能起到天翻地覆的影响。没有钱，并非仅仅指的是银行账户上的数字很小，它还会摧毁你的身心。没有钱，意味着缺少安全感，难有机遇，机动性差，健康难以保障，难以获取信息，没有时间，没有尊严，就像那时我们家——住在卡纳西的廉租房里，父母因手头拮据而焦虑羞耻——的气氛一样，如陷泥潭，令人窒息。

美国的经济起伏，我得以体验过两种极端的生活。一些美国人过得水深火热，另一些人则因手握无尽的资源而不惧风雨，这是财富分配不均造成的不可名状的现实。

我通过星巴克的成功而积累了一些财富，对此我并不觉得不好意思。但我从不愿公开我的资产净值。在这方面，我很低调。金钱并非我衡量自己或希望别人来衡量我的标准。一天结束时，我们每个人都得闭上眼睛，坦然接受当天所有的决定。

关于金钱，我渐渐明白了很多道理，其中之一是：金钱能够轻而易举地放大人性的善恶。腰缠万贯的人同样避免不了人生中的痛苦与悲伤，有些甚至恰恰是由金钱引起的。此外，有些情感的伤痕是无论用多少钱都无法弥补的。金钱能助人实现梦想，同样也会令失败如海啸压顶。

小时候，我从未想过将来会拥有一支职业球队。长大后，这成了我的一个梦想。体育运动在我的生命中至关重要，我在卡纳西的球场上挥洒青春，借体育特长逃离了廉租区，以前我跟父亲一起看球赛，后来又跟儿子一起看球赛。2001 年，西雅图市有四大职业球队：棒球，西雅图水手队；橄榄球，西雅图海鹰队；女子篮球，WNBA 西雅图风暴队；男子篮球，NBA 超音速队。1979 年，超音速队为西雅图赢得了第一个职业赛事冠军，即当年的 NBA 总冠军。西雅图对这一荣誉的自豪感从未消退。

此前，我曾有机会获得西雅图水手队的少数股权，但我拒绝了。对此我深为后悔。所以，当超音速队对外转让时，我感觉又一次机会来到了。棒球是我的最爱，但篮球仅次于棒球，是我的第二爱好。上高中时，我曾整夜排队购买纽约尼克斯队的季后赛门票。自从搬到西雅图生活，我就一直买超音速队的季票，每周还要抽时间打打篮球。2001 年，涉足体育界的时机也恰到好处：我已辞去星巴克的 CEO，虽然仍然担任公司的董事长和全球策略师，但我有了很多时间和精力去关注公司之外的事务。

我一个人买不起整支球队，于是就跟另一个有意向的大买家拉起一个 50 多人的投资小组，共同出资买下了超音速队。作为最大的股东——尽管不是多数股份拥有人——我成了这支球队的代表。在收购球队的新闻发布会上，我说，我把球队的所有权视作公众对我的信任。然而，说实话，当时我并未充分领会这句话的意义。

买下球队之后，我想从另一位合伙人——他曾多年担任超音速队总经理——那里学习如何经营球队。他负责球队的日常事务，我则负责解决球队面临的一个最大难题。超音速队与市政府签订的合同，是整个联盟里最不合算的。多年以来，超音速队的主场设在陈旧的钥匙球馆（KeyArena），很难赢利。即便每次主场比赛的门票都售光（很少会有这种情况），仍然入不敷出。除了签订新的合同之外，我们还要投入数百万美元将球馆翻新，或者换一个新球馆，以吸引更多观众，使超音速队像其他 NBA 球队一样能够赢利。

西雅图的纳税人最近刚刚出钱修建了新的棒球场和橄榄球场，这个城市对花费上千万美元再修一座体育场馆已不再热心。买下球队时，我原以为能够争取到市政府和公众的支持，换一座新的球馆，至少能修改一下原来对球队不利的租赁合同，以在各方——球队所有人、当地政府、球迷——的需求之间谋得平衡。

我的预想错了。我与市长、市议会、州立法机关多次交涉，其曲折反复甚至能再写一本书了。有时候，我觉得自己是四处碰壁。市议会某位有影响力的人物极力反对再投公共经费修建球馆，他对《体育画报》说，假如超音速队离开西雅图市，西雅图不会有长久的损失。“经济方面的损失，接近于零，”他如此说道，“文化方面的损失，也接近于零。”然而，体育能为一个城市带来很多价值，如财政收入，如凝聚人心。我认为，他对这些价值都视若无睹。回想此事，我能明白，他认为纳税人的钱有更重要的用处。

就分摊成本建造新球馆一事，我们与市政府未能达成一致意见。在此期间，球队仍在亏本。为保证球队运转、养活球员，我们这些球队所有人需要自掏腰包。我全力止损，试图拯救球队，但不断往里扔钱，令我和很多人都感到不安。

当时我还不懂，运营一支球队，跟经营一个私人企业或上市公司不一样。它的义务不同，超音速队之所以存在，是因为多年以来市民的支持。他们之所以支持球队，是因为球队经常赢球，因为球队代表这个城市。在美国，这就是体育之美。球队属于其代表的城市，而非球队所有人。球迷，而非股东，才是球队的利益相关者。

在此期间，我仍履行星巴克董事长的职责。这两件事耗尽了我的时间和精力。2005 年，奥林・史密斯如很久之前计划的那样退休了，这位良师益友、与我合力掌舵的人就此离开公司，留给我一个巨大的空洞。我舍不得他。

超音速队的财务状况迟迟未有好转，一些股东，包括我在内，都不愿再亏钱了。对我而言，运营这支球队令我经济上和情感上都不堪重负。买下超音速队五年之后，我觉得，在当时的人生阶段，我已是竭尽所能，却力不从心。我决定售出股权。我原以为，其他不愿卖出球队的股东会买下我的股权，但没人愿意接手。对我而言，想要退出，唯一的办法就是大部分股东都同意卖出球队。可在当地人里，很少有人有财力购买这支球队，或是愿意接手签了如此倒霉合同的球队。

在此期间，当地的一个企业的行政长官曾口头答应买下球队，我一度认为问题得到了解决。可几天过后，他打消了念头。我崩溃了。在西雅图市已难以找到解决办法，时任 NBA 总裁的大卫・斯特恩（David Stern）为我联系其他城市的潜在购买者。某位著名科技企业的 CEO 愿意高价收购球队，但我拒绝了，因为他坚持要把球队搬到别的州去。我与俄克拉何马州一家投资公司的领导会面，他诚心诚意地愿意用一年时间与西雅图市政府及华盛顿州政府合作，为球队建一座新球馆。他说，如果能成，超音速就能留在故乡。我当时以为，如果是西雅图之外的人来谈建新球馆的事，或许机会更大一些，因为失去球队的威胁会令市政府的官员们重回谈判桌，提供更为优厚的条件。回想起来，这也是强人所难了。

2006 年，超音速队被卖给了俄克拉何马州的所有人集团，他们未能与市政府达成新的协议。2008 年，他们将超音速队主场搬到了俄克拉何马州首府俄克拉何马市，并改名为雷霆队。

失掉职业篮球队的事，令西雅图的球迷深受打击。他们伤心又愤怒，几乎所有人都将此事归咎于我。开始我还辩驳一番，后来我意识到，他们有权如此。我辜负了公众的信任。

体育广播电台、当地报纸、街头巷尾，球迷的愤怒滚滚而来。在外面，认识我的人对我高声喝骂，有时候甚至当着我孩子的面骂我。

像这样卖掉超音速队，是我职业生涯中最大的遗憾。回想此事，我觉得，当时我想的全是如何使自己及其他投资人摆脱财务泥潭，未能恪守自己的信条：保持谋利和民众需求之间的平衡，做决策时不能只考虑钱。一支球队的真正使命，是凝聚人心，拉近人与人的距离，就像小时候我和父亲一起看球一样。当时身为球队所有人的我，应该是这一使命的守护者，可我全忘了。

我犯的另一个大错，是将球队卖给了外州人。哪怕是继续亏损，我也应该等到本地买家出现。我出于好意做出了一个财务决策，却令一个城市失掉了一支心爱的球队。

我曾长时间反思，想从这次事件中吸取教训。在美国，普通民众，尤其是富人，往往拥有巨大的能量。在超音速队这件事之前，我的很多决策都取得了对别人有益的结果。然而，卖掉球队的最终结果，令我对能量的消极影响有了更深入的了解。这次经历同样还将一个道理烙在我的心底：一个决策就能影响数千人的生活。从此之后，我就不断思考、质疑能量的本质以及有能量的人肩负的巨大责任。

十多年后，2018 年，西雅图市议会同意了一项 7 亿美元的私人投资，对钥匙球馆进行翻新，以帮助城市引来一支 NHL（国家冰球联盟）的球队。此事如果能做成，职业篮球队也有可能再度入驻西雅图。

西雅图人仍因失掉超音速队而耿耿于怀。人们对我仍余恨未消，对此我毫无怨言。

真正令我痛心的，倒不是在公开场合受人辱骂，而是当我步行或开车时看到路人身穿超音速队的球衣或者戴着球队的球帽。如果穿球衣或戴球帽的是父子俩，我的心便更会如刀绞一般。失掉超音速队是西雅图数代球迷心中的痛，对成长中的孩子来说尤其如此，因为他们的城市没有一支 NBA 球队。对于西雅图民众这次受到的伤害，我无法弥补，为此我抱憾终生。

第十三章

我相信应许之地

随150多位客人一同到来的，是一场瓢泼大雨。

这是潮湿春夜里的一个兼收并蓄的聚会。客人中包括星巴克的董事会成员及高管，刘易斯－麦科德联合基地的肯尼斯·达尔少将，盖茨部长，亚利桑那州议员加布里埃尔·基弗兹（Gabrielle Giffords）以及她的丈夫宇航员马克·凯利（Mark Kelly）。其中还有奥普拉·温弗瑞。她当天上午出席了星巴克的董事会，在会上，我们宣布推出以她命名的一款新产品，奥普拉印度奶茶。

这次活动是我和雪莉组织的，目的是增加对退伍军人群体的了解。

此前，我们跟丹尼尔·皮塔斯基一起进行了一系列考察，对退伍军人问题有了深入了解。除了刘易斯－麦科德联合基地、沃尔特里德国家部队医疗中心之外，我们还去了佐治亚州、圣安东尼奥市、圣地亚哥市、科威特等地的多个部队机构。我们还资助了一项覆盖全国的调研，以弄清哪些地方的退伍军人及其家人的需求未得到满足。基于这项细致调研，丹尼尔和雪莉制订了我们基金会的首个长期战略计划。项目于2014年出台，旨在关注青少年和退伍军人。

当晚，在我们家里，雪莉宣布，舒尔茨家族基金会将首批投入3000万美元，用来解决退伍军人及其家人在向平民生活过渡过程中所面临的三大难题：就业、健康、家庭重组。

第一，基金会将拿出时间，投入资源，以制定“特制的”职业培训和岗位设置项目，为退伍军人得到成功而持续的事业而搭桥铺路。第二，基金会将向慈善机构（如“One Mind for Research”，以完成彼得·基亚雷利将军当初的请求）拨款，以深入了解及评估创伤后应激障碍和创伤性脑损伤的研究和替代疗法。第三，我们将为退伍军人及其家人制定综合的过渡项目。军人配偶同样做出了巨大的牺牲，因为要随军四处调动，常常要放弃自己的学业和事业。基金会将帮助军人家庭在离开部队之后顺利过渡到平民世界。我们将要和各种退伍军人帮扶项目携手，共同做成这些事。

活动结束，客人们纷纷告辞离去。我四下里寻找一个人，我邀请了他，却尚未见到他。

当初，在华盛顿与拉吉夫、维韦克、丹尼尔共进午餐之后，他们继续探索——还能做些什么，才能让不明真相的人了解军人在战时的英勇及退伍后的价值。在他们的催促下，我开始与拉吉夫商量合写一本书，书里收录优秀退伍军人的故事。今天晚上，我们俩终于达成了合作意向。此外，我们都认为，把退伍军人的故事分享出去是最好的办法，能帮助人们深入了解这个群体的问题。

若要赶在当年老兵节之前出版，我们只有三个月时间成书。为按时完成，拉吉夫向供职的《华盛顿邮报》请了假。

我们的目的是，通过讲述退伍军人在海外战场的英勇和在美国本土的奉献，宣传其对社会的贡献。此举符合舒尔茨家族基金会的一个宗旨，即帮助退伍军人顺利过渡到平民生活。我们相信，美国民众对现在的这些退伍军人了解越深，他们就越倾向于对退伍军人伸出援手，不是用一句“感谢你们为国服役”敷衍了事，而是实实在在向他们提供工作岗位等真正的机遇。

我和拉吉夫遍访全国各地的现役和退伍军人。在采访到的故事中，最令我震撼的是比尔·克里索夫（Bill Krissoff）医生。比尔是骨科医生，已近70岁了。他坐在我的办公室里，给我讲述了他儿子的故事。他有两个儿子，其中一个名叫南森（Nathan），是一名海军陆战队士兵。25岁时，他乘坐的悍马吉普遇到炸弹袭击，成了美国“伊拉克自由行动”（Operation Iraqi Freedom）中牺牲的第2924个美国人。一个星期六上午8:00，他听到有人敲门，开门一看，只见门外站着三名海军陆战队士兵和一位随军牧师，他们是来报送凶讯的。

比尔以前没有当过兵。他于61岁申请入伍，加入海军军医。在受过战地医生培训之后，克里索夫少校先后前往伊拉克和阿富汗战场，做了或协助做了二百多台手术，为别的父母救回数百个孩子的生命。比尔说，在阿富汗的七个月，是他三十年从医生涯中最有成就感的时光。听完他的故事，我深深敬佩他与妻子克里斯汀（Christine）信守了他们对儿子及国家的承诺。他们不愿让儿子白白死去。

克里索夫医生、勒罗伊·佩特里、塞德里克·金等人的故事都被收录进《拳拳爱国心》（*For Love of Country: What Our Veterans Can Teach Us about Citizenship, Heroism, and Sacrifice*）。书的篇幅不大，却是一张人性之美的织锦，闪耀着勇气、刚毅、意志、荣耀、无私、战友情谊、对国家的义务……

《拳拳爱国心》项目完成后，拉吉夫从《华盛顿邮报》离职，举家搬到了西雅图。我们将继续探索新的方法，以最大限度利用“讲故事”与“星巴克”的合力。

正在动脑之际，我突然想到，我们不必把《拳拳爱国心》里的故事局限于纸张上面，还有一个办法能广而告之。我们能把人们聚集起来，而我知道一个好地方。

2014年的老兵节，华盛顿国家广场（National Mall），在约80万人面前，詹妮弗・哈德森[1]唱起了美国国歌。这场音乐会，旨在加深民众对现役及退伍军人所做牺牲和贡献的了解。

国家广场位于国会大厦和华盛顿纪念碑之间，若论把美国平民和军人会集在一起，再没有比这个绿草如茵且具象征意义的公园更合适的地方了。在国家广场举办活动是我多年的梦想。数十年来，背景各异、政见不同的人都曾会集于此，或是参加总统就职典礼，或是举行抗议活动，或是拥护信念。

迄今为止，我所经历的活动和事件里，尚未有重要到使用这个广袤而有历史意义的地方。使用许可的申请非常复杂，安排部署整个活动同样麻烦。我想要的，不仅仅是为退伍军人举办一场音乐会，而且要把全国各地的人会集于此，听音乐会，听退伍军人的故事，加深民众对这个群体的了解。

如果只凭我们自己，是无法圆满完成这项活动的。有两个人帮了大忙。一位是理查德・普莱普勒（Richard Plepler），HBO[2]的CEO。他提出

① Jennifer Hudson，1981年出生，美国歌手、演员。

② Home Box Office，有线电视网络媒体公司，总部位于美国纽约，其母公司为时代华纳集团，于1972年开播。

为我们录制并直播这次时长两个小时的活动。另一位是杰米·戴蒙（Jamie Dimon），摩根大通集团的CEO。他同意由他的金融机构协助星巴克和舒尔茨家族基金会赞助此次活动。此外，还有很多演艺明星免费上台表演。我发出的每一个请求都未落空。

当晚的天气晴朗而舒适。远处的国会大厦熠熠生辉，这边的音乐家、演员、名人陆续上台。参加表演或致辞的人有：蕾哈娜、凯莉·安德伍德、黑键乐队、婕西·J、金属乐队、戴夫·格罗尔、埃米纳姆、布鲁斯·斯普林斯汀、杰米·福克斯、约翰·奥利佛、杰克·布莱克、乔治·洛佩兹。

但当晚真正的明星并非他们。节目中间，插播由HBO制作的短片，讲述《拳拳爱国心》中几位退伍军人的故事。这些宣传片在国家广场几个大屏幕上播放，还在HBO同步直播。每段宣传片都由名人旁白。其中，史蒂文·斯皮尔伯格讲述了年事已高的比尔·克里索夫的从军经历，奥普拉·温弗瑞讲述了勒罗伊·佩特里遭遇的枪战，米歇尔·奥巴马讲述了塞德里克·金的身心康复过程。

我看见塞德里克就坐在台前，当他的名字被提及时，他从座位上站起身来，接受在场观众的鼓掌。我看见，勒罗伊挥舞右手，脖子上戴着荣誉勋章。

节目期间，梅丽尔·斯特里普[①]走到台上。她说，她的父亲、公爹、两个侄子都曾在部队服役。她继续说道：

> ‘英勇’是个很有力的词。它存在于我们为彼此做的简单的好事

---

① Meryl Streep，1949年出生于美国新泽西州萨米特，美国著名女演员。

里，其无畏壮举令人惊叹，不知这勇气从何而来。英勇表现在此时此地，为“9·11”之后的260万退伍军人，我们要为他们喝彩，给他们荣耀，给他们支持。

共有110多万人观看了此次音乐会。

筹得的善款被拨到16家慈善组织，其名字和宗旨在音乐会上广而告之。这次活动增加了它们的知名度、网站流量、捐款和会员人数。

我希望观众能受到感动，能像我一样从事迹中有所领悟。英勇的精神令人尊重，但这并非军队的初衷。英勇的行为是参军决定的副产品。不论我们对国家决策者在“9·11”之后所做的决策认同与否，那些义无反顾舍身其中的人都值得我们支持，就像“二战”之后这个国家对待退伍军人那样。

我不知道，那些收看此次活动的观众是否考虑到一个更深层次的道理。除了在道德和经济方面至关重要之外，关怀退伍军人还有国家安全层面的意义。对任何一个社会来说，志愿兵都是举足轻重的。我们如果想继续吸引优秀人才志愿保家卫国，就得给予老兵应有的荣耀。不是简单的一句“谢谢”，而是一流的医疗护理和就业保障。我们的子孙后代必须深信——因为这是事实——脱下军装时，迎接他们的是富足荣耀的平民生活。保证这一点，是我们每个人庄严的责任。

演唱会上，布鲁斯·斯普林斯汀唱起了原声乐器版本的1978年的民谣《应许之地》（*The Promised Land*）：

Mister, I ain't a boy, no, I'm a man

（先生，我不是个孩子，不，我是个男人）

And I believe in a promised land

（我相信应许之地）

I've done my best to live the right way

（我已经尽力过正当的生活）

I get up every morning and go to work each day...

（我每天早上起床上班……）

And I believe in a promised land

（我相信应许之地）

I believe in a promised land

（我相信应许之地）

这歌词令我想起了父亲母亲。

这歌词还令我想到这个国家，想到每个人该如何以自己的方式走向那片应许之地。

第十四章

教育是最好的承诺

2012 年，玛赛尔・卡洛姆－赫比森（Markelle Cullom-Herbison）走进与母亲合住的一居室公寓，跪倒在地，恸哭不已。她同时干着三份工作，还在社区大学上二年级，却突然得知大学三年级的助学金申请被拒。她家里拿不出学费，她又达不到助学金的救助条件。她已经走投无路。

2008 年的金融危机使卡洛姆－赫比森一家遭受重创。玛赛尔的母亲原是一位社工，失了业，她父亲原先做地板生意，也倒闭了。卡洛姆－赫比森一家曾经有过艰难的日子，有那么几年，家里的孩子在商场里买新衣服，在旧货店买鞋。有些时候，吃晚饭时，玛赛尔的餐盘里都见不到大鱼大肉，随后数周又只能吃通心粉和奶酪。但这次大衰退不同以往，菲尼克斯市又是受冲击最严重的地区。卡洛姆－赫比森一家的房子没了，两辆汽车也易了主。重重压力之下，玛赛尔的父母离了婚，各自租住公寓。玛赛尔同时打三份工——在服装店当售货员、当保姆、当残疾孩子护工，以帮助母亲支付日常花销和房租。但她高中成绩一直优异，也从未放弃大学梦。

“芭比在哪儿上学？芭比干什么工作？”小时候，玛赛尔玩芭比娃娃时，母亲总会这样问她。玛赛尔慢慢长大，深信自己能拿到大学学位，有份体面的工作。但当她于 2012 年 12 月提前一学期高中毕业时，家里却因为受到大衰退的重创，拿不出给她读大学的学费。

玛赛尔在星巴克找到一份工作，当咖啡调配师。六个月后，一所社区大学提供给她两年的奖学金。她仍坚持在星巴克打工，工作和学业两不耽误。她打算主修言语与听力病理学。她利用午饭时间学习。开车时，她听录制的讲课内容。两年的奖学金到期，她接着申请了大三的助学金，却被拒了。沮丧、失望、工作的辛苦、多年的压力，她已难以承受，所以那天回家之后才会跪地痛哭。

“我已经想不出办法了。”她对母亲说道。对这个聪明而有志气的年轻女孩来说，大学的门砰然关闭，余生好像再无光明大路。

当时我并不认识玛赛尔，但我知道，年轻却看不到出路是什么感觉。

母亲深信，大学学位能使我的人生更富足，甚至更幸福。可 17 岁时，我只把大学看作满足小时候就有的渴望：逃离。母亲原以为我会在本地上免费或近乎免费的、为纽约市民提供的城市大学，而我想的却是远走高飞。当然，我们家付不起外州大学或私立大学的学费，我的成绩一般，申请奖学金也是不可能的。

我认为，橄榄球是我的出路。

高中三年，我打了三年橄榄球。高三时，我是卡纳西酋长队的首发四分卫。卡纳西酋长队的实力不是很强，但我们有一位尽职尽责的教练。球队还有一位助理教练，他经常把我们的比赛录下来，以供大家回看场上表现，为战胜下一个对手制定对策。我没跟家人和朋友说，就请助理教练为我剪辑了当年最好的表现，做成一个精华集锦录像。他好心地答应了。集锦是黑白录像，里面那个身穿 18 号球衣的体格健壮的高个子男孩在传球、奔跑、得分、冲撞、闪躲。我感觉不错。我用兼职打工挣来的钱将录像复制了几份，将它们寄给几所大学。

我秘密进行的体育奖学金计划，只收到几封来自大学教练的回信，说组建球队时会考虑我，可没有一个能将我从卡纳西带走。一天，一个大学的橄榄球球探来看我们的比赛。他此行是为了考察对面球队里的一个球员。我不知道有球探在场。几天之后，我收到一封来自弗兰克·诺瓦克（Frank Novak）的信。他是北密歇根大学（Northern Michigan University）橄榄球队的助理教练，北密歇根大学橄榄球队是 Division 2 级别[①]的球队，学校远在千里之外。我记得我给弗兰克打了电话，在电话里，我跟他开门见山地谈了谈，并将剪辑录像寄给了他。他邀请我暑假时去学校跟球队一起试训。我要是能加入北密歇根大学夜猫队，就能拿到奖学金。

我对自己说，就是它了，我有橄榄球奖学金了。万事俱备，只欠东风。

我把这件事告诉了父母。母亲很高兴，因为她的儿子能上大学了。父亲呢？也能明显看出骄傲的样子，因为我能在大学球队里打橄榄球。

当时父母做了一件令我惊讶的事。他们东拼西凑，筹够了路费，在我高三最后一年，开车数百英里送我去了北密歇根大学。北密歇根大学位于密歇根州的上半岛，威斯康星州格林湾北部，在苏必利尔湖和密歇根湖之间。我 13 岁左右曾跟外祖母去过洛杉矶，除此之外，我从未到过离纽约市这么远的地方。

---

① 美国大学橄榄球联赛赛制中的一个级别。Division 2 及以下大部分都是小一些的学校，或是不大重视橄榄球的学校。

当年晚些时候，1971 年夏，我乘飞机到了底特律，又转乘一架小型客机，下飞机后又乘客车去了马凯特市。随身只带着一个帆布行李包。

最初几天的训练中，我就看明白了。我看到了校队现役球员及待招球员的体形和敏捷，看到了与我有竞争关系的几位四分卫的速度和掷球距离。我还不够优秀，不能在北密歇根大学校队担任四分卫。诺瓦克教练也看出来了，我的平时表现并不像集锦录像中那样出彩。他和教练团队让我改打防守后卫，可我不愿意。

不够优秀。我跟父母打电话汇报情况，这个词如针扎一般。我从父亲那里没有得到同情，他只是感到失望，他跟平时一样少言寡语。母亲很担心，我赶紧安慰她，说我会拿到大学学位，但我不打算再回卡纳西了。我或许会放弃橄榄球，但不会放弃在外州上大学的机会。我向母亲，也向我自己承诺，我将设法留在北密歇根大学完成学业。

三十多年时间里，被星巴克称作“综合福利包”的全员医疗福利和“咖啡豆股”曾令公司吸引了很多乐意为顾客服务的人才。但到了 2013 年，我们迟迟未能推出新的福利政策，以示对伙伴，尤其是兼职伙伴的关怀。《平价医疗法案》（*Affordable Care Act*）使得医疗费用不再高得离谱，却只要求公司向一周工作 30 小时以上的伙伴提供医保。而星巴克的医保福利，是每周工作 20 小时即可获得。我们本可以轻轻松松改变政策。减少医保福利的人数，一年能为公司省下数百万美元，还能符合新法案的规定。但是我们选择做正确的事，即保障数千位兼职伙伴的医保。

那一年我向星巴克的领导层明确提出：“要设法改善伙伴的体验，而非仅仅改善顾客的体验。”我们最近在公司内部做了一次大调查，以了解现有伙伴的情况。结果显示，72% 的伙伴没有学士学位。我们不禁在想：

我们的咖啡调配师里，有多少人想上大学？

随后我们又得到另一个调查结果，这个是针对全国人口的：50% 的美国人曾上大学，却未能拿到学位。我们第二次自问：星巴克有多少伙伴上了大学，却没能上完？

真正令我们震撼的，是第三组数据：美国的助学贷款额高达 1.1 万亿美元，几乎是消费贷款的两倍。我们再次自问：我们的伙伴里，有多少人身背助学贷款？

小时候，我曾为父母撒谎搪塞追债人，曾向莱维家借了 5000 美元为父亲还高利贷，我对这种重债难还的恐惧、内疚、羞耻感深有体会。所以，得知美国大批年轻人欠下如此沉重的债务，很多还是为了求之未得的学位而背负的债务，我深感痛心。

助学贷款压垮了一代人。然而，上一代人，包括我在内，助学贷款真的帮了大忙。

原定的橄榄球奖学金使我远离故土，来到国家北部边陲，最终却成了泡影。但我决心留在北密歇根大学，于是便设法从联邦政府那里申请助学贷款。

1971 年，我在北密歇根大学的第一年，学杂费、食宿费加起来需要每年 1410 美元。把通货膨胀考虑进去，大约相当于现在的 8800 美元。对一个只带了帆布行李包而来的大一学生来说，这无异于天文数字。唯一能使我留在北密歇根大学的办法，就是借钱。于是，18 岁的我成了美国政府首批大学平民助学贷款项目的受益者。

1965年，林登·贝恩斯·约翰逊[①]签署《美国高等教育法》(*Higher Education Act*)，他说此项法律向美国年轻人“敞开了最重要的一扇门”。这项法律旨在资助贫困家庭及中产家庭的孩子接受高等教育，约翰逊总统说，这是“向美国的子孙后代做出了承诺”。身为这一政策的受益人，即便我不喜欢背负债务，我也对其深怀感激。

助学贷款不能覆盖我所有的生活花销，父母也不能给我寄钱来买吃的、书以及寒冬到来时的御寒衣物。为了这些，我在学生常去的酒吧——安迪酒吧和塞车酒吧——当侍者。只要身体允许，我还常去献血。北密歇根大学的学生里，像我这样常去血库挣点钱的人不在少数。

一段时间之后，我才适应了大学的生活。这里是美国中西部的风景，校园里的教学楼肃穆而呆板，大道宽阔。这里不像布鲁克林，处处听得到嗡嗡的噪声和轮胎轧过地面的声音，有时一连几天都听不到一声汽车鸣笛。仰望夜空，看到的不是朦胧闪烁的城市灯光，而是满天星斗。密歇根的气候和地形，使得当地的活动与我的故乡不同。夏天，学生们长途跋涉去苏必利尔湖畔，从20英尺高的火山岩悬崖上跳进冰冷的湖水里。寒冷的冬天，我们从三楼宿舍窗户跳到下面厚厚的白雪堆中。布鲁克林的雪没有这么厚，也没有这么干净。

大一的学生宿舍里，我是唯一的犹太人，也是少有的外州学生。学生里有的家境贫寒，有的则家境优渥，后者无须贷款，无须打工，当然也无须卖血维持学业。

尽管存在种种差异，但我在北密歇根大学有了家的感觉，也开始找到离家独自在外的自我。我留了胡子，头发也留长、蓬松。身边全是美国

---

① Lyndon Baines Johnson (1908—1973)，美国第三十六任总统。

中西部的同学，我的布鲁克林口音也变了。我还加入了一个兄弟会，名叫“Tau Kappa Epsilon”，其成员都是运动好手。我们的夺旗橄榄球比赛也跟我在家时的比赛一样激烈，朋友们都昵称我为“豪伊”。

我的成绩还算不错，足以保证我顺利升级，但我并未发挥出全部潜力，也不愿尽全力学习。我不喜欢统计和会计，传播学却学得不错。我想，人似乎比数字更有吸引力。课下，同学们都叫我“审问者”，因为我总是问朋友们的近况如何、去哪里、在忙什么。可在课堂上，我就好奇心全无。或许，在大学里，我乐于独来独往。并且，在那个年纪，人生拥有首个自由的感觉真的很好。

1975 年 5 月 10 日，大约 700 名学生头戴北密歇根大学绿色帽子、身穿长袍走进夜猫队的橄榄球场。我也是其中一员。同学们都伸长了脖子寻找看台上的父母、兄弟姐妹、祖父母外祖父母、叔叔伯伯舅舅、阿姨姑姑舅妈，唯独我没有翘首四顾。我的父母没有来参加我的毕业典礼，我记得当时尴尬又失望，因为在这个我大喜的日子里却没有家人出席。原因却简单明了：他们没有路费。

毕业典礼的致辞嘉宾是乔治·罗姆尼（George Romney），密歇根州的前任州长，也是米特·罗姆尼（Mitt Romney）的父亲。米特·罗姆尼后来当上了马萨诸塞州的州长，且被提名为共和党的总统候选人。

美国是个伟大的国家，罗姆尼在我们的毕业典礼上如此说道，但我们却生在一个人心不古的时代。国家需要恢复信仰，我们自己、我们的同胞、我们整个国家，都需要。如果要重振美国之精神，他说，必须从个人做起。他说，我们这一代人“在危难之际掌握着美国的命运”，我们这一代的作为，将决定美国此后数十年的方向。

母亲没能来我的毕业典礼，真是太可惜了。

我的大学梦，很大一部分是源自母亲。我的上学、毕业，不是为了她，却是因为她。她比任何人都更应该亲眼看看——我今天成了家族里首个拿到大学文凭的人。

第十五章

像星巴克那样为你投资

2013 年，一个炎热的夏日，科罗拉多州一个凉爽的会议室里，40 位来自商界、科技界、学术界、政界的专业人士聚于一堂，讨论如何解决一场近在眼前的危机：全球化和科技的发展正持续改变美国的就业状况，一边淘汰掉数百万个制造业岗位，一边新设很多岗位，而后者，美国尚无足够的知识和技术人才。在接下来的五年里，美国如果想在国际经济中保持竞争优势，需要大量大学毕业生，总计比当前预计的数字至少要多 800 万。

我参加了这次会议，与会者大都比我见多识广。他们发表观点时，我认真聆听。

休会期间，我与一位与会者碰头谈了谈。他是迈克尔·克劳（Michael Crow）博士，美国最大的公立大学亚利桑那州立大学的校长。我们认识很多年了。我们俩首次见面，是克雷格·卫斯洛普（Craig Weatherup）——星巴克的董事、亚利桑那州立大学校友、百事可乐北美区前任总裁——请我为亚利桑那州立大学商学院的学生演讲。迈克尔认为，美国的大学系统已有失公允，更倾向于向家境优越的学生提供教育机会。如此一来，处于社会经济劣势的学生就较难接受高等教育，对国家恐有刓弊。他声称，在为公众服务的义务上，公立大学的失责尤为突出。

就任亚利桑那州立大学校长之后，迈克尔重组学校结构，更改了办学宗旨。亚利桑那州立大学的办学评价标准，“不是排除了什么人，而是录取了什么人，以及他们如何取得成功”。在迈克尔的领导下，亚利桑那州立大学的低收入家庭学生数量翻了一倍多。

不出意料，学术界把迈克尔·克劳视为他们瓷器店里闯入的公牛。他搅乱了传统的办学模式，即在课堂上当面向学生传授知识。亚利桑那州立大学在网上开设了一流的学位教育项目，涉及 60 多个领域，且与校内很多顶尖教师讲授的内容一模一样。学生无须进入校园，甚至在亚利桑那之外的州，都能拿到学位。

我和迈克尔第一次见面时，很快就发现我们有共同语言。他也是家族里首个大学毕业生，小时候也在廉租房里生活过。他的父亲是个海军，母亲在他 9 岁时就去世了。跟我一样，他从小就相信教育能够改变命运。年纪尚小时他就明白，教育不仅能改善一个人的生活，还能提升整个社会。

有一次，迈克尔对我说了这个信念的来源。1968 年，他 13 岁，圣诞节前一天，他和父亲志愿去郊区向贫困人家发放食物。他记得，有一家人住在窝棚里，房顶是沥青纸，地面污浊，燃着一个大炉子。晚上，回到家里，坐在电视机前，他出神地看着“阿波罗 8 号”的新闻：首个载人飞船成功离开地球轨道，进入月球轨道。当天目睹的两件具有天壤之别的事，令他震惊且困惑：我们都能把人送到月球了，怎么还有人住在窝棚里？

“霍华德，”我们俩第一次见面时，他对我如此说道，“要是不能想方设法帮助人发展，那就太不正常了。”2013 年他已 58 岁，仍在为住在窝棚里的人，为像他一样的小孩，为弱势群体而争取利益。

这次在科罗拉多重逢，我们挪到会议室的一个角落里，谈话的内容转向国家的教育现状。我告诉他，很多星巴克的伙伴都没有大学学位，还跟他说了我对巨额的助学贷款和不断增长的大学学费而感到震惊。一代美国人已经不堪债务重负，对此我们俩都震惊不已。这是不合理的，也是不必要的。

但钱不是唯一的问题，迈克尔说道。贷款入学的大学生，入学后同样缺少支持和帮助。没有人帮这些孩子了解大学里如麻的管理制度，梳理大学生活里的情感起伏。没有人在选专业、选课、分配时间金钱等事上为他们提供建议。他们的家人没有相关知识，也没有时间为他们出谋划策。大多数大学都侧重招生录取，入学后就撒手不管，无法保证其顺利发展。这种模式往往会酿出恶果。一个学士学位，就能决定一个人收入档次的提升。上进心是“美国梦”的核心，可当一个大学生辍学时，他的上进心也会随之湮灭。身背助学贷款的辍学大学生，羞愧难当，自信丧失，因为他们会觉得自己是败军之将，他们很难再回学校重拾学业。

我意识到，国家不仅有助学贷款危机，还有完成大学学业的危机。

科罗拉多的会议结束后，我和迈克尔保持密切联系。我们共有的沮丧最终变成了一次划时代的合作。

回到西雅图之后，我把迈克尔的见解告诉了星巴克策略部门的新任掌门人马特·瑞恩（Matt Ryan）。马特此前是迪士尼公司品牌管理部门的主管，最近才加入星巴克。他思维敏捷，行动也快，喜欢一个能与自己同样快节奏的工作环境。他说，他加入星巴克是要做一番开创性的工作，一入职便热火朝天地行动起来。

在星巴克，高级管理人员初入职时，都会先到门店工作一段时间。他们穿上绿围裙，学习如何在吧台后面制作咖啡、烤制点心、为顾客服务。

在他的这段体验中，马特特别注意了解基层咖啡调配师的情况。他们的年龄？为什么选择在星巴克工作？他们的人生之路走到了什么阶段？……他还会造访别的门店，跟吧台后的伙伴畅谈。在聆听中，他总结出几个共性。很多伙伴上了大学却未能毕业，或入学了却难于平衡学业和工作的轻重。

伙伴们纷纷问马特，如何才能取得事业的成功，这些问题反映了他们的志气。马特的结论是，如果他们不能完成大学学业，原因并不是他们不努力。他遍访得来的结论，与我们在全公司范围内搞的调查结果相符。

那天我召集高层会议商量改善伙伴的工作体验时，马特也参会了。现在，听到我转述与迈克尔·克劳的谈话，马特开始思考一种新的福利是否可行，那就是帮助伙伴们圆大学梦。公司现有的福利项目，只向伙伴提供1000美元的助学金。我们能不能想个办法，既能让我们的全职和兼职伙伴完成学业，又不给他们、不给公司增加太多负担呢？这种福利的稀有和创新程度，不亚于20世纪80年代至90年代初星巴克向所有伙伴提供医保福利和分发股票。我告诉马特，不要有顾虑，尽管想办法。

马特拉起一个三人小组，由德瓦拉·汉利（Dervala Hanley）牵头。德瓦拉同样机灵且富有想象力，其敏捷程度与马特不相上下。

他们很快便想到，在线教育是一个可行之策。从经济方面来看，与在大学校园里学习生活四年相比，在线教育的花费要少得多。对星巴克而言，扣除食宿及日常花销，伙伴的助学金就更能支付得起了。网络课程随处可学，这对星巴克这样伙伴数量庞大且遍布全国的公司来说也是理想的选择。

马特和德瓦拉随即对亚利桑那州立大学的在线教育项目展开调研。他们发现，亚利桑那州立大学现有的在线教育项目囊括各种权威且被官方认可的学位。鉴于我与迈克尔·克劳的交情及相似的价值观，亚利桑那州立大学可谓我们绝佳的合作伙伴。

随着事情的进展，越来越多的人得知我们的打算，疑问随之而来。在线教育是最佳选择吗？如果星巴克只与亚利桑那州立大学一所大学合作，如果我们的伙伴不能选择自己要上的大学，他们会注册吗？

马特的团队开展了详细的调研，其结果打消了种种顾虑。通过分组座谈会，我们了解到，伙伴们真正在乎的是拿到学位、资金紧张、生活方式、灵活的学习方式，而非学校的选择、在传统大学上学的体验。倘若有一所声誉良好的网络大学，既能让他们拿到学位，又能符合他们的兴趣爱好和经济条件，他们高兴还来不及。

马特的团队还调研了其他大学的在线教育项目。2014 年，很多大学尚未将在线教育真正当回事。有些大学只是随随便便把一些上课的视频发到网站上。有些大学把在线教育视作威胁，或者是在发掘数字媒体在互动、定制学习内容、与学生合作探究、在课程中融合视觉资料及图表的潜力这件事上犹豫不决。很多学生需要经济上负担得起、学习方式上灵活的高等教育，然而，尽管数字手段已是唾手可得，但美国的大学尚未满足他们的需求。

我渐渐完全认同迈克尔·克劳对新型美国大学的远见。这种大学能满足更多学生在人生不同阶段的受教育需求，其机能也与实体大学不相上下。

我们的伙伴吸引了大量学校的目光。为了招生，各个大学都花销不菲。现在，星巴克却提供了一种新的方式，他们不需要花多少钱，就能接触到数量庞大的生源——数万名星巴克伙伴。反过来说，我们的伙伴也能以较少的学费学到大学课程，因为从道理上讲，学校的市场推广费用都省下了。还有，学费低了，星巴克也能负担得起伙伴的助学福利。

但是，如果想真正有可行性，还差一个因素。

美国联邦政府的《美国高等教育法》早就开始向低收入家庭的学生提

供助学金，其名目被称作“佩尔助学金”（Pell Grants）。星巴克的很多伙伴符合佩尔助学金的条件：对他们而言，大学学位意味着更高收入和自给自足，但是，若没有经济援助就拿不到学位。我们的伙伴如果符合佩尔助学金的条件，就能付学费了。

有些公司也为员工提供在线教育福利，但我们听说，那些项目都有各自的局限性，如符合条件的员工太少，可选的课程太少，可支付学费的数额有限制，等等。

现在，一个提供免债大学学费的公－私资助模式——学生、出资公司、大学都有份——尚不存在，我们要做第一个吃螃蟹的人。

亚利桑那州立大学愿意帮助我们开拓新路，以助学生完成学业。迈克尔·克劳及学校的教职员工明白规模经济与使更多人接受教育之间的关系。增加亚利桑那州立大学在线学生的数量，能减少每位学生的教育成本，使更多人能负担得起大学教育。因此，亚利桑那州立大学愿意率先减少星巴克伙伴的学费，如此一来，他们就能通过星巴克的庞大劳动力获得大量潜在的学生，从而加速扩大其办学规模。

马特认真算了算这笔账。亚利桑那州立大学的学费调整，外加符合佩尔助学金条件的伙伴，使得星巴克为伙伴提供助学金一事更加可行。据我们预计，这项福利能减少人员流失，其节省的成本恰好可以弥补这笔费用。因为，每当一位伙伴离职，再招聘新人、培训上岗，会花很多钱。我们认为，我们送伙伴到亚利桑那州立大学完成学业的投入，能平衡因人员流失造成的损失。

让伙伴接受教育，是个明智之举。伙伴强，则公司强，水涨船高。心怀大学梦的咖啡调配师能为公司经营带来更多知识和活力。完成学业之后，更多伙伴能晋升到管理岗位。帮助咖啡调配师完成学业，能建立一条输送未来领导者的管道，他们在星巴克的事业起于每日的门店生活。

助学福利还能吸引更多志向远大的人才应聘我们的工作。哪怕拿到学位之后另谋高就了，他们也会在外宣传星巴克的形象。在我们这个时代，受教育程度是竞争优势，是高收入的关键因素。我们此举，能向劳动力市场注入大批大学毕业生，对星巴克这样的公司来说，对整个国家来说，都是一件好事。

这个圆梦行动可谓史无前例，它会令我们的伙伴因为在这样的公司工作而自豪。我相信，在亚利桑那州立大学上学的星巴克伙伴，以及目睹同事完成大学学业的伙伴都会为星巴克而自豪。

以上成果令人神往，但是，如果半途辍学，那我们的助学项目就是白日梦。付学费只是一个障碍，学生还得顺利毕业才行。

前文曾经提到，玛赛尔·卡洛姆-赫比森因没有钱完成大学学业而跪地痛哭，一周之后，她打开脸书，正在浏览朋友们的消息时，一则新发布的有关星巴克的消息引起了她的注意。她读着读着，简直不敢相信自己的眼睛。她的雇主星巴克刚刚发布了新的工作福利，如果她看到的是真事，那她很快就能重拾学业、拿到学位，还不用负债。原本关上的门又打开了。

玛赛尔喜极而泣。她盯着电脑屏幕——母亲站在她的身旁——认真阅读福利内容，发现自己符合条件：从 2014 年秋季开始，为亚利桑那州立大学学习在线教育的大三和大四的星巴克伙伴全额担负学费。

就是它了，玛赛尔想道，这就是我的机遇。

几天之后，她参加了一个信息交流会，以了解“星巴克大学成就计划”（Starbucks College Achievement Plan）的详细内容。她的学费将由亚利桑那州立大学、助学金、星巴克三方全额负担。亚利桑那州立大学奖学金将为每位大三、大四的星巴克伙伴支付 42% 的学费，大一和大二的星巴克伙伴是 22%。

我们最初的“大学成就计划”只向大三和大四的伙伴提供全额学费，亚利桑那州立大学团队曾对我们说，这些伙伴是学校迄今为止最好的在线学习的学生，因为他们早就知道怎样学习、怎么管理时间。我们有很多伙伴早就修了一些大学学分。学分低于 60 的伙伴——大一和大二——会收到亚利桑那州立大学的部分奖学金，以帮助他们继续取得学位。

玛赛尔的学分足以上大三了。她符合条件的任何助学金，都是要支付她剩余两年的学费。如果奖学金和助学金不够，那她就得自己想办法，或是申请助学贷款，或是自掏腰包，但这都是暂时的。六个月之后，星巴克将会把这笔钱付给她，以供她偿还贷款或补足腰包。

让学生预先、暂时支付学费，最初的目的是激励像玛赛尔这样的伙伴，避免其半途离职。举例来说，如果玛赛尔在星巴克付款之前辞职，那她就拿不到这笔钱了。但是，在毕业之后，她没有义务继续在星巴克工作。

入学之后，玛赛尔发现了这个项目还有一个特点：每位学生都被分派了三位导师。

首先，她有一位财务导师，后者帮她熟悉亚利桑那州立大学在线教育的流程，转移学分以及再次申请助学金。

然后，她被分派了一位学业导师，后者询问她的兴趣爱好及人生目标。他们商量了一下，认为相比她先前的专业——言语与听力病理学，心理学专业更适合她，因为后者的就业选择面更大。此外，玛赛尔在社区大学的普通学科获得的学分，有更多是在亚利桑那州立大学的这个专业得到认可的。若没有学业导师的帮助，玛赛尔很可能会选择一个不太适合自己的专业。此后，他们还一起把第一学期的课选好了。

最后，她被分派了一位“成功导师”，后者定期检查她的学业进展，提醒她作业等的截止日期，在大难度的考试过后会给她鼓励，为她取得的好成绩而庆贺，还在缓解压力、平衡学业和生活方面提供建议。

玛赛尔对朋友们说，她的大学之路从来都不轻松。

可惜的是，并非所有热心且符合条件的伙伴都当即申请入学了。“大学成就计划”出台之后，数天时间里的浏览量就超过 200 万人次，但伙伴的注册人数并不如所愿。

贝丝·瓦尔迪兹（Beth Valdez）31 岁，她期盼大学学位已有十年之久。

她在俄亥俄州一个农村小镇长大，这个镇子太小了，连个独立的邮编都没有。她的父母没有上过大学。2004 年，贝丝大学辍学，去一家餐厅担任全职经理。她距离毕业只差一个学期，一门课，却已身背 5 万美元的助学贷款。十年之后，贝丝在俄亥俄州亚克朗市的一个星巴克门店担任经理，她已经是两个孩子的母亲。她很喜欢自己的工作，但辍学且尚未还清助学贷款的遗憾令她难以释怀。她知道，拿到学位就能找到收入更高的工作，但是，为在亚利桑那州立大学完成学业再次申请助学贷款——哪怕是暂时的——也是她无法承受的负担。所以，贝丝并未申请入学。

我们意识到，六个月的等待期是“大学成就计划”的缺陷。除此之外还有一个缺陷：我们低估了“重拾学业”这一决定的分量。即便不用自己付钱，即便是非全日制学习，“上大学”也是人生的重大转折。很多伙伴需要更多时间去调整时间表，找到以前的课本笔记，完成思想转变。于是，我们更改了等待期及其他规定。首先，我们延长了 2014 年的注册入学截止时间。接着，2015 年我们宣布，学费补偿金将于每一学期结束、下一学期交费前随薪水一同发放到手。

这时，贝丝终于鼓起了勇气。时机到了，她对自己这样说道。

在店员面前，她首次承认自己未完成大学学业。然后，她请求大家的支持，因为她的新作息安排会非常严格。

通常，她会凌晨4:30到店开始工作，一直干到下午3点左右，然后学习，最后回家照顾儿子女儿。她离婚了，得自己带孩子。她跟孩子一起吃晚饭，晚上8点左右跟他们一起上床睡觉。三个小时过后，闹铃把她叫醒，她给自己冲一杯冰咖啡，拿着笔记本和课本去餐厅桌子上学习。随后几个小时里，在宁静的深夜凌晨，孩子都已进入梦乡，贝丝认真地学着亚利桑那州立大学的网课，写作业，交作业，参加在线测试。第二天凌晨4点，她的父母过来照看孩子。如此周而复始。为尽快毕业，贝丝废寝忘食，加班加点，获取的资质为她打开一扇门，通往她期盼的收入更高、更具挑战的事业。

17个月过去了，贝丝拿到了组织学习专业的文学士学位。

2016年冬，星巴克为所有毕业生举办了一场竞赛，获胜者将前往亚利桑那州坦佩市参加亚利桑那州立大学太阳魔鬼体育场（Sun Devil Stadium）的毕业典礼，费用全包。下面一段文字节选自贝丝的信，讲述了自己的第二次大学经历：

> 2015年秋，我开始上课……既害怕又紧张。我最不想的，就是再次让自己失望。
>
> 起初，我手足无措，不知所以。后来，我放下包袱，打开书本，一切都顺利起来。一个学期接一个学期，我越来越有干劲。
>
> 我的大学经历，无非就是数百个不眠之夜，咖啡成瘾，在心爱的星巴克门店里下班后数个小时的学习，以及一页页地学、一页页地写。

我乐于把自己的故事分享给各位伙伴和顾客，希望每个有心人都能圆大学梦。知道伙伴们能追逐自己的梦想，却又不用负担随传统大学教育而来的债务，真的令人欣慰。

我做到了。为了我自己、为了我的孩子，我做到了。我做到了，因为有人相信我一定能做到……我会把这份情传递下去。

贝丝在竞赛中获胜，与其他54位星巴克毕业生一起参加了亚利桑那州立大学的毕业典礼。五个月后，她晋升为高级区域协调员，在这个岗位上，她能对公司产生更大的影响。

一年之后，7000多位星巴克伙伴加入了“大学成就计划”。我们最初的目标是，到2025年有25000位伙伴加入这个项目。虽然起步较慢，但数字持续增长。2017年，星巴克已经有了1000名亚利桑那州立大学的毕业生。

虽然具有象征意义，虽然我的学位提供了这样的机会，但我的大学毕业典礼对我意义寥寥。可当我1998年返校为毕业生做演讲，以及2017年受迈克尔·克劳的邀请在亚利桑那州立大学做毕业演讲时，这个意义已经大不相同。亚利桑那州立大学的毕业典礼于晚上7:30开始，在此之前，我先在校园里参加了一些活动。

在为学校管理人员、老校友、星巴克伙伴举行的午宴上，迈克尔·克劳授予我亚利桑那州立大学名誉学位。我接过裱框的学位证，发表了感言，过后，一位星巴克的同事走上前来。是玛丽·迪克逊（Mary Dixon），她从2015年起负责星巴克的“大学成就计划”。她的团队与亚利桑那州立大学继续合作改善这个项目。

玛丽对我说，她想让我见一个人，接着便领着我走到熙熙攘攘的大厅里一个圆桌旁。一位身材娇小、留着齐肩金发的年轻女士从座位上站起身来，微笑着。我伸出手与她握手，她自我介绍道：

“您好，我是玛赛尔。”

截至当时，我对玛赛尔·卡洛姆－赫比森漫长的求学之路还一无所知。她自信而高兴地告诉我，她已经以优等成绩拿到了心理学专业的文学士学位。我向她表示祝贺。她向我表示感谢，还请我在她的学位帽上签名。她在学位帽上画了个星巴克的标志，还用金色字体写着“Onward”（一路向前）。我看到这个，笑了。因为这个词是我数十年来的口头禅。我给伙伴写信时，总会在签名上面写下这个词。“一路向前”还是我第二本书的书名，书中记录了星巴克重回正轨的艰难历程。

“一路向前”一直是我的战斗口号，它意味着在任何奋进道路上的希望、勤奋以及目标、热情。在这个重要的日子里，在玛赛尔的帽子上又看到这个词，我突然意识到，在重返学校、完成学业、毕业后继续向前这一系列事情上，在形容其勇气、自信和牺牲上，“一路向前”这个词尤其贴切。我钦佩每一个以此为信条的人，尤其是那些重拾学业的人。我从口袋里拿出一支黑笔，在玛赛尔的帽子上签下了我的名字。

那一周晚些时候，玛赛尔的地区经理给了她一份新工作。星巴克要在亚利桑那州立大学设立技术中心，我们让她担任技术中心的办公室经理。她的薪水会提高。她会接受这份工作吗？她接受了。

玛赛尔给我写了一封信，从这封信里才得知了她的故事。在信中，她坦诚地说了家庭的经济困难——房子没了，车没了，家人节衣缩食——还说自己不确定是否会完成学业。她还写道：

您肯定能理解“大学成就计划”出台时我们的快乐之情。然而，当时我并不知道它将如何真正影响我的人生。

如果不是您及团队提供的支持，我恐怕很难熬过那些艰难的日子。学校里分配了“成功导师”，门店对我的投资，让我终于能平稳度过。

当一家公司像星巴克那样为你投资的时候，你不禁会感到一股成功的压力。我想让全世界、让别的企业领导人都知道，在人身上的投资终会开花结果。

“大学成就计划”刚刚发布时，一位股东问我，星巴克是否要转型去做慈善事业了。我对他说，星巴克这是在人身上投资。2017 年，在亚利桑那州立大学上学的伙伴的任职时间是其他伙伴的 1.5 倍。尽管没有义务这么做，但亚利桑那州立大学毕业的所有伙伴中有半数仍在星巴克工作，没有离职。而且，参加了“大学成就计划”的伙伴，其晋升比例是公司平均值的 2.5 倍。

上面那位盲目提出“玛赛尔毕业后是否还在星巴克工作”问题的人，你真该见见玛赛尔本人，听听她的故事。

迈克尔·克劳有很多口头禅，但有一句话他重复得特别多：“我评判的标准是创造力，而非挑错的本事。”他引用的是古罗马哲学家西塞罗的话。我和迈克尔都认为，解决办法胜过花言巧语——这个道理并未得到充分贯彻，在首都华盛顿的政客那里尤其如此。在那里，指手画脚多过创造。

我们继续改善“大学成就计划”。今天，在亚利桑那州立大学上大一、大二的伙伴跟上大三、大四的伙伴一样，都会全额返还学费。还有，在星巴克工作的退伍军人还能将自己的大学圆梦福利转用到家人身上，把配偶或一个孩子送入大学。对申请了亚利桑那州立大学却不够资格的伙伴，我们还出台了“大学入学之路”项目（Pathway to College Admission），这是一个定制的课程，以增加他们的平均绩点。亚利桑那州立大学的教授们还为星巴克的伙伴开设了领导力课程，由星巴克提供信息资源，与星巴克的高管共同授课。

我和迈克尔并未将“大学成就计划”视作星巴克和亚利桑那州立大学的秘宝。我们愿意这种模式被其他学校和教学机构效仿、采用、改良。

我们希望商业领袖们能明白一件事：在让更多美国人享受教育权方面，不论是大学教育、职业训练、职业资质培训，还是交流技巧、金融知识，甚至教人如何面试，公司都能有所作为。各种各样的教育机会——不仅仅是四年的大学教育——能帮助人们更上一层楼。

我们还希望学术界的领袖们能开放思想，接纳多种多样的教学研方式，大胆利用科技手段，以扩大知识和教育者的接触面。

最后我们希望，“大学成就计划”的成功能鼓励更多公私实体加强合作、开创思维。不要只为体制受到破坏而愤愤不平，大家可以携起手来，看看是哪里坏了，真正弄明白坏的原因，请教专业人士，再找出更具建设意义的解决方式。“大学成就计划”并非唯一能够开拓教育机会的方式，却体现了我充满智慧的朋友——迈克尔・克劳——的洞察力。它证明了新的解决办法的确存在。

站在亚利桑那州立大学橄榄球场南端看台高处，放眼望去，是个封闭的椭圆。我正等着 2017 届毕业典礼开始。从巨大的看台玻璃窗望着脚下的太阳魔鬼体育场，场地上，八个区域的白色折叠椅等着当天参加典礼的毕业生。数千名毕业生陆续走进球场，有的在跟朋友打招呼，有的正极目远眺，在看台上寻找亲人的身影。最后，大家纷纷落座，人越来越多，我拿出手机与妻子雪莉视频通话，让她也看看这令人惊叹的场面。

仪式要开始了，我跟迈克尔·克劳及其同事们走下球场，在主席台就座。我在脑中温习讲稿，这时，一幅美丽的场景吸引了我的注意力。在蔓延到球场尽头的人山人海的毕业生中，我在前排看到230位星巴克伙伴肩并肩坐了好几列。他们很好辨认：他们脖子上挂的镶绿边的金色垂布上，绣着星巴克和亚利桑那州立大学两个标志。他们个个面带微笑，充满自豪。我看着他们的脸庞，心中涌动着钦佩和高兴。他们每个人的家境都像玛赛尔一样，像我一样，他们都经历过挫折和震惊，但带着决心和毅力，他们走到了此刻。

这时，主持人介绍我上台。我走到发言席，先给全场3万人讲了一个故事。

一年前，星巴克在南非约翰内斯堡开了两家新店。开业前一天，我把在两家新店工作的50个年轻人聚到一起。他们轮流做了自我介绍，讲述了各自生活的艰辛和各自的家庭，还表达了感谢。对他们大多数人来说，星巴克是其人生中的第一份工作。他们还不断重复一个词，但我听不懂：Ubuntu。一遍又一遍，Ubuntu。最后我问道："请告诉我，这个词什么意思？"

一个小伙子笑了，他们一起答道："只因有你，才有今日的我。"

"只因有你，才有今日的我。"我向亚利桑那州立大学2017届毕业生复述道，"希望大家能牢记这个故事，因为今天我要跟大家说的一切，都是出于Ubuntu。"

首先，我跟他们简要讲了自己的人生经历，因为我猜到，大多数年轻人只知道我是星巴克的老总，不知道我的父母连高中都没上完，也不知道我是家族里首个大学毕业生。我对他们说，我的人生经历已经证明“美国梦”是真的，实现“美国梦”的人——其中很多人的“美国梦”就是大学梦——有责任将其传递下去。

> 你们人人具备进取精神，有激情和决心去塑造应有的光明未来。
> 但是，不要就此止步。不要单单依赖课堂上所学的知识。
> 调动同情心、好奇心、同理心以及服务于人的精神。
> 受之滴水，报之涌泉。我敢保证，你们会收到意想不到的回报。

我让他们记住，今天之所以能在这里，是因为某个人：或是父母，或是兄弟姐妹，或是老师，或是邻居，或是师父。他们相信我们，就像我母亲相信我一样。我向他们提出三个问题，不仅希望他们今天能思考一下，还希望他们终生都能思考：

> 你打算如何回报父母、荣耀家族？
> 你打算如何分享自己的成功，带着尊严为他人服务？
> 有朝一日当了领导，你打算如何保持谦逊和道义？

我没说但毕业生们将会自己发现的是：要找到这几个问题的答案，有时要经过负责且痛苦的努力。为这几个问题所做的选择，会有奉献和骄傲，还会有后悔和遗憾。他们的有些做法，不论其初衷如何，会被亲人爱人误解，表达意见有时会招来批评或轻视，甚至招来陌生人的恶意。这些我都知道，但当晚我没跟他们说。

相反，我对沐浴在体育场灯光下的毕业生们表达了鼓励，鼓励他们相信自己。

我的演讲结束时，与开头相呼应，我说“Ubuntu”，只因有了彼此，我们才会是今日之模样。

第三部分

让星巴克成为纽带

第十六章

咖啡馆里的讨论会

父亲不喜欢我们留朋友在家吃饭，但对迈克尔·纳德尔（Michael Nadel）却例外。

我记得，迈克尔住在我们楼下，6B 公寓。他的父母没有告诉他——至少是小时候没告诉他——他不是他们的亲生孩子，而是领养的。我们几个发小慢慢发现了这件事，因为这个浅褐色皮肤的伙伴是黑白混血儿，而他的父母都是白人。

我不在乎迈克尔的出身，我父母也不在乎。他们不是心胸狭窄的人，他们一直教育我，要接受肤色和宗教信仰与我们不同的人，我们周围的人是多种多样的。

我们家所在的公寓楼一共八层，住着大约 70 户人家，大家共用一个铁栅栏式的电梯。电梯门上有块乌蒙蒙的厚玻璃，在我住在那里的最后几年，电梯里还常有尿味。随便一天，乘这个令人产生幽闭恐惧的电梯上下的人都反映出 20 世纪 50 年代布鲁克林廉租房住户的组成。住户里大多数是爱尔兰人、意大利人、犹太人。三分之一是非裔美国人，还有少部分波多黎各人。

在城市熔炉里长大，意味着要跟形形色色的人相处。他们肤色不一样，语言不一样，过不一样的节日，家里做的饭味道各异。在这个共有的生活空间里，彼此礼貌相待，甚至挤在卡住的电梯里与别人汗淋淋的胳膊摩来擦去，都是迫不得已的事。生活在同一个屋檐下，莫名有一种舒适的集体感。

争议当然会有，有些邻居并不和睦。但从整体上来看，我觉得，我们这里的大人都能在困难时彼此帮忙，随便哪个孩子都能成为朋友。但迈克尔·纳德尔不仅仅是朋友。在学校操场上，在廉租区的活动场上，男孩们靠拳头划分等级，而迈克尔是最强的。别的孩子都怕他，因为他速度快，身体壮，很会打架。

迈克尔以他的蛮劲而闻名，有一次，他顺着阳台的护栏从一楼爬到了八楼楼顶。我们都喜欢运动，这是我们俩关系好的原因之一。还有一个原因是我们互相帮助，每当廉租区里某个地方有孩子打架了，迈克尔就是我、比利以及他几个朋友的保护神。作为回报，每当他因打架斗殴而被父母赶出家门时，我们都会留他过夜。我想，他在我们家里觉得安全，就像他让我们在活动场上感到安全一样。迈克尔是我们的后盾，我们也是他的后盾。

迈克尔·纳德尔在湾景住宅区是众人皆知，但很多人对他有误解。每次想起迈克尔，我总是带着深情。我记忆中的迈克尔，是个风趣、忠诚、坚强的伙伴。我们几个对他好、敬重他，不是因为怕他，而是因为友情，他则守护在我们身边。当时我并未意识到，他之所以不受人待见，不是因为他总是逞强斗狠，而是因为他是混血儿。

从小到大我一直认为，电梯里的人，不论其祖籍何处、将来在何处，都应该和睦相处，任何种族的孩子都应在任何家庭受到欢迎。哪怕现实与之相悖，这个信念从未动摇。

2014 年 7 月 17 日，纽约斯塔滕岛一条人行道上，手无寸铁的 43 岁黑人埃里克·加纳（Eric Garner）被几名警察逮捕，原因是怀疑他非法售卖香烟。一名警察在给他戴手铐时，他反抗了，那名警察勒住了他的脖子。路人拍摄的现场视频显示，当时埃里克脸朝下趴在人行道上，他对警察说自己喘不过气来了，但警察还是紧紧地摁着他的脸。事故发生一个小时之后，埃里克死了。

埃里克遭受暴力逮捕的视频令人不忍直视，甚至有些恐怖。

两年前，17 岁的塔拉万·马丁（Trayvon Martin）被一个邻里监督组织[①]的白人成员枪杀，后者被无罪释放。塔拉万的死，以及后来的法庭裁决，激起了“黑人的命也是命运动”（Black Lives Matter movement），使针对黑人的暴力行为以及系统性种族主义问题引起全国关注。

2014 年 12 月，大评审团决定对杀死埃里克·加纳的那名警察不予起诉，这一结果加剧了黑人群体对警察的不信任，激发了大规模抗议活动。虽然怒气纷纷，但大多数抗议活动是和平的。有些抗议活动有点失控，极少数出现了暴力抵抗。有些抗议活动是有目的地制造混乱，人们——白人、黑人、棕色人种都有——阻塞了高速公路，以确保他们公正的诉求得到应有的关注。

随着事件的发展，我开始自问，也问别人：埃里克悲剧性的死亡以及随后的法庭裁决、抗议，透露出今日美国黑人怎样的困境。我记得曾问过几位黑人朋友和黑人伙伴的看法。

“我们一家在晚饭时谈了很多。”克里斯·凯尔（Chris Carr）说道。他在星巴克工作八年了，是零售部门的执行副总裁。克里斯夫妇俩有个上

---

① 一种邻里间相互监督以减少犯罪的地方组织。

高中的女儿、上初中的儿子。几天前的晚上，他的女儿说了些话，令他很难过。“她说我们这一代非裔美国人令他们这一代非裔美国人失望了，因为我们没有积极参加社会活动，没有发出自己的声音。”克里斯反驳说，美国的有色人种在争取权益方面取得了进展，还列举了几位杰出的黑人。

“爸爸，”他的女儿说道，“你要是把黑人群体看作一个馅饼，那么你刚说的那些只是细细的一条而已。”克里斯不同意女儿的观点，但赞赏她的信念。我则认为这两种观点都有道理。

我向克里斯承认，据我观察，似乎缺少某种强有力的个人声音。为什么连一个代表黑人群体或为其说话的人都没有，甚至连奥巴马总统都不这样做？2014年，全美国都找不到第二个马丁·路德·金[①]，这令我疑惑不解。多年以来，我天南海北走过，曾见到很多黑人市民领袖和宗教领袖，却似乎没有人真正能站出来。

克里斯答道：“领导力仍在，但形式跟以往不同了，在年轻一代身上尤其如此。比如说，他们更倾向于社交媒体，这是很多人的发声方式。”

2015年，在推特平台，一个140字节以内的发言能在一瞬间爆开，引燃一场运动。克里斯说得对。领导力还在，我只是没有看到而已，或许部分原因是我不大用社交媒体。

跟克里斯等人的交谈令我大受启发。要是能讨论一下复杂而有分歧的种族问题，那就太好了。国内的混乱势头不减，这是一个很好的“排气阀”。

12月9日晚上，上床睡觉时，我还在想，我是否可以借自己所在的

---

① Martin Luther King, Jr.（1929—1968），非裔美国人，出生于美国佐治亚州亚特兰大，美国牧师、社会活动家、黑人民权运动领袖。

位置，给伙伴们一个发泄的出口，让他们分享观点并听听别人的感受。我们都生活在美国，这个国家发生的一切都是我们共有的经历。我越想越觉得，身为星巴克的首席执行官，若是什么都不说什么都不做，那就是失职。把大家召集起来，谈论一下国家时事，也反映了公司融入社群的价值观。

第二天上午上班后，我跟几个人说打算在九楼大厅召开一个公开讨论会。我只向三四个人透露了讨论会的主题。他们听到都很吃惊，我劝他们不必担心，星巴克能顺利完成这样的讨论。我知道，因为自从 20 世纪 90 年代开始，星巴克就有召开公开讨论会的传统。

讨论会或是每季度召开一次，或是临时召集。在讨论会上，会发布公司通知，伙伴们可以分享观点、担心和设想，不必担心受到惩罚。不论是提出问题还是发表个人意见，都不会被辞退或丢脸或受斥责。在以往的讨论会上，就有伙伴曾对某些领导以及我的决策提出质疑。他们曾对公司的政策表达愤怒和失望。时间久了，讨论会促进了公司内部信任。伙伴们都知道可以谈论任何话题，发言时要彼此尊重。为伙伴搭建平台，让他们讨论颇有争议且不愉快的时事倒是第一次，但对星巴克而言这并不出格。

我沿楼梯走向透明屋顶的大厅，一路上熙熙攘攘，数百人都在向大厅走去。我问走在旁边的一位伙伴是否知道今天的话题是什么。

“假日促销活动？”

“不，”我答道，“根本不搭边儿。”

“过去几周时间里，”讨论会开始了，我说道，“我感到一种个人责任，跟公司无关，而是美国所发生的一些事……感觉有些地方不对劲。不论是黑人还是白人，作为美国人，都觉得这不是一个美好的时代。出于这个原因，我认为我们应该聚一聚，借这个机会谈一谈。要是我们继续闷头做生意，全然不顾国家的风吹草动，那我们也成了这个问题的一部分。”

我承认，我也不知道这次讨论会将走向何处。接着我让大家畅所欲言。当天大厅里聚集了大约 500 人，其中 20% 是有色人种或少数族裔。

接着是 60 秒的沉默。大家都大吃一惊，我看出来了，但在星巴克工作多年的伙伴并不觉得惊讶。他们了解我，他们了解星巴克。

终于有人开口说话了。

“大家好，我叫蕾切尔。”一位年轻的白人女士站起身来，拿起话筒说道。我走近了些，以便听得清楚。“我很紧张，因为我对这件事很有感触。”她开始说道。在过去几周时间里，她说，她觉得自己无能为力。“我认为其原因是，我们的社会仍存在隔离现象。学校和职场已经多样化，但整个社会，我们的个人生活还是隔离的。”她的声音因激动而颤抖，她为此道歉，继续说道，“如果不在他们的个人生活中，我不知道该如何帮助年轻的有色人种同胞……虽然 20 世纪 60 年代有过运动，但种族主义在我们的文化和社会中还未根除。”

蕾切尔的发言完毕，我向她表示感谢。随后一个小时里，麦克风在大厅的各个角落传递，男人女人，黑人白人，纷纷站起身来发言，分享故事，发表观点，宣泄情绪。有的人发言一两分钟，有的时间则长一点。有工龄长达十七年的伙伴，也有刚上班三周的新人。有的我很熟悉，有的只见过一两次，有的是头一次见。他们的话语反映了大家的担心和疑虑。

一位有着十五年工龄的伙伴起身发言。他 22 岁时从非洲来到美国。他说，他有两个儿子，还跟他们谈论了电视上播放的、大家都看到的那些内容。“我们国家现在的种族主义状况，有时就像湿气一样，”他对大家说道，“看不到，但能感觉到。”

在这一小时期间，一位留着褐色短发的白人女士起身发言：“我记得几年前，那时我根本不知道黑人也有中产阶级，我以为只要不是白人，就是在贫民区长大的。我曾无知地问一位黑人在贫民区长大是什么感受，她看着我，很生气。我当时真是太无知了。”

她说完坐下，另一位女士示意要话筒，她是个黑人。她深吸一口气，慢慢说道：“参加这次讨论会，我很吃惊，也很感动，还很受启迪。”她闭上眼睛，手抚胸口，再次深呼吸，“这正是我十个月前加入星巴克的原因，”她说道，提高了音量，“因为我们在这里敢于谈论对人性真正有意义的话题。这并非仅仅一次关于种族关系的讨论，而是关于人性的讨论。事实上，一直以来，人性并未发挥应有的作用，它应该能处理痛苦，解决伤害，对外表不同、出身不同的同胞也能抱以爱心。”

她看着不远处那位刚刚承认自己无知的白人同事：“谢谢你能坦诚分享你的经历。我认为，我们越是坦诚，就越能在人类层面携手协作，消除偏见和成见。”接着，她又转向大家。

“这件事是很有意义的，主动走向跟自己不一样的人，对他说：‘我不同意你的观点，我不理解你；你也不同意我的观点，不理解我。但我有我的价值，你有你的价值，你的观点同样重要。我们应该和平讨论一下。’”

没有高喊，没有低语。没有人出口伤人，没有人中途离场。我事先没料到大家会如此动情。听听大家的感受，我如醍醐灌顶，同时又放下了心中的石头。

最后我做总结发言。我鼓励大家当天分头召开小型讨论会，继续分享各自的意见和感受。我还说，公司不会对种族主义问题默不作声。“我们将设法在全国性的大讨论中传播公司的价值观和人性观，或许能影响到国内舆论。”

讨论会结束，大家纷纷离场。那位口才很好的黑人女士走到我面前做了自我介绍。她叫桑茄·鲍威尔－伯恩特（Saunjah Powell-Pointer），最近刚从新泽西州搬到西雅图。此前她在制药工业工作了十四年。我对她的发言表示感谢，并请她给我写信保持联系。

回到办公室里，我比一个小时之前更心怀希望。刚刚发生的一切，仿佛不和谐大环境中的一小刻和谐。大家散会离开时，都觉得彼此之间有了联结，觉得达成了某种积极的东西。我认为，这场讨论会的召开，就像其间的发言一样令人印象深刻。

以后有人会说我很幸运，因为那次临时召开的讨论会没出什么乱子，但我认为那不是运气的事。二十多年来，星巴克一直在公司里营造相互尊重的讨论氛围。公司里的讨论会上大家可以畅所欲言，正因如此，我才毫不怀疑——即便大家意见不一致或对主题不满，讨论会也不会变得剑拔弩张。

第二天上午 8 点，我坐在会议室里，身边是一个新组建的团队，其中包括克里斯·凯尔，还有负责公司多样和包容工作的托尼·拜尔斯（Tony Byers），负责“大学成就计划”的马特·瑞恩，负责“为美国创造就业岗位”项目的亚当·布洛特曼，自从我 2011 年写信给华盛顿的民选官员时就是我得力助手的维韦克·瓦尔马，负责社区外展工作、从洛杉矶城市联盟组织跳槽而来的布莱尔·泰勒（Blair Taylor）。桑茄·鲍威尔－伯恩特也在场，她是我特邀来参会的。

大家一致同意，这次公开讨论会的基调是积极的。布莱尔说，他曾见过很多黑人聚居区的社区中心或教堂里举行的、讨论种族主义问题的集会，但从未在某个公司里见过开会讨论这个话题的，何况是以如此自由的方式。他还补充道，社会上需要就种族问题开展更多公开的、有意义的对话，且并非局限于非裔美国人之间。

一天的会谈结束，我们形成两点意见。

我们要探索一下，看看是否有办法把公开讨论会这种彼此尊重、分享意见的模式推广出去。好几个人建议，星巴克门店能成为类似交流和联系的催化剂。

在“为美国创造就业岗位”项目上，我们设计了一种彩色折页宣传册，其中解释了这个项目背后的经济原理。如此一来，顾客就能明白他们的捐款如何帮助小企业发展。基于这种模式，我们打算出一个美国种族主义概况的小册子，在门店向顾客分发。这件事由维韦克负责。他将与公司之外的专家以及新入职的记者拉吉夫·钱德拉塞克拉——他曾在《拳拳爱国心》写作过程中表现优异——携手，以确保小册子的内容见解深刻、令人信服、合理合法。

我当初召开讨论会，并非只为了一吐心中不快，也不是为了把自己的观点强加于人。的确，大家在参会之前并不知道议题是什么。但是，如果参会者感到不满或气愤，我知道我会聆听他们的意见。公司里各个阶层的抱怨不平之声都能传到我的耳中，但那次讨论会结束后，我没有收到任何负面的反馈。相反，大家的反馈都是积极的。不论是伙伴们给我写的信，还是当天走在大厅里听到的话，都是感谢我能举办这样一次讨论会。

在会议上，我们还决定再开一些讨论会。我相信，其他城市的星巴克伙伴会同样感兴趣，也同样能保持彼此尊重。

奥克兰、纽约、芝加哥、洛杉矶、圣路易斯。从 2015 年 1 月到 2015 年 3 月，近 2 万名星巴克伙伴自愿参加了关于种族关系问题的公开讨论会。与西雅图举行的讨论会一样，我们不强制参会。有的伙伴是在工作时间里替班赶来参会，有的则是在空闲时间参会。与西雅图举行的讨论会不一样的是，我们事先对外公布了议题。所有参会人员都知道要听什么谈什么。

每个讨论会都不是在星巴克门店举行的，而是在闲置的飞机库或大学讲堂里。有的伙伴驾车数小时前来参会，有的伙伴带着家人参会。有的城市里举行的讨论会，其参会人员比较混杂，但不论在哪次讨论会上，不同肤色、不同民族的人都有发言。大家发言的热情难以抵挡，大多数讨论会的时长都在两个小时，参会人数从 100 到 500 不等。

在这些城市举行的讨论会，其模式都跟西雅图的一样。不论在哪个地区，大家都坦诚发言，都倾耳聆听。我们为大家搭建了一个分享意见的平台，其结果是源源不断被释放出来的情感和经历。

一位白人伙伴说，直到 12 岁时才有人教导她种族诋毁是不对的。一位黑人母亲说，因为近期发生的事件，她不得已要向 6 岁的儿子解释种族主义，比自己预想的要提前好几年时间。另一位黑人女士说，每天早上她都要提醒十多岁的儿子在步行上下学时把帽衫的帽子戴上。有几位伙伴，其对象是有色人种，他们谈到自己所经历的——包括来自家人的——歧视。警察的配偶、兄弟姐妹、孩子，黑人白人都有，说他们因爱人、亲人从事工作的危险性而担心。

在其中一个城市，一位轻言轻语的黑人女士发言时说，她就在会议地点不远处曾被警察打过。

大家说的都是心声。我的直觉告诉我，他们这些话并非事先想好的说辞，都是些只愿跟朋友家人说的话。对白人伙伴来说尤其如此，我能清楚地听出来，包括我在内，发言时都在努力措辞，小心翼翼以免冒犯别人。在一个人员构成混杂的公司里谈论种族问题，不常见也不轻松。

在圣路易斯举行的讨论会是规模最大、时间最长的一场。在过去的六个月时间里，附近的密苏里州弗格森市曾两次遭到抗议、暴动、打劫的毁坏，起因是一位名叫迈克尔·布朗的年轻黑人被一名白人警察开枪打死，随后大陪审团判定对其不予起诉。弗格森市的零售业遭受大面积伤害，楼房被烧毁，店铺被洗劫一空，关门停业。政府宣布进入紧急状态，开始实施宵禁，国民警卫队入驻。弗格森市成了种族不平等、警民不信任的象征。

在圣路易斯的讨论会上，一位年轻的黑人女性伙伴起身拿起麦克风。她说，她的家族已在圣路易斯生活了数代。

> 我住的地方，距离帮派活动最严重的地方只有一个街区。一旦有事，我们会先找邻居帮忙，而不是报警。若是受人伤害，也是找朋友，而不是找警察，因为你不知道警察能不能迅速赶来。人们不相信警察……大家都知道，社群来得最快，而警察不是社群的一分子。这是非裔美国人社群里一个巨大的分歧，如果不及时弥补，后果不堪设想。

她的话令我想起了曾跟另一家公司的董事长的一番对话，他也是非裔美国人。

“霍华德，你怎样教儿子开车？”我们聚会时曾谈到种族关系问题，他如此问道。我回答说，我教乔丹如何踩油门，怎样侧位停车，还教他交通规则。他告诉我，他教给儿子的驾驶习惯包括——每当被警察示意靠边停车时，一定要把双手放在方向盘上的可见位置。

执法机关存在的偏见、种族定性，甚至有时暴力且非法的执法手段，一直是国内种族问题讨论的焦点。在我们举办的公开讨论会上，伙伴们一遍遍地提到警察的事。

我们一个个城市走过，我开始阅读相关材料。一位同事给我一本新出版的回忆录，名叫《公正的仁慈》（*Just Mercy*），作者是布莱恩·史蒂文森（Bryan Stevenson）。布莱恩是位著名辩护律师，其非营利组织公正司法倡议组织（Equal Justice Initiative）旨在向被告免费提供法律咨询，以免其受到不公正的法律待遇。布莱恩在书中写到，20世纪90年代末，28岁的他在亚特兰大市当民权律师，有一天，他把车停在公寓楼前面，下车，发现两名警察朝他走过来。一名警察拿枪指着他的脑袋。

“别动！动就一枪打死你！”那名警察吼道。他们命令布莱恩举起手来，然后非法搜查了他的汽车。他们没有正当理由，他只是工作了一天回家而已。

一名警察问他在这个街区干什么。布莱恩冷静地解释说，自己住在这里。最后，警察把他放了。

事后，布莱恩向亚特兰大警察局投诉，却发现司法部的一个统计数字：1998年，黑人男性被警察打死的可能性是白人男性的八倍。布莱恩阐述道，警察暴力执法问题，是美国四百年的历史问题（种族主义）中最后显现出来的。

我被这本书所震撼，随即找到了布莱恩的电话号码，给他打电话过去，做了自我介绍。我们在电话里稍微聊了聊。在谈到司法公正改革时，布莱恩的声音温和而坚定。我跟他说了星巴克的公开讨论会，问他美国在这个问题上现状如何。他指出，很可惜，“黑人有罪且危险”在美国仍是一种流行观念，这一观念会继续影响执法。他说，这种分歧并不新鲜，只是被曝光得更多了而已。

我对美国警察了解不多。作为自学知识的一方面，我在很多举办讨论会的城市都安排了与当地执法人员会面。

在纽约市，公安局长威廉·布拉顿（William Bratton）和社区服务局局长乔安妮·杰夫（Joanne Jaffe）谈到了他们的警察再培训项目。

在洛杉矶，警察局长查理·贝克（Charlie Beck）谈到他们为减少廉租区公共场合暴力行为所做的努力。他们往廉租区永久派驻警察，而非仅仅依靠当地保安人员，以加深警民间的相互了解。贝克局长从橱子里拿出一把手枪，说道："这不是真枪。"他把仿真枪递给我，解释说，这种枪在街上就有卖的，警察很难辨别真假，从而难以判断是否要自卫开枪。

西雅图警察的偏见执法历史无可辩驳。在西雅图，我见到曾任警察局长的凯瑟琳·奥图尔（Kathleen O' Toole），退休后她被返聘，帮助扭转偏见执法的现状。她想通过增加警员的多样性、提高培训水平、招募更多本地人从警等手段，来加深警民信任。她告诉我，她的设想在警察局内部遭到一些人反对。凯瑟琳同样还站出来替同事们说话。在从警的几十年时间里，她曾目睹好警察默默无闻，腐败和滥用暴力的现象却被不断曝光。

"没有人会喜欢坏警察、不喜欢好警察。"凯瑟琳说道。我们俩一致同意，尽管美国一直存在偏见执法，但过去和现在都有好警察。

离开圣路易斯之前，我提出去弗格森市看一看。在暴动中，37 栋建筑被抢被毁，其中包括一家"家庭一元店"、一家沃尔玛超市、一家"Foot Locker"运动品连锁店、一家当地人开的美容用品店。一家加油站和一家汽车配件店被纵火，其店牌被毁坏，歪在一边。

我们乘车驶过空无一人的大街。罗德尼·海恩斯陪同我们坐在车里。他曾为"为美国创造就业岗位"和 CDFIs 牵线，多年来负责公司的社区项目。他是个非裔美国人，在西费城长大。他的父亲是奥斯卡·迈亚公司[①]的包装工，母亲是个裁缝。他长大后，致力于发掘贫困社区居民的勇气、韧劲和潜力。他整个职业生涯都在为此努力。

---

① Oscar Mayer，美国肉类和冷切食品公司。

我们经过之处，两侧的建筑正面都被人用漆喷上“X”和“O”，以示是否有人居住。看到这幅场景，罗德尼想起了2005年飓风卡特里娜过后新奥尔良的景象。罗德尼说，那次是天灾，而我们在弗格森市看到的是另一种灾难，是人们要让全世界看一看他们数代人因种族主义和系统性隔离所承受的不公正压迫。数百万非裔美国人出生在贫民区并感觉终生禁锢于此，没有出路。年轻人尤其如此，他们找不到工作，受不到好的教育，甚至吃不上新鲜食物。在弗格森市，很多人偶尔爆发为愤怒的无助感，其实是多年积压的结果。

竟然需要付出这样的代价，才能引起世界的注意，我想道，包括我的注意在内。

星巴克在弗格森市附近共有八家门店，但市内只有一家，且位于塔吉特商场内部，没有单独的门店供人聚会。在前往机场的路上，我说道：“我们要在这里开家门店。”车里的人都点头同意，他们想的跟我一样。

损毁的社区，公开讨论会，与朋友和同事的私下交流，都让61岁的我了解到美国种族主义、民族歧视、经济不平等的残酷事实。其在美国民众意识里的普遍程度和深刻程度都超过我先前的认知。身为犹太人，我曾以贬低的言语或某种微妙而无法察觉的方式经历过反犹太主义，但我不知道在美国身为少数族裔是什么感受。也就是说，作为多数族裔，我把白人身份所带来的无数益处和轻松之处都视作理所当然。我的意识变得迟钝了，现在我觉醒过来，我迫切想要了解更多，并觉得有责任做些什么。公开讨论会是个好的开端，然后呢？

就在那段时间，有人提醒我一件事。2006年，一家广告公司为星巴克制作了一次电视推广活动，但我们一直没有推出。广告的名字叫“讨论”，共有六段。每一段广告中，都有顾客和星克巴伙伴真实出镜。他们面对摄像机，回答即时提出的问题，如：“美国梦”是什么？我们谈论的事情到底重要不重要？

在其中一段中，十一位身穿绿围裙的咖啡调配师谈到了咖啡馆的社会角色。

“我认为，咖啡馆这个地方可以谈论任何话题。”一位年轻女士如此说道。

“咖啡馆是个好地方，大家可以坐下来交换意见。”另一位伙伴说道，“每个人的想法都不一样，要是能听听别人的想法，或许能想出更好的主意……”

一位岁数较大且和蔼的咖啡调配师最后发言。他说：“解决问题的唯一办法，就是先把它摆到台面上讨论。谁知道呢？或许能从别人那里学到些什么，有些话题原本不想说，但是，如果每个人都说一点，或许这些问题就不会发生了。”

那次广告活动因为不切题而被同事否掉，可是，七年过去了，我又问自己同一个问题：我们谈论的事情到底重要不重要？

就在我参加一次公开讨论会时，问题的答案出现了。

在圣路易斯举办的讨论会进行到一个小时的时候，一位身穿灰色T恤衫，头戴棒球帽的门店经理起身发言。他说，他原本对参会的事心怀犹疑，觉得可能又是一个缓解本市种族关系紧张的无益之举。

“现在我相信了，我们是严肃看待这件事的。谢谢你能发声。我想看看它扩展到全国范围的情形，因为我觉得星巴克就应该是那个第三个点。我们能召集这样的对话，不仅仅在圣路易斯。”

“为什么不在门店里呢？”下一位发言者提议道。随后不断有人重复这一提议。

我开办星巴克，并非只卖咖啡，还想为人们提供一个交流集会的场所。在这里，大家都有归属，都能和睦相处，都能像我小时候在廉租区的电梯里一样彼此尊重地并肩而立。

如果美国公司的社会参与方式需要改变，就像我一直说的那样，那么时机或许已经来到了：在星巴克门店里，以集聚人心的方式，讨论像种族主义这样有分歧的话题。

2015 年 3 月 5 日，我跟一个小团队前往寒冷的芝加哥参加第六场关于种族主义的开放讨论会，这时我收到一封电子邮件，随即导致了星巴克历史上最富争议的一个时期。

第十七章

第三空间的热点议题

我们计划在门店发起一次有关种族关系的运动。我们将其称作“Race Together”（种族团结）。

“种族团结”同样也是我们与《今日美国》[①]合作的讨论指南的名字。这本小册子一共 8 页，用 12 英寸 ×23 英寸的新闻用纸印刷，在星巴克门店免费发放。《今日美国》还将在其周末版刊载这份讨论指南。

我们没有把撰写指南内容的工作外包，而是决定自己做。其中有事实，有数据，有个人逸事，有问题，旨在促人思考、引发讨论。其内容由《今日美国》的记者、星巴克的内部专人、几位时事问题专家调研整理。

里头的内容涵盖一百年来美国的种族不平等及种族问题取得的进展，强调了移民潮及美国财富不均现象，还包括六个美国人的第一人称叙述——其中包括里诺市的一位社工、南卡罗来纳州的一位汽车修理厂老板、路易斯维尔市的一位医疗保健公司员工等——叙述了他们首次意识到自己的人种时的感受。还有三张地图，描绘了 1960 年到 2060 年间美国的少

① 美国唯一的彩色全国性英文对开日报，1982 年创刊。

数民族人口和有色人种人口的增长趋势。五十年后，美国将没有多数族裔。

我去芝加哥参加又一次公开讨论会，路上，我收到一封来自西雅图的邮件，是负责“种族团结”项目的人发来的。他们就一个创意征求我的意见：咖啡调配师可以在咖啡杯上写“种族团结”这个口号，以引起顾客对讨论指南的注意。这个创意很有意思，效仿的是2012年我们在“团结起来”活动中的做法，利用咖啡杯参与社会活动。

我把这封邮件转发出去，征求大家的意见。维韦克当时正在印度出差，他是首批回复的人之一，他毫不含糊地说：“我不喜欢这个创意。”他警告说，这个口号含糊其词，容易引起误解而且难以辩解。讨论指南的首页概略清楚表达了宣传册的主旨，但“种族团结”几个字写在咖啡杯上交到顾客手里时是没有上下文的。我还收到几个人的邮件，他们担心，倘若顾客对这个口号抱以迷惑、愤怒、疑问，是否会将我们的咖啡调配师置于尴尬境地。我们还在公司内部讨论了不同地区的顾客的不同反应。还有，往咖啡杯上写字的过程是否会影响营业速度，尤其是在上班高峰期？

我征求董事会成员的意见，其中包括麦乐迪·霍布森（Mellody Hobson）。麦乐迪是亚瑞投资公司（Ariel Investments）——一家130亿美元资产的财富管理公司——总裁，还兼任雅诗兰黛的董事和几家非营利组织的主管。她于2005年加入星巴克，是我们两位非裔美国人董事之一。她做事风格极其务实，直率干练又和颜悦色。她于2014年在TED[①]演讲，题目是《勇敢的肤色》(*Color Brave*)，观看演讲的人次非常多。在演讲中，她分享了在职场亲身经历的种族偏见，号召更多人鼓起勇气，与不同

① TED（technology, entertainment, design三个词的首字母缩写，即技术、娱乐、设计）是美国的一家私有非营利机构，以其组织的TED大会著称，始于1984年，每年召集科学、设计、文学、音乐等领域的杰出人物，分享他们关于技术、社会、人的思考和探索。

种族的人讨论这个问题。在我们启动“种族团结”活动那一周，我问麦乐迪是否愿意在星巴克的年度大会上再给大家做一遍演讲，她答应了。我们俩还就在星巴克门店展开种族问题讨论这件事坦诚交换了意见。

我跟麦乐迪说，我感觉自己就像是个旁观者，希望更多地参与到这件事里。她表示同意，同时提醒我谨慎地选择介入方式。

“霍华德，一个有色人种以预料中的方式提起这个话题，是一回事，”她在邮件中如此写道，“但作为一家跨国公司及其领导层，挑头提起这个话题，是另一回事。”

她承认，在增进建设性对话方面，星巴克有其独特优势，但她还有两点警告。尽管我的意图是好的，但我在这个话题上并非道德权威。为了种族平等和反抗种族主义，无数人为之付出了生命。这场悲剧与国家同龄，而我却刚刚涉足其中。

我自问道，我的身份和经历是怎样的？我有黑人同事、黑人朋友、黑人商业伙伴，但我是个富有的美国白人，从人口统计学上来看，我正是金字塔顶的少数人，也正是美国历史上差别对待的国家政策的受益者。

麦乐迪告诫我的第二点是，我不能也不可能真正体会到美国黑人的感受。我从未明确表示我能体会，但麦乐迪提出的建议，之前我未能领会或留意到：对别人的境况，同情和同感，并不等于知道或真正理解。在争取种族公平的事业上，我是个新手，烙在美国日常生活中的种族主义，我之前从未投入地理解其根源和系统性。

我把麦乐迪的建议，以及在公司听到的所有声音都牢记于心。多年以来，星巴克一直是个自由辩论的平台，很多人曾反对过我的打算。有时候，我会从反对者那里听从忠告，有时候我则不听他们的意见，凭直觉行事。如果我一味听从别人的意见，或者只是一意孤行，那么，星巴克不会走到今天。所以，在筹划“种族团结”项目时，我知道有人支持有人反对，最终决定还得我来做。

因为公开讨论会，我深受感动和鼓舞。通过讨论会，激发了伙伴自发且互相尊重地分享意见，促成了大家情感的连线。这都是真真切切、实实在在的。我预计，一个写有“种族团结”的咖啡杯——以及数日后推出的阅读指南——将会在门店里产生同样的效果。但我错了。

随后发生的事情出乎我的意料。

推特上的评论如暴风骤雨：

> 真不知道星巴克是怎么想的。我哪有时间跟你解释400年的压迫，我还要赶地铁呢。
>
> 人和人本来就是不同的，左撇子右撇子，黑人白人……星巴克讨论种族问题真是傻到家了。
>
> 让星巴克的咖啡调配师跟顾客谈论种族问题，唯一高兴的人就是那些发起这件事的穿西装的家伙。
>
> 我想做的事有：1. 吃比萨；2. 还贷款；……77. 跟蕾哈娜出去约会；……895. 在星巴克谈论种族问题。
>
> 我喝咖啡，咖啡因越多越好，政治元素越少越好。
>
> 你们先把咖啡调配师送到学校去学一学《批判种族理论》和《种族关系》行不行？

反感此事的推特用户纷纷发言抨击，模仿与咖啡调配师讨论的搞怪视频疯狂传播，与咖啡、种族相关的双关语层出不穷。PBS《新闻一小时》节目主持人、受人尊敬的非裔美国人格温·埃菲尔（Gwen Ifill）在推特上发文道："说实在话，早晨喝咖啡之前还得先谈一谈种族问题，这一天过得不会好。"

种种负面评论出乎我意料地将民众凝聚起来，却是反对星巴克。

24 小时里，我们自以为能引导舆论的手段一一丧失。公众在推特上的评论成了新闻：《星巴克的"种族团结"运动打错了主意，有推特回复为证》《针对星巴克"种族团结"运动最犀利的推文》《网民联合抵制星巴克"种族团结"咖啡杯》……星巴克以往从未经受如此多的负面关注。

我不用推特，但星巴克作为一个品牌，在推特上很活跃。科里·杜布罗瓦（Corey duBrowa）负责公司的国际交流工作，是全公司在社交媒体平台的代表，他以自己的名义代表公司在推特上发布消息。我很了解科里，他先是在微软和耐克工作，后来加入了星巴克。多年以来，我们俩交流了很多成长经历，科里也是在廉租房里长大的，他家在洛杉矶南部一个黑人聚居区，他是为数不多的白人小孩，他父亲白天在长岛的高中上课，晚上在康普顿的夜校上课。我知道，他早就预料到我们的活动会导致公众攻击星巴克，攻击我本人，但没想到来势如此凶猛。

星期一，科里发布推文："世上只有一个种族：人。"这是引火烧身的一句话。

"站着说话不腰疼啊，小白人。"一则针对他的还算客气的推文如此说道。此后的推文越发变得恶毒起来。有人说科里是种族主义者。他还成了白人至上主义者的靶子。他屏蔽了一些恶毒的网民，却惹来更多。网上的攻击愈演愈烈，令人无法承受，于是，星期一午夜，科里匆匆注销了自己的推特账户。然而，第二天，他成了攻击的目标。

《星巴克的"种族团结"运动引火烧身：负责国际交流的副总裁注销推特账户》,《华盛顿时报》头条如此写道。科里的头像迅速登上国内新闻，说他放弃了公司发起的讨论活动，弃甲而逃。科里再上网时，收到了一些死亡威胁。接着，有人在网上公开了科里的家庭住址。星巴克的保安部门断定，以上种种已足以让他们对科里的家进行监视，并让其家人了解基本的安全措施。

与此同时，辛辣的头条，恶毒的报道，电视新闻里抨击的话语、晚间新闻里挖苦的玩笑层出不穷，从博客到报纸，席卷全国。有人说星巴克不知好歹，自视高人一等。有人说我们越过了企业的本分，利用国家危机进行品牌推广，利用公司形象向民众说教。有人借机抹黑星巴克，说我们不在黑人聚居区开门店，说我们公司高层只有白人，还说我们“命令”咖啡调配师谈论种族问题。我被贴上了“百分之一者”[①]的标签,说我利用星巴克来洗刷身为白人的罪恶。对事件的回应成了新闻。《愤怒和困惑尘埃落地，只剩一个问题：星巴克到底在想什么？》,《纽约时报》如此写道。

在那一周时间里，风言风语持续不断。喋喋不休的社交媒体杀伤力很大，因为它们的观点与我们的初衷相悖。我能扛得住，在我的职业生涯里，我曾经将自己置于众矢之的。在超音速队离开西雅图时，我曾饱受恶言恶语的攻击。然而，哪怕是在公司最黑暗的日子里，星巴克也从未遭受这种恶意攻击。我为伙伴们感到难过，那些聪明勤奋的奋斗在一线的伙伴不应承受也没有办法扭转由项目引发的公众愤怒。

种种批评对我的打击，远不如同一周时间里在门店中发生的两件事。第一件事，一位白人顾客拒绝我们的黑人咖啡调配师为他做咖啡。第二件事，我们的伙伴到店上班时，发现窗玻璃上有个子弹孔。一颗钢珠穿窗而过，搞不好会打死人。我们猜，这是反对“种族团结”活动的人干的。

---

① 指占美国人口 1% 的富人。

我们的初衷是好的，而置人于危险之中是我们最不愿看到的结果。

星期五，按照计划，“种族团结”的小册子开始在星巴克门店发放，受到的关注却不多。关于咖啡杯上写字的论战影响了小册子的宣传。我们告诉伙伴们，可以不再往咖啡杯上写“种族团结”了。在西雅图，我们开始事后调查。

星巴克内部的讨论会令人振奋、给人启迪。可在公司里听伙伴自愿站出来阐述感受是一回事，递给陌生人一杯咖啡并提起种族话题是完全不同的另一回事。回想起来，这似乎是很明显的区别。

我们在伙伴中间做了调查，很多人都表达了不满，说这么做导致纷争，令人尴尬，还难以解释。的确，在这件事上，我们是草率、仓促了些。我一直在反思，如果在咖啡杯上写字的做法没有立刻引起摩擦的话，发放小册子的事是否会顺利一些。或者说，涉及种族问题本身就是个错误？

有人赞同我们的做法，并鼓励我们继续下去。CNN 的范·琼斯（Van Jones）发表推文：“有些活动家不愿接受‘YES’这个答案。我们总是说，希望关于种族问题的对话能多一些。可星巴克做了，你们又打击它？”还有人说：“年轻人需要参加这样的讨论，这是个极好的开端！”“为星巴克鼓掌，他们用‘种族团结’开启对话。仅凭其活动的规模也值得赞赏。”

事实是，我让咖啡调配师和门店经理承担了不必要的负担，使星巴克变成了众矢之的。这场讨论势在必行，但不是以我们的方式。

批评者们口口声声说，作为一个国家，美国已经准备好就种族问题进行坦诚而富于建设性的讨论；我不禁怀疑其险恶用心。正如特约撰稿人康纳·弗雷德斯托夫（Conor Friedersdorf）在《大西洋月刊》上的文章所指出的：“种族歧视问题的讨论热度不够，有罪的反而是发起运动的公司。”他如此写道，“即便对员工、对股东，或对这两者产生了不利影响，但在任何一家公司的恶行或罪行列表上，‘种族团结’运动都排不上号。‘种族团结’运动的确需要做进一步审查，但反对者的反应造成的伤害更大。它释放出这样一个信号：在美国，任何想要解决种族问题的做法都会受到惩罚。”

星巴克受到的抨击，是否会令其他有意解决种族问题的公司望而却步？

“最简单的办法是舔舔伤口，落荒而逃。”硝烟散尽时，我在公司内部一份备忘录上如此写道，“但为所有人而非少数人而奋争的种族平等和机遇平等，必须继续下去。现在不是撤退的时候，而是周详考虑、严阵以待。”我不愿当缩头乌龟，我们只是需要找到更好的方式。

如果当初如我们设想的那样，那么在之后数月数年时间里，“种族团结”运动本应该在星巴克门店举行更多学习和积极的活动。

星巴克的历史上标记着很多大事件，有的是计划好的，有的则不是。这些事件迫使我们思考公司根本的价值观，并依此做出反应。通常而言，事情过后，我们会变得更好。通常而言，我们都会遭到批评和抨击。

在华盛顿立法机关投票表决同性恋婚姻是否合法时，星巴克积极宣扬婚姻平等。一个反对同性恋婚姻的组织号召顾客联合抵制星巴克。在2013年召开的年度股东大会上，一位反对星巴克立场的股东在问答环节向我发难。

“去年1月之前，我们公司还没把同性恋婚姻列入核心价值观，”当着全场股东、记者、伙伴们的面，他对着麦克风说道，“上次年度大会上，我曾问你，为了极少数人的私人生活而拿着所有股东的经济利益冒险，拿着所有伙伴的岗位冒险，是否是明智之举。”他声称那次抵制运动已经影响了星巴克的销售业绩（其实没有）。

他说完了，大家都紧张地看着我。我站在台上，听他发言，我不想对他有失尊重。

“像去年一样，我欢迎你踊跃发问。”我说道，“因为并非所有决策都只图盈利。”他妄言我们的生意因为支持同性恋婚姻而受到了损失，我就先从这里下手。

我只须列出一个数字，就能打消他的忧虑。在2012财年，星巴克的业绩相当好。“我不知道你做过多少调查，”我说道，“但我认为，没有太多东西、公司、产品、投资……能在过去12个月里有38%的回报率。”对我而言，支持同性恋婚姻并非为了挣钱。我告诉他，“我们这项决策，是出于伙伴们的考虑。我们公司有20多万名伙伴，我们要接受多样性，各种多样性。恕我直言，去年你投资的回报率是38%，如果你觉得能拿到比这更高的回报，你有这个自由，完全可以卖掉星巴克的股份另投别家，非常感谢。”

只有坚持核心价值观，星巴克才会兴旺发达。如若不然，就不会有今天的样子。

两年后，我对发起种族讨论一事有着同样的感觉。这么做并非出于经济考虑，而是因为它符合公司的价值观：围绕复杂话题展开民间会话，以维护人的尊严。所以，即便遭受了公众的反对，我们还要继续做下去，但是以不同的方式。

我们在公司内部举办了更多公开讨论会，休斯敦、密尔沃基、巴尔的摩、亚特兰大。这些讨论会与先前那些是同样的模式。跟以前一样，参会人数少到一百，多到上千。很多伙伴都表达了自豪之情，因为我们努力在门店开展种族问题对话。

我们还鼓励星巴克门店为警民团结提供平台。此举意在通过对话和意见交流加深警民间的了解和信任。我们与现有的国内项目“跟警察喝杯咖啡”(Coffee with a Cop)合作，一起组织活动。像基督教青年会等社区组织代表、市民领袖、警察代表、星巴克的志愿者等都踊跃参与。

我在西雅图的一家星巴克门店里第一次参加了“跟警察喝杯咖啡”活动，跟我一同参加活动的是曾任西雅图警察局局长的凯瑟琳·奥图尔。门店里挤满了人，大多数都是社区的黑人，门外还有很多人排队等着进来。几个抗议者在店外高喊“黑人的命也是命”。警察——既有黑人，也有白人——也有出席。活动只有一项议程，那就是发言，分享观点。两个小时时间，大家讲故事、发表意见、抒发抱怨、就改善警民关系提建议。交流中，浮现出了一些问题：

高效的出警执法是什么样的？白人特权与潜意识的偏见如何影响了对黑人男性的看法？大家的意见方方面面，美国庞大的入狱人数，学校教育不健全，年轻人缺少就业机会，警察在不受居民信任的街区巡逻是什么情形……自始至终，大家都保持了相互尊重的态度，没有过激的言辞。

从与会者那里得到的积极反馈，促使我们扩大了“跟警察喝杯咖啡”活动的规模。到2018年为止，星巴克已在全国举办了500多次活动。

与此同时，我还受邀就“种族团结”活动做演讲。在斯贝尔曼大学(Spelman College)，我与校长贝弗利·丹尼尔·塔特姆(Beverly Daniel Tatum)、联合黑人学院基金会(United Negro College Fund)的理事长迈克尔·洛马克斯(Michael Lomax)一同出席，主题是“我能不能谈一谈种族问题？”。2017年，我在“全国黑人执法人员组织”(National Organization of Black Law Enforcement Executives)的会议上发言。我的目的只是讲一讲星巴克做了些什么，学到些什么，回答问题，说说心里话。

在此期间，我一直在加深学习。我查询种族正义和种族不公的专业资料，读了很多有关白人至上主义及潜意识偏见如何影响社会、组织机构、日常交往的书。我跟很多努力改革落后制度的人会面。我去了西雅图附近的国王郡（King County）拜访其前任治安官苏珊·拉赫尔（Susan Rahr）。她向我展示了她开创的一个改革项目，培训新入职的警察如何在不动用武力的前提下平息不稳定局面。我去了亚拉巴马州拜访布莱恩·史蒂文森，我们再次谈到他为促进美国司法系统公正、增进了解其与美国奴隶史的联系所做的努力。

2015 年夏，布莱恩发人深省的杰作《公正的仁慈》在星巴克门店开售。

我重读罗伯特·F. 肯尼迪有关民权的演讲和文章。我把他的肖像挂在办公室里。“每一次，当一个人为一个理想挺身而出，当一个人为更多人更好的生活而奋斗不息，当一个人为反对世间的不公而一路向前，他的身上就会迸发出一丝希望的光芒。”1966 年访问南非时，他曾做了一次著名的演讲，在演讲中他谴责了种族隔离政策及本国的种族歧视现象。“从百万个不同的角落里聚集起彼此的能量和胆量，这些微弱的希望汇成一股洪流，能够冲垮最坚固的压迫和阻挡的围墙。”在公司的会议上，我为大家播放了其演讲的这一片段。“汇聚洪流”并非活动家、也并非统治者的专属工作。

对抗种族主义，并非仅仅是通过对话和人际关系去改变思想和情感。我渐渐了解了种族主义是如何结构性地显现，必须通过具体的工作，通过政策、法规、措施，推动更多平等和公正，才能将其解决。在星巴克，少数族裔已占了伙伴总数的 44%。但在公司高层的人员组成上，我们做得还不够。

2015 年，我们采取措施改善公司的管理培训、职业辅导、雇用、薪酬、晋升等制度，以解决种族主义及潜意识的偏见，以确保所有伙伴都能得到公平的就业机会、晋升机会及基于业绩的平等薪酬。2017 年 1 月，山姆会员店的前任 CEO 兼董事长罗莎琳德·布鲁尔（Rosalind Brewer）加入星巴克董事会，继而被任命为公司的总裁兼首席运营官。一位女性非裔美国人成了公司的二把手。

我们之前已经在低收入和中等收入街区开设了门店。我们再接再厉，在纽约皇后区拉丁裔聚居的牙买加区，在芝加哥的恩格尔伍德，在密苏里州的弗格森市，我们又开了很多门店。这些门店的一个任务是雇用当地社区的年轻人，为其提供岗位以及职业培训。

这些创举都是源自我们的公开讨论会和“种族团结”活动，在多变且有争议的氛围里，我们做出了努力。

讨论种族问题，并不能解决国家顽疾，不能根除种族不公。但我将其视作开端。千里之行，始于足下，我仍认为，通过对话可以促使我们前进。

我们生活在越发多极化的社会。很少有人有机会跟不同的人种交流。但在星巴克，每天都有数百万人——不同的人种、不同政治立场、不同的出身——并肩而站或并排而坐。大家越来越多的是盯着手机或电脑。与陌生人交流，用当天的新闻挑起话头的机会越来越少，甚至在旨在凝聚人心的“第三空间”都是如此。

然而，这样做的好处仍在。

在此期间，迈克尔·纳德尔——我童年的朋友和保护神——时不时在我脑中出现。我和比利上大学了，迈克尔在养父母家里不受欢迎，还被禁止进入湾景住宅区。他生活在格林威治村的街头，无家可归。我和比利偶尔会见到他，后来我们就失去了他的消息。最后，我们听说他去了佛罗里达州，他的生父死了，他去跟他的生母一起生活。再后来，有传言说他死了。

我和比利最近曾追查迈克尔的人生轨迹。我们找到一些老照片，是卡纳西的居民上传到脸书上的。第一张照片是1984年6月拍的，照片上，几个小孩及他们的母亲在水泥台阶上拍小学毕业照。四个瘦瘦的男孩，都系着领带；两个小女孩，都穿着裙子。他们站在前排中间，自豪而容光焕发。有的母亲把手搭在孩子肩上，有的则挽着孩子的胳膊。在他们后面，在大人的身体中间，能看到迈克尔的脸。他没有露出身子，只有一张脸。他微笑着，脖子伸长，下巴扬起，你能判断出来，他是踮着脚站着，努力从人群后露出脸来。

还有三张照片，都是警察拍摄的疑犯或罪犯的头像，是当地警察局公开的档案，时间介于2011—2013年，迈克尔均是因轻罪被捕。每一张照片上，都是同一个头发稀疏、面容疲惫的60岁男人，他双眼充血，胡子拉碴，嘴唇干裂，所有照片上都穿着同一件灰色T恤衫。他受到的指控以及终年不变的T恤衫，表明他这些年一直流落街头。在其中一张照片上，迈克尔皱着浓眉。另一张照片上，他歪着头，嘴巴半张，露出残缺的牙齿。照片里的人，不像我记忆中的那个迈克尔，那个男孩能徒手爬上八楼楼顶，能对抗任何敢于挑衅他的人。我记忆中的迈克尔，聪明、勇敢、风趣、忠诚。他为人熟知的暴脾气是后天养成的。

那个踮着脚拍照的小男孩，如果能从养父母那里得到更多爱，从学校里得到更多支持，从社群里得到更多接纳，将会怎样？如果他不因肤色而受惩罚，不必如此艰难地生存，今天会是怎样？

麦乐迪曾告诉我，美国诞生时伴随着奴隶制的天生缺陷。“所谓天生缺陷，”她解释道，“就是能正常生存，但永远摆脱不掉。”

20世纪五六十年代，我成年时，恰逢民权运动的中后期。经过那个时期，美国从根本上发生了改变，虽然变得更好，但远不到完美的程度。在其后的几十年时间里，我亲眼见到美国黑人在各个领域突飞猛进。

我跟很多美国人一样，曾经傻傻地以为，美国首位黑人当选总统，美国的民权运动终于走完了最后一英里。但奴隶制所遗留的白人至上主义、制度上的种族主义、系统性贫困、明目张胆的歧视、潜意识的偏见，仍存在于经济落后的城市、资金不足的学校、人满为患的监狱、各大企业的会议室、执法机关、法院以及黑人和棕色人种的日常生活里。

历史的错误无法返回头更改，但如果我们能直面问题，就能开始学习，改变现状，创造美好的未来。讨论是个好的开端，但仅仅讨论远远不够。

“种族团结”活动之后，我和同事们在公司内外陆续开展了新的活动。其中最有影响力的措施，反映了我的同事布莱尔·泰勒在跟我一同参加公开讨论会时常说的一个事实：种族骚乱最初令我关注的一个原因，是经济差距。

“这就是不平等，”布莱尔说道，“是缺乏机遇。”

第十八章

重新思考人生的可能性

高三那年，下午 1 点的课结束后，我就乘坐地铁 L 线去曼哈顿，最后来到第七大道 345 号，位于 29 大街和 30 大街之间。这是我 1970 年打工的地方。我在毛皮加工厂工作。

那时皮草尚未淡出时尚界，对富婆、富家小姐们来说，走在纽约、芝加哥、波士顿冬日的大街上，脖子上围条狐皮披肩、身上穿件貂皮大衣是很普遍的事。这些昂贵的衣物，很大一部分出自纽约曼哈顿西区四个方形街区——被人称作皮毛街区——里的高层建筑里的数百家小型作坊。

我放学后的时间就是在那些光线暗淡的工场间度过，狐皮在这里预加工、切割、缝制成衣。狐皮在运来的时候已经清理掉了皮下脂肪和血，但仍散发着浓浓的腐臭和麝香味儿。我的工作是将狐皮预加工，为制衣做好切割成型的准备。我身穿工作服，把一张红色或褐色的皮在长工作台上铺开，然后将一把硬毛大木刷浸入一桶化学溶剂，再用其猛刷内皮，直到毛皮柔软可拉伸为止。我徒手抓住厚皮两边，使劲拉抻，直到它与工作台上画好的衣样吻合为止。一旦这张湿漉漉的毛皮与衣样大小形状吻合，我就将其传给隔壁工作台的剪裁师傅，再等着处理下一张毛皮。

我的工资按件计算，所以，我不停地刷、拉、传，尽量在有限的时间里多处理一些毛皮。这不是家血汗工厂，但工作很累，我的手上起了水疱，胳膊上还出了红疹。

有时候，我还负责运送做好的皮衣。我推着一架子皮衣走过第七大道，送到附近大楼里一个批发商那儿，或是搬着几箱衣服送到 UPS（联合包裹速递服务公司），再由他们运送到全国各地的顾客手中。

我之所以能得到这份工作，是因为其老板是我父母认识的人里唯一的中上层阶级：莱维家。他们待我很好，一天的工作结束，他们会开车带我一起回卡纳西。前文已经讲过，两年之后，我去了他们家，替父亲向他们借了 5000 美元。

小时候我还干过别的工作，比如给湾景住宅区的公寓里送《纽约邮报》，在餐馆当服务员，但毛皮加工厂的活儿是最辛苦的。当然，我从中也知道了辛苦工作的好处：清理的毛皮越多，我装在口袋里带回家的纸币和硬币就越多。我把挣来的钱一半交给母亲，另一半留着自己花。我还从中有所觉悟：除了挣回家的钱之外，还有更多事要做。这份工作的艰辛，令我心生一个渴望——我要有一种不出红疹的谋生手段。

2014 年夏，雪莉在北费城的一个会议室里。窗外是布洛克报税公司（H&R Block）的标志，砖结构的大楼上满是涂鸦。会议室里的墙上贴着一些手写的海报，其中一张写着“工作努力，待人友善”。

正值午饭时间，雪莉身子前倾，确保能听清发言者的每一个字。发言的是位 20 岁的女士，名叫卡门·威廉姆斯（Carmen Williams）。卡门个子很高，体态优雅，充满自信。她褐色的头发又直又亮，耳朵上戴着一对大圈耳环。她卷着衬衣袖子，露出前臂上的文身。

“我的成长经历远远称不上正常。”卡门说道。她母亲是个吸毒者。一个雪天，那时卡门还小，她母亲把她和弟弟放在了朋友家。他们俩连鞋都没穿。“我和弟弟，她抛弃了我们。”从此之后，卡门再也没见到母亲。此后几年时间里，她和弟弟住在继外祖母家，后者恶毒而刻薄。13 岁时，卡门离家出走，随后三年时间里，她陆续住过十多个寄养家庭。

舒尔茨家族基金会与美国青年建筑团合作搞了个职业培训项目，费城是其中一个培训点。当天，雪莉和丹尼尔·皮塔斯基到费城查看项目的进展情况。美国青年建筑团于 1978 年创立，其创始人是民权活动家及远见卓识的教育家桃乐茜·斯通曼（Dorothy Stoneman）。这是个全国性项目，把高中教育与工作经验相结合，让 18—24 岁的年轻人参加房屋、学校、社区的重建工作，从中学习建筑技能。通过亲身实践的方式，帮助年轻人高中毕业，或找工作或考大学。此举还能增强年轻人的自信心，以完成之后的人生之路。

在会议室的人还有美国青年建筑团项目的几位老师和管理人员以及十多个学生，大家一边吃盒装午餐里的三明治，喝斯耐普饮料，一边听大家讲述各自的故事。现在就是轮到卡门发言了，她很有勇气，敢于实话实说：

“16 岁时我辍学了。我不是个差生，我喜欢上学。我的寄居家庭里喂着 30 只猫，它们把我的校服和别的衣服弄得全是臭烘烘的分泌液气味。我跟她（寄居家庭的家长）要 5 美元去洗衣服，她却说这钱要明天用来买甜甜圈。我把这件事告诉了教导主任，他说一套校服要 20 美元，要是不穿校服，就不要来学校上课。我买不起新校服。这时有人介绍我去跳舞挣钱买校服……以及养活在街头生活的自己。”

卡门那时想的不是高二、高三怎么过，而是晚上找个睡觉的地方。她在一家成人夜总会找了份工作，跳艳舞。后来，一个同是舞者的同事跟她说了美国青年建筑团的事。18 岁的卡门加入了美国青年建筑团，抓住其提供的每一个机会。在随后两年时间里，除了学习高中课程和社区大学的课程之外，她还当上了所在的高级建筑团队的物流经理，还负责社会服务项目的组织工作。她被选为高三的学生会主席及高三毕业舞会的女王。她勤奋努力，专心致志，被选为当届毕业生的致辞代表。

“后来星巴克找到我，成了我的寄居家庭。我被其他伙伴呵护着。但这并非只是一份工作，开始时我想，我就是个咖啡调配师而已。后来我受到了大家的关怀和指导，他们问我：‘生活怎么样？在学校里过得怎样？’他们时时刻刻关注着我，似乎我很重要似的。起初我以为，我也就刚刚能干咖啡调配师了，可后来经理找到我，让我去当咖啡调配师的培训师。我看到了未来的希望。”

当年卡门从美国青年建筑团提前毕业。在她的毕业致辞上，她谈到了迄今为止戴过的三顶帽子。她一边讲，一边把三顶帽子轮流戴在头上。第一顶帽子是个明黄色的建筑安全帽，是她在美国青年建筑团工作时戴的。她说，这顶帽子对她意义最重，因为它救了她的命。第二顶帽子是星巴克的绿色帽子，代表她得到的、跟关怀她的人一起工作的机会。第三顶帽子，是她的毕业舞会王冠。

“小时候，我总想当个公主。但我不像公主那样天真无邪。我终会长大，变成一个我不想要的女人模样。戴上这顶王冠，我又能变成那个天真无邪的小女孩了。”当天跟雪莉讲述这个故事时，卡门哭了。她解释道：“美国青年建筑团没有塑造我，而是帮我找回了自己。”

早上 6 点上班，垒砖，刷墙，美国青年建筑团的学生学到了责任心和团队精神，很多人还尝到了成功的滋味。对他们中的一些人来说，这是人生首次因达成目标而受表扬。他们还挣到了钱，还从翻新的房子上看到了自己的劳动成果。

在费城，除了修建房屋之外，美国青年建筑团还对雪莉在西雅图运作多年的咖啡调配师培训项目进行了拓展试验。在丹尼尔的说服下，舒尔茨家族基金会拓展了项目的课程范围，提供更多技能培训，以使学生在调配咖啡之外还能胜任别的工作。丹尼尔和雪莉还打算把这个项目拓展到别的城市，他们此次到费城来，是查看新设的“客户服务卓越培训”课程的进展情况。

“我的身边有这些人，他们爱我、支持我、关心我、鼓励我、督促我，这样发展下去，我可能当上总统呢。”卡门说道。她笑了，擦去眼泪，坐下了。当时，卡门一边在当地一所大学上学，一边在星巴克工作。

回到西雅图之后，雪莉把此行听到的和想到的都告诉了我。我们一致同意，帮助年轻人找到好工作，是解决社会不平等、经济不平等的最佳办法。

“您好，我是施乐公司的霍华德·舒尔茨。”

每天我都要把这句话重复50遍。从周一到周五，从1976年到1979年。

大学毕业后，我没有立即返回纽约。我没有钱，也不知道到底要干什么，于是就在密歇根州一个滑雪度假村一边当小时工，一边思考自己的未来。母亲在我身上的梦想，在大学里画上了句号，我们俩都不知道“今后”是什么样子。离开密歇根州之后，我的第一站是返回父母的家。

大学里，我的专业是传播学，当时被称作言语交际学。这不是我心仪的专业，因为我知道毕业后想干什么。我之所以选这个专业，是因为学起来简单。我的大学经历未能决定我将来从事的事业，我没有导师，没有榜样，没有人脉。没有人告诉我，我受的教育及具备的技能如何转化为工作。没有人自愿帮我分析各种选择甚至为我解释一下这些选择是什么。我也不知道该问谁、问什么。

1975 年，22 岁的我只知道三件事：一、我要挣钱；二、我擅长跟人打交道；三、我不想在卡纳西生活，暂时可以，时间长了还是不行。

起初我跟父母住在一起，一边找工作，一边攒钱以备跟朋友在外合租。当时，我父母已经搬出湾景住宅区，在海景村（Seaview Village）一栋还算可以的两层房子里租下了一层。相比原先居住的狭小的砖结构并联公寓，这是个不小的进步。房东也住在同一栋房子里。每天早上，我都要看报纸上的招聘广告，求职的目标也是最符合我开朗性格及快速挣钱的需求：销售业。

我的第一份工作，是一家名叫 APECO 的小公司，业务是卖办公复印机，是施乐公司的竞争对手。我在 APECO 表现不错，施乐公司把我挖走了。一夜之间，我就在美国一家著名大公司上班了。

在当时而言，施乐就是现在的苹果公司。毫不夸张地说，施乐的创始人开创了一个产业——大批量复印。一键复印大量文档，其革命性相当于 20 世纪 80 年代的个人电脑、20 世纪 90 年代的因特网、本世纪前十年里的智能手机。20 世纪 60 年代，施乐支配着整个复印产业，但到 20 世纪 70 年代末，这家公司慢慢被一种“流行病”所压垮。这种病症的出现频率出乎预料，且往往发生在成功的企业身上，那就是：傲慢。多年的快速发展，使得施乐内部产生了过分自信的情绪，管理层也出现了官僚主义的层级制度，失去了与市场的联系，而后者不断被价格低廉的竞争者渗透。除此之外，施乐不愿投资新产品以保持领先优势。它最大的优势在于拥有一支训练有素且进取心强的销售队伍。

23 岁时，我对施乐的深层问题一无所知。“施乐”的名字仍然如雷贯耳，我则激动于能挣到足够的钱，最终从父母家搬出去。

上班的前三周，新入职的销售人员被派到弗吉尼亚州利斯堡的大型培训中心，学习施乐专有的销售技巧和陈述技巧。那是我到那时为止参加过的最正式、最彻底的业务培训，我也比在学校时学得更加刻苦。身处众多出身白领家庭、常春藤名校毕业的同事中，我曾用于体育运动的竞争本能开始浮现。大家都想成为最好。业绩最好的销售员会得到晋升和赞誉以及更高的佣金。我也想从这场竞争中获胜。于是我逼着自己了解施乐机器的方方面面，学习培训班上教的所有销售技巧。培训结束了，我的信心大增。公司一度曾经要求我给学员们讲课，但我拒绝了，我要坚定地走销售这条路。

我被分派到的团队并不负责销售复印机，而是一种被称作“文字处理机”的新型办公电脑。入职前半年，像我这样的销售新人不允许独自成交一笔生意。我们跟在多年老销售的身后。这些干了一辈子销售的人，有的满脸皱纹、性格古怪，有的打扮时髦、深谙本行，他们都跟我父亲大不一样。他们干劲十足、进取心强，对他们而言，工作意味着经济回报。他们早来晚走，是 20 世纪中叶美国职业道德的缩影。他们还是生意上的勇士，对拒绝有天生的防御，因为在销售行业，你听到的“No”比“Yes”多得多。我有太多东西要跟他们学。

我的工作是每天至少打 50 个推销电话。我通过两个途径获得潜在买家的名字。一是查询黄页，亦即今天的谷歌，有时候我会拨打某家公司的主机，然后要求与购置办公设备的负责人通电话。只要没人挂我电话，通常我都能敲下购买意向。

但是，我更多的是走出办公室去逐家推销，我向前台和经理自我介绍，而后者对我所来何事毫无头绪。我的目的是获知有权购买办公设备的负责人的名字。回到位于市中心的施乐总部，我把信息汇报给一位业务熟练的销售员，后者会跟进并完成订单。我一边看，一边学习。有时候我会跟在上司吉姆（Jim）身边，他是个销售大师。

终于，我获准独自成交生意、赚取全额佣金了。我负责的是东西在42大街与48大街之间，南北在第五大道与东河[①]之间的这块区域。这是这座喧嚣的城市中忙碌的地段，区域中包括中央车站、克莱斯勒大厦、联合国大厦，还有宏伟的纽约公共图书馆。两头大理石狮子，分别叫“耐心”和“毅力”，永远地守护着图书馆的前门。

20世纪70年代末的曼哈顿，活力四射又犯罪猖獗。这个城市正在转型期，小时候我见过的自动售卖餐厅早已谢幕，光天化日之下的抢劫并不罕见。城市里又脏又乱，地铁上全是涂鸦，公共电话亭肮脏不堪，路边垃圾堆积，人行道上全是烟蒂。当时的时代广场不是今日的游览胜地，而是一条声名狼藉的街道，里面是脱衣舞厅和窑子。

尽管如此，20世纪70年代末的纽约，我20岁出头时的纽约，仍像现在一样吸引了世界各地雄心壮志的人。我所选择的职业——销售——的从业者包括重点大学毕业、在高档郊区长大、父亲整日西装革履的人。但与法律、金融这种“血统纯正”的行业相比，销售行业人员构成混杂，比如说，在施乐的销售团队里，就有我这种出身草根的人。

与其他行业相比，销售业的成功全看个人业绩。在别的行业，有人可能会因性别或种族而不受重用或排挤，但销售行业给所有人经济层次提升

① East River，美国纽约州东南部的海峡，位于曼哈顿岛和长岛之间。

的机会。有了聪明才智、个人魅力、勇气毅力，像我上司吉姆——他是我在施乐工作期间遇到的几位黑人专业人士之一——这样的人，也能跟出身格林威治村、常春藤名校毕业的白人挣得一样多，甚至比他们挣得还多。在 20 世纪 70 年代，销售业给了女性和少数族裔成功的机遇。

我们一栋栋办公楼走着，兜里揣着名片，臂下夹着招标书。我走进大厅，向早已熟识的看门人打个招呼，再信步走进电梯。那时候的安保不像现在，有也是寥寥无几。所以，我得一层层走，一间间办公室进，其实根本不知道会遇见什么人。某家会计事务所的秘书或许心情不佳，某家进出口公司的办公室主任或许有心情聊天。

我拜访了数百家公司，跟很多在办公桌前度过工作日的人交谈。小时候，我遇到的那些上班的人大都手握方向盘或站在服务台后，眼前这些西装领带新技术的“新人类”令我为之着迷。

我的好奇心令我的销售技巧如虎添翼。“你们公司哪年创办的？你们卖什么样的保险？你们在北美有几家工厂？在俄亥俄州就有两家？我女朋友是利马人！”

我擅长销售，一部分原因是我工作勤奋，一部分原因是我善于快速与人建立联系。我的交流风格是少说多听。我一直比很多同事卖出更多施乐复印机。我还有一两次撞了大运，其中一次，我从一家法律事务所接了个大单，为此我上了公司的光荣榜，一位高级经理还给我写了表扬信。如果当初我在施乐多待几年，可能会走得更高更远。

但很早我就知道，施乐的工作不适合我。文字处理太没有人情味。我对硬件没有感情。施乐管理严格的公司文化令我觉得束手束脚。我想要创造的自由，而非照着稿子念推销词。我寻找一种更有“创业精神”的东西，尽管当时我脑中尚没有这个词。

我比父母更渴望财务安全，但尽管如此，我还想享受工作，我想享受的是如何挣钱，而非仅仅是挣到钱。在我成长过程中，一直目睹父亲每日的辛酸。他那种职业生涯，我不想要。我追求收入，也追求尊严和乐趣。这种愿望，像我父亲那样的人是无法理解的。喜欢你的工作？热情？对住在廉租房里且要养孩子的人来说，这都是可笑的奢侈品。但我想要的，不仅是买得起一个安身之所。我在施乐取得的成功，令我相信还有更多可能性。

我告诉母亲，我打算从施乐辞职，她哭了。我那时一个月能挣1000美元底薪，还有可观的佣金。自从我第一份送报工作以来，与父母平分收入已成了我们共同期盼的事。他们对此形成了依赖。我认为，母亲并不是怕我辞职后就失掉了钱路，她担心的是我的稳定。在她眼中，施乐是家正儿八经的大公司，而我在里面干得很好！为什么要辞掉这安稳的工作呢？她为儿子能在如此大牌的公司工作而自豪。

我早就计算过其中风险。有另一份工作等着我：为一家瑞典公司当销售。我的家人从未听说过这家公司，它叫帕斯托（Perstorp），正欲将它的家居业务——汉默普拉斯特（Hammarplast）在美国设立分部。在这家公司工作，就能向顾客而非公司推销产品，我很兴奋。还令我着迷的是，我有机会到欧洲出差。但我不知道，在汉默普拉斯特的工作最终会把我送到星巴克去。

虽然我对施乐的热情度不高，但就像每个人的第一份工作一样，那三年的工作经历是无价的。它使我接触到许多未有的技能。我变得善于聆听，能设身处地与人交流。逐门逐户的推销经历练就了我无惧拒绝的心态，甚至能当面优雅地回应。我习惯了失败之后继续乐观前行，打破自我怀疑一路向前，韧性成了我的第二天性。因为我在销售业的表现好过在学校的表现，所以，在施乐的成功令我自我感觉良好。除了体育运动之外，我还有出类拔萃的地方。十年后我真正开始创业，在我从投资人那里筹钱创办“天天咖啡”时，从第一份工作中吸取的经验教训帮了大忙。

通过销售和市场推广，我找到了走出廉租区的路。

时间逝去，我在施乐的那段日子以及此前在毛皮加工厂的经历，都变得越来越远。但是到了2014年，妻子雪莉帮助年轻人找到第一份工作的努力，令我回想起年轻的我是怎样的迷惘，以及我对职场世界的一无所知——我打工的地方与卡纳西只是地铁可达的距离，但与我知道的工人阶级生活相去十万八千里。雪莉帮助的那些孩子令我想起，第一份工作如毕业证书一样珍贵，对有些人来说甚至更加珍贵。

据估计，2014年美国16—24岁的人口中——每七个年轻人里就有一个——既不在上学，也没有工作。他们住在小城镇或内城区，有黑人，有白人，有拉丁人，有印第安人。有些人从未上过高中或工作过。有些上了一两年高中，有的虽然在校（薄弱学校）却从未上过课，有的有高中毕业证但没有继续读职业学校或大专，且工作经验少得可怜。有的大学辍学，就业无望。

即使他们曾经有过工作，但是他们中的很多人都出生于贫困地区，充其量不至于流落街头而已。总体上说，不论他们多想以及如何试图得到它，这些年轻人都缺乏经济流动性。他们将奔波于寻找安全且负担得起的住处、健康且有规律的食物。由此得知，他们更容易变得无家可归、出现健康问题、涉足犯罪活动、依赖政府救济。

这一小部分民众曾被看作危险群体，与社会脱节疏远、弱势、贫穷、物资匮乏。然而，最近，在奥巴马总统示意下，白宫社区发展方案委员会为强调这些孩子的潜质而非其问题，便为他们冠以新的名字："机会青年"。

对多数生活在低收入和贫困地区——不论是农村还是城市——的年轻人来说，阻挡他们的，不是成功的意愿，而是缺少机遇和恰当的支持。他们面对的障碍，是高收入家庭的孩子没有的。他们很多人不会写简历，不懂如何面试。有些人没有得体的衣服或交通工具，如果步行去不了上班地点，连上下班都是个难题。如果他们没有高中毕业，或有任何犯罪记录，用人单位甚至不允许其应聘或面试。很多年轻人不知道哪里有工作，也不知道有多少种工作，除了寻觅店面上张贴的"招聘"启事别无他法。大公司不会到他们所在的街区招人。"大衰退"令他们的困境雪上加霜，因为经济不景气，这些年轻人被迫与愿意接受低收入工作的大学毕业生和有工作经验的人争抢工作机会。

部分原因是美国的大小公司都没有把这些年轻人看作可用之才。在这种偏见的影响下，我们把他们看作碍事的人，对其不予理会。倘若企业界不扩招，不在工作上给他们支持，那么这些年轻的求职者就没有机会，到最后是个两败俱伤的结局。每七个年轻市民里就有一个辍学或待业，那我们的经济就会受损，因为失去了潜在的纳税人和消费者。青年失业问题还会带来群体的经济流失。"美国的措施"（Measure of America）是一个由非营利组织"社会科学研究委员会"（Social Science Research Council）发起的项目，据其估计，2013 年美国在"社会脱节年轻人"方面的总投入——包括医疗、政府援助、监狱——是 268 亿美元。

雪莉和丹尼尔跟一家国内咨询公司"FSG"合作，就美国的机会差异进行了分析。他们采访了这方面的专家，结果表明，"机会青年"面前最大的障碍是无法找到就业途径。为他们搭建通往工作的桥梁，是基金会希望做的事，但需要对以下两件事做系统性的改变：一是年轻人的培训方式，二是用人单位如何与年轻群体接洽。

正如丹尼尔所说的那样，我和雪莉在解决青年就业问题上可谓相辅相成：雪莉认识很多能成为好伙伴的年轻人，而除了星巴克之外，我还知道很多其他公司需要好伙伴。

在此期间，基金会与星巴克还各司其职，一起为退伍军人做好事。基金会致力于帮助退伍军人及其家人顺利过渡到平民生活，星巴克则继续雇用退伍军人。我们都看到了“机会青年”与退伍军人的相似之处。这两个群体都有人有能力、有意愿好好干工作，但他们都被公众所误解、被用人单位所忽视。大批为服务退伍军人和年轻人而设的政府机关和非营利组织都疏忽职守，其服务对象未能得到最好的结果。国家辜负了退伍军人，也辜负了数百万年轻人。美国的企业能挺身而出帮助退伍军人，也能帮助美国的年轻人。

全球金融机构摩根大通集团的CEO杰米·戴蒙是我的熟人，其博爱的“劳动力积极性”项目的负责人昌西·列侬博士（Dr. Chauncey Lennon）是丹尼尔的熟人。他们发起了一个名为“100000份工作使命”的退伍军人雇佣项目，既强调了这一问题的重要性，又使各家公司携起手来，共同致力于雇用退伍军人。

一天晚上，丹尼尔躺在床上准备睡觉，脑子里却在思考退伍军人和待业青年的事。突然，他坐起身来跟妻子说，他想到一个好点子。他从床头柜上抓起一支笔，又随便抓起任何能写字的东西——一个空的牙膏盒。他写下“100000机遇方案”几个字，接着草拟了一个一举两得的方案：一方面增加求职青年的就业机会，另一方面建议企业雇用这些年轻人。

第二天，丹尼尔把昨晚的构思汇报给雪莉：与他们帮助军人从部队过渡到平民生活，舒尔茨家族基金会将组建一个联盟，使用人单位携起手来，共同致力于雇用数万年轻人，或许可以搭建一张全国性的服务网。与雇用退伍军人不同，他们的活动地点不再是军事基地，而是深入“社会脱节年轻人”生活的社区。

雪莉喜欢这个点子，就让丹尼尔放手去干。

丹尼尔也把这个创意告诉了我。在布莱尔·泰勒领导下，星巴克早已向全国各个城市的待业青年伸出了援手。他们与市长们合作，投入资金刺激就业。布莱尔早就有意向并已经将其付诸实践——让星巴克雇用“机会青年”，并为其他企业率先垂范。

我们想的都一样：一场大型招聘活动会有长远而重要的意义。

2015 年春，种种事件交会，形成了一个决定：成立一个有史以来最大的、由用人单位主导的联盟，致力于培训、招聘、留用“机会青年”。我们将其称作“100000 机遇方案”。方案包括几个组成部分：制定新的招聘机制，从而使年轻人习得新的工作技能，为他们和公司建立连线，帮助他们顺利工作。

星巴克一马当先，联手有意向的公司加入我们的行列。基金会将投资并出台新颖的培训、招聘、留用项目，最终在全国各个社区推广应用。

要想为企业和“机会青年”牵线，还需要跟民间的中介机构建立、加深关系，如政府资助的社会团体、非营利组织，它们在低收入社区立足已久；还有市长办公室，因为市长制订本市的规划，统筹公共资金使用，调动民众关注点。

随后的几个月时间忙忙碌碌，令人想起 2011 年“为美国创造就业岗位”项目那激动人心的日子。

布莱尔率领团队开始接触各个商界领袖，请他们与我们携手，形成联盟。星巴克身先士卒，似乎形成了一种号召力，联盟的成员越来越多。

人有了，还需要钱。舒尔茨家族基金会投入种子资金，以吸引其他组织帮助拓展计划。最早加入我们的，是“阿斯彭社区解决方案研究所论坛”（Aspen Institute's Forum for Community Solutions）和 FSG。丹尼尔及其团队还联系了地区性及全国性的慈善机构，请他们加入。其中包括洛克菲勒基金会、沃尔玛基金会、W.K. 凯洛格基金会。

6 月，一行人乘飞机前往芝加哥，探寻芝加哥市与联盟合作的兴趣。芝加哥待业青年数量庞大，41% 的 20—24 岁的黑人要么不上学，要么没有工作。芝加哥市市长拉姆·伊曼纽尔（Rahm Emanuel）发誓要让这些年轻人找到工作。此外，芝加哥还是美国最大的政府资助的城市创造就业非营利组织“芝加哥库克郡劳动力合作组织”（Chicago Cook Workforce Partnership）的大本营。

莱西·奥尔（Lacey All）是前往芝加哥的工作人员之一。她是星巴克有着 13 年工龄的伙伴，出生于路易斯安那州，在公司的社会影响团队工作。她擅长把创意转化为行动。她和团队与芝加哥当地的负责人会面，表明来意。数次会谈过后，她与布莱尔建议联盟所有公司齐聚芝加哥，宣布联盟的构成、意图，以及与当地官员合作。

与往常一样，维韦克·瓦尔马督促所有人大胆设想。“我们不要只谈招聘的事，要做起来！”作为回应，我与大家分享了一个想法。我们联盟的工作可以以一个招聘大会开始。招聘大会能在同一天时间把足够的用人单位和求职的年轻人聚集在一个地方，这个令人跃跃欲试的公共活动能实现联盟的目标：让“年轻人”和“工作”成功牵手。

可一想到招聘会的情形：一间间充满香草味的会议室，无精打采的求职者一边收集用人单位的宣传册，一边给招聘人员留下自己的简历……

大家都兴致不高。对我们要解决的危机而言，这种单调乏味的活动如隔靴搔痒。

但大家鼓起劲头，集思广益：为什么不重新思考一下招聘大会的形式？这个招聘大会的外观和感觉要契合主旨，并且互动、友好、有趣。举办地要让人感觉受欢迎，其氛围要跟我们在星巴克门店里营造的一样。为什么不把年轻人当顾客对待，给他们一次深受鼓舞的经历，让他们感觉到自己被需要、被重视？数十年来，星巴克一直在不断重塑门店的形象，我们当然也能同样重塑招聘会的形象。

如果顺利的话——这次必须顺利，因为在“种族团结”活动铩羽之后，星巴克不想再当众摔跟头了——这场风风火火的招聘大会就能够展示出我们联盟招聘年轻人的诚意。

基金会和成员日增的联盟着力于为年轻人牵线搭桥，使其能顺利应聘、找到工作并留任，星巴克则负责招聘大会的外观和感觉。

凯文·卡罗瑟斯（Kevin Carothers）加入了团队，大家的才智被再次调动起来。凯文是蒙大拿州人，从 20 世纪 90 年代中期开始，一直参与星巴克门店的各项活动。当时，我们的慈善活动主要围绕艾滋病、艺术、读写能力、环境展开。他还组织了最近在弗格森市等几个城市的公开讨论会。凯文积极向上且具感染力的心态，精准的组织能力、无畏的精神，都是我们最需要的。

莱西、凯文、布莱尔带着一组人，在我旁边的办公室里不知疲倦地忙活起来。他们要设想出一个新颖的招聘会。办公室的墙上贴满了写着各种创意和待办事项的便条纸。他们每天都要与供应商、活动策划公司、芝加哥的工作人员等接触。他们为 8 月 13 日定下了芝加哥最大的会场。芝加哥本地的明星——与我们的求职者出身于相同街区——答应出席活动并发言，不收取费用。

他们小组最富有成效的做法，就是设身处地为这些年轻而没有工作经验的求职者着想。除了一纸简历，还有什么能帮助他们求职？小组征求雪莉的建议，后者列举了她了解的、“机会青年”的广泛需求：他们没有与工作相配的衣物。很多人没有简历，从未参加过工作面试，更不知道如何理财，甚至连驾照都没有。有的人需要安全的住所，有的人没有电脑和打印机……雪莉相信，只要在招聘大会上安排专家和设备，就能帮助年轻人克服这些求职的困难。

正如团队计划的那样，越来越多的公司加入联盟，并同意在招聘大会上当场雇用数百名求职者，这是大多数大公司从未做过的事。

距离活动还有两周时间，我们按照安排，设立了一个“求职作坊”。在招聘大会之前，我们设立了几次求职作坊，这是其中之一，旨在帮助年轻人练习面试、准备简历。第一次求职作坊的参加者不到五十人。看到这种情形，我们很担心，因为我们的求职大会是按照数千人的规模设计的。

系统性的问题就此显现。辍学或待业的年轻人分布零散，很难定位、联系、提供帮助。通过此事，团队目睹了年轻人接触不到资源的困境。

第一场求职作坊反响寥寥，莱西当晚就与芝加哥的几位市民领袖见面，一边吃比萨，一边谈事情。他们制订了一个深入草根的计划，在随后两周时间里，又通过电话联系当地几座教堂的牧师，号召他们动员年轻人参加招聘大会。他们还请电台和电视台发布公益公告，并请媒体宣传活动的时间并出席活动。

为成功举办招聘大会，我们做了细致的计划和基础工作，却无法预知到场人数。我们为这个城市的年轻人举办了一场招聘盛宴，有多少人会来？

第十九章

给“机会青年”一个新开始

我拄着拐杖，走过会展中心的一条宽走廊。六周之前，在跟乔迪及其朋友打篮球时，我伤了跟腱。看着落地窗外的街道，我惊住了。刚刚早上8点，近千人在芝加哥的潮热天气里排着队。有些人正下公交车，穿的都是他们最好的衣服。雪莉站在我身边，她同样震惊不已，几近落泪。

麦考密克会展中心（McCormick Place）——美国最大的会展中心——的门一打开，求职者就如潮水般涌入，上了自动扶梯，又进入顶高55英尺、专为他们而设的巨大展厅。就像身在时代广场的游客一样，他们沉浸于某位记者口中的“一场摄入了类固醇的招聘会”。

数十个标有各大公司名字的颜色鲜艳的展台点缀着大厅的地面，每个展台后都等待着期待与求职者对话的招聘人员。身穿红色衬衫的志愿者们面带微笑，DJ播放着芝加哥本地歌手“Chance the Rapper”[①]的音乐。多彩的标识指示大家该怎么走。大厅边缘是一排展台，展台后坐着各方面的专家，他们精通理财、申请奖学金、拿高中同等学历、申请国籍，甚至抹

① 原名钱斯勒·乔纳森·班尼特（Chancelor Johnathan Bennett），1993年出生，美国著名说唱歌手。

去犯罪记录等事，也在盼着与年轻人交流。数百台标着“简历工作站”和“应用工作站”的笔记本电脑等待使用，甚至还有一个展台可供他们在去见真的招聘人员之前与志愿者模拟面试。

当天的“主角”，亦是招聘大会最精彩的部分，占据了大厅近一半的区域，还隐藏在一道道黑色的帘子之后。那里摆着一排排圆形咖啡桌，每张桌子上都放着瓶装水，旁边是三把椅子，一把是供面试者坐的，另外两把是招聘人员坐的。20 多家公司准备与 1500 多位求职者洽谈，并当天发出数百份录用通知。

这个夏日里，从上午 9:00 到傍晚 6:30，共有近 4000 人参加了此次招聘大会。其中有一位轻言轻语的 23 岁女士，名叫哈加尔（Hagar）。

哈加尔出于健康原因于 2012 年从佐治亚南方大学（Georgia Southern University）辍学，那年她上大二。她最近搬到了芝加哥，住在南区的亲戚家里。她希望在这里能找到比佐治亚乡下更多更好的就业机会。

此前数周，哈加尔四处奔波找工作，把自己的姓名和电话号码留给很多经理和销售业务员。她屡屡被人拒绝，信心已经动摇。她得到的唯一一个工作机会，是兼职收银员。她接受了那份工作，但她知道，凭她的能力，应该干更好、薪水更高的工作。后来一个表亲建议她去社区活动中心看看，她满怀希望地去了，可到那里一看，求职咨询针对的是失业的大龄成年人，而非首次找工作的年轻人。

哈加尔在社区活动中心看到一个横幅，上面宣传的是一个本市的项目，向年轻人提供季节性的就业机会。她注册了。此后一个月时间里，一点消息都没有。最后，她终于收到一封电子邮件，说在湖畔那个通体玻璃的会展中心将会举办一场面向年轻人的招聘会。哈加尔曾经经过那里。邮件里还说，只要是对本次招聘会感兴趣，都可以去参加前期开设的求职作坊，在那里可以完善简历、练习面试。哈加尔在周末去了求职作坊，与志愿者模拟了面试，后者给她的安排是在招聘大会当天参加三家公司的面试。

招聘大会那天，哈加尔坐了15分钟地铁来到会展中心。她没想到招聘大会的规模这么大，人这么多。大多数与会者都是黑人，跟哈加尔一样。起初她觉得害怕，因为身边全是人。竞争激烈，她这样想道。她是自己来的，而别人的身边有朋友、教友、家长陪伴。有些人穿着西服，很专业的样子。有些穿的是牛仔裤、运动鞋、皱巴巴的衬衫。有人扎着领结，有人没系领带，有人是刚刚理了发。

哈加尔下身穿的是条黑裙子，上身的H&M衬衣扎在裙子里，头发也剪短了。她先前的头发是绿色的，有人说这个样子给面试官的第一印象不好，她就把头发染成了黑色。她想展现出真正的自己，但她不把选择面限制得太窄。

在登记台前，一位志愿者愉快地接受了她的登记，接着递给她一个徽章，并祝她好运。离面试还有段时间，与其干等着着急——他们会喜欢我吗？我会喜欢他们吗？——不如四处走走，平复一下激动的心情。就当是一次冒险了，她这样想道。

她看着眼前熙熙攘攘的场景。一个接一个的展台前，到处都是年轻人。希尔顿、海特、塔吉特、微软、诺德斯特姆、来福、大肚皮[①]、联邦快递、沃尔格林、德国电信……场内共有30多家公司。如此多的选择，有那么多名片要取，这也是件好事，她想道，如果预想的那几家公司的面试结果不理想，其余这些也算是后备。她在领英[②]的展台前看了看，有人正

① Potbelly，美国一家连锁三明治餐饮公司。

② LinkedIn，知名职业社交网站。

在为网络档案拍头像照片。哈加尔不用领英，她很是震惊。或许今天她就该注册个领英的账户。在一排镜子前面，杰西潘尼百货（JCPenney）和丝芙兰[①]的员工正在帮求职者化妆打扮。稍微化一下吧，哈加尔想道，描描眉毛，不能化太浓的妆。她紧抓自己的笔记本，走进熙熙攘攘的人群中。

我试图站在哈加尔的角度，去理解“机会青年”的困境、希望和焦虑。与560万人相比，设身处地地思考其中一个人的境况要简单得多。芝加哥的招聘大会使得这一数字人性化了。我需要做的只是到场内走一走，看一看，聊一聊。

我和雪莉看见一个十多岁的男孩跑到一个坐轮椅的老妇人身前，高声说道：“我有工作了！”他的祖母喜极而泣，男孩俯身与她拥抱。

起初我还觉得奇怪，不知道为什么有这么多年轻人是由父母或祖父母陪同而来。但随即我便明白了在一个相互支持的家庭里孩子的角色：一份工作影响的并不仅仅是一个人的人生，而是改变了一个家庭。我看到有十多岁就当了父母的，有二十多岁抱着孩子的，一位父亲告诉招聘人员，他这次带着女儿一起来，是为了给她树立一个好榜样。

一个年轻人走上前来跟我打招呼。他掀起T恤衫，让我看曾受过枪伤的地方。他说，他没有加入帮派，而是在回家的路上遭到了枪击。很多参会的年轻人都来自帮派活动和枪战频繁的街区，尽管很多人深受暴力、贫穷以及冷漠且偶尔怀有敌意的制度的伤害，但他们都没有自视为受害者。他们知道生活中还有别的内容。他们来参加招聘大会，是因为他们相信人生存在机遇。

---

① Sephora，全球连锁护肤美容化妆品店。

哈加尔的母亲鼓励她到星巴克找工作。她对女儿说，星巴克为伙伴支付大学学费，公司的医疗保险也对她有好处。但哈加尔对餐饮业的工作并不感兴趣，她在佐治亚州的一家餐馆工作过，她从未喜欢过那份工作。

在参加星巴克的面试之前，她先来到大厅里星巴克的展台前。站台上放着咖啡机，我们的伙伴正在教与会者冲制咖啡。一位伙伴问哈加尔是否有什么问题要问，哈加尔低头看了一眼笔记本，问道：

“你能告诉我，要是我在星巴克从咖啡调配师开始干，该怎么发展自己的事业？”那位伙伴被哈加尔的勤奋用功所打动，就跟她聊了一会儿。离开时，哈加尔重新思考了在餐饮行业工作的事。那个和善的女士似乎真的对她很有好感。一会儿过后，她们俩在一处作坊又见面了。哈加尔边听边记。

星巴克的面试时间到了。哈加尔坐在一个咖啡圆桌旁。在她身边，求职者都在回答门店经理的提问，为星巴克当天提供的岗位激烈竞争。哈加尔被问到工作经验。

“要是你跟一个顾客处于尴尬的境地，你打算怎么办？”

哈加尔想起一件事，就将其作为答案说了出来。她原先在一家百货公司当收银员。只有特定的拿提成的售货员才可以把鞋卖给顾客，所以，哈加尔只负责收款记账。一天，一位女士走到台前对哈加尔说，她要买双鞋去参加葬礼，但不知道什么鞋能搭配她的衣服。那位女士看上去心烦意乱，不断问哈加尔该买什么样的鞋。周围没有售货员。“心里千头万绪的时候，就顾不得时尚不时尚了。”哈加尔对招聘人员解释道。于是她就从收银台后走出来，带着那位顾客四处转，看各种高跟鞋、平底鞋，并向其提供建议。

哈加尔被星巴克当场录用。

面试结束后，哈加尔去了展厅，找到刚才遇到的那位和善的、穿绿围裙的星巴克伙伴。“我得到星巴克的工作了！”哈加尔大喊道。那位伙伴伸出双臂，给了她一个拥抱。

四天之后，哈加尔到密歇根大道的星巴克门店上班。短短六个月之后，她就晋升为轮班主管。2016 年，她被调到恩格尔伍德的社区门店，协助培训其他“机会青年”。

我们在会展中心主厅旁边的一个会堂里安排了几位明星致辞，算是给与会者的一个惊喜。大家该去会堂了，可没有人去。与会者忙于互相交流、与招聘人员洽谈、获取信息、签下工作，我们无法把他们从主厅“驱赶”到会堂里去。莱西在广播里通知，前来致辞的有 Common[①]、Usher[②]、will.i.am[③]，可即便这些响当当的名字也无法令与会者移步。这次我还邀请了塞德里克·金。自从在沃尔特里德国家部队医疗中心相识，我们就成了朋友。他已经出院，在全国各地演讲，用自己的故事激励人们。我想让大家听一听他的故事。

人们对会堂里的活动无动于衷，起初令我们特别失望，但我们随即意识到，这恰恰证明了我们招聘大会的成功。这些年轻人此行是因为渴望工作，而不是来看节目的。

---

① 本名小朗尼·拉希德·林恩（Lonnie Rashid Lynn, Jr.），1972 年出生于美国伊利诺伊州芝加哥市，毕业于芝加哥路德南部高中。美国说唱歌手、影视演员。

② 亚瑟小子，本名亚瑟·雷蒙德四世（Usher Raymond IV），1978 年出生于美国得克萨斯州达拉斯，美国节奏蓝调歌手、演员。

③ 本名小威廉姆·詹姆斯·亚当斯（William James Adams Jr.），1975 年出生于美国加利福尼亚州洛杉矶，歌手、音乐制作人、商人、演员，嘻哈团体黑眼豆豆创始人。

终于，大家陆续走进会堂，雪莉也上台致辞。她向在座的所有年轻人表示祝贺，因为有勇气前来参加招聘大会。她还对大家说，那些面试他们的公司是幸运的。

“明天和后天只是你们的开始，”雪莉如此说道，“我和霍华德相信，每个人都要有个开始的地方。”我站在第一排，能看出她为眼前发生的一切而高兴。二十年前，她从汽车后备厢里拿出袜子分发给无家可归的孩子们。今天，“机会青年”能得到数百个工作岗位。在我们眼前，雪莉一生的志向正在变成现实。以往我常常是站在台上、站在聚光灯里的人。今天这时刻是属于雪莉的。听她分享她的所感所想，我满心自豪。她是真心想让这些年轻人变得更好。

当天，30 多家公司一共签出 600 份工作，连那些没有成功应聘的人也都各有收获。或许是一份简历，或许是申请大学奖学金的路子，或许是储蓄计划，或许是招聘人员的建议，或许是信心，或许是一点鼓舞。

创作型歌手 Common 在芝加哥出生长大，出席招聘大会之前两周，他刚刚前往好莱坞，凭借为电影《塞尔玛》(*Selma*) 创作的主题曲 *Glory* 获得第 87 届奥斯卡金像奖最佳原创歌曲奖。在他致辞时，得到了大家的高声喝彩。“今天，各家公司，全世界，都将看到你们每个人身上的潜力、能力、天赋、才华、知识和才智。”

我知道，我们要趁热打铁，继续把招聘大会办下去。

到 2018 年，“100000 机遇方案”已在六座城市成功举办。

在菲尼克斯，每五个年轻人里就有一个被认为是“机会青年”。1700 人参加了我们的招聘大会，其中包括一位 17 岁名叫安吉尔 (Angel) 的人。他需要第二份工作为家人分忧，他有四个弟弟妹妹，父亲刚刚失业。安吉尔得到了星巴克的一份工作。

在洛杉矶，我们的招聘大会在斯台普斯中心举行，有6000多人参加。其中半数在开门之前就来了，在门外排起了蜿蜒长队。如此壮观的景象，令芝加哥招聘大会的规模相形见绌。求职者中有一位短小精悍的小伙子，他已经连续找了好几个月的工作，其间就睡在朋友家的沙发上。“我觉得自己还是有用的！”当天在拿到一份工作之后，他这样说道。

在西雅图，卡门·威廉姆斯应邀从费城飞来，上台讲述了自己的故事。她以拳击掌，说道：“这个大厅里有太多资源，好好利用它们，改变人生！”当天，32家公司一共签出700份工作。

在早期举办的一次招聘大会上，一位衣衫不整的小伙子引起我的注意。他慢慢走到梅西百货的展台前。这个展台模仿了百货公司的男装区。小伙子低着头，踱到一个铺满领带的桌子前面。他左右看看，不知所措，长时间在眼前这堆五颜六色、或条纹或图案的领带前面驻足，似乎是在解谜一般。

我正要上前帮他，这时一位衣着整洁的志愿者来到他身边，对他说了些什么。我没听清。小伙子拿起一条领带，走到一个穿衣镜前，低着头，眼睛看着地面，把领带绕过脖子，搭在T恤衫胸前。那位志愿者全程在指点着他，就像当初父亲对我那样。在我的受戒礼前，我们俩并肩站在镜子前面，父亲对我说：“先把宽的这根搭过窄的这根，绕过去，再绕一圈，再把宽的这头从后面拿上来——用手指头撑着领结孔，霍华德——接下来，轻轻地，把宽的这头从孔里穿过去。”小伙子小心翼翼地把领带结推向脖根，以免半途散开。成了。

他站在那里，不再低头，而是扬起了下巴，欣赏自己镜中的样子。就在那一刻，他的身姿变了。我能看出来，他佝偻的身姿变得自信挺拔。我敢说，他至少增高了1英尺！接着他笑了，他向那位教他打领带的志愿者表示感谢，然后走进熙熙攘攘的人群里，去迎接任何困难挑战。

那一刻非常短暂，却闪烁着人性的光辉，也反映了“100000 机遇方案”及其附带论坛对与会年轻人的巨大影响。送条领带再教他穿衣打扮并非活动的主旨。学会打领带并不能左右这个世界如何看待他，而是他自己怎样看待自己：他有能力，能掌控自己在世界上的存在。

这样小的细节都能产生巨大影响，令人重获自信。那么，得到并干好第一份工作会令人拥有怎样的尊严？

塞维尔·麦克尔拉斯－贝（Xavier McElrath-Bey）小时候一直受继父虐待，后又被寄养，9 岁时因为偷糖吃而被捕，后又加入帮派，11 岁开枪杀人，被判 13 年有期徒刑。

“放出来以后，我就成了‘机会青年’的一员。”28 岁的塞维尔这样说道。我们在达拉斯举办了招聘大会，这番话就是他在现场对企业管理人及当地的政要说的。“走进星巴克的那天，我的人生从此改变。”门店经理给了他一个机会，他说道。工作时，他在柜台后观察顾客。“我想像他们一样，成为一个用笔记本电脑的专业人士。”塞维尔一边在星巴克工作，一边拿到了硕士学位。他最近在未成年人司法部门工作，担任“青少年公正量刑运动”（Campaign for the Fair Sentencing of Youth）的高级顾问兼全国倡导人。他的工作是减少青少年罪犯不合理的量刑。塞维尔是我见过的最优秀的年轻人之一。

当天晚些时候，我和雪莉走在达拉斯招聘大会举办地——凯·贝利·哈奇森会议中心（Kay Bailey Hutchison Convention Center）——的展厅里。会场入口处旁边立着一块 6 英尺高的塑料标牌，上面是舒尔茨家族基金会的座右铭和此次活动的推特链接。鲜红色的标牌几乎与我同高。一天结束时，标牌上的白字里将写满与会者及志愿者的签名和留言。离开会场之前，我从口袋里拿出一支笔，单膝跪地，在标牌中央写下了两句话：

眼下的境况并非你的界定。

“美国的承诺”是我们所有人的。

与我年轻时相比，今天在廉租房或贫困、低收入社区长大的美国年轻人，进入高收入阶层的难度大了些。千禧一代里，有五分之一的人出生于贫困之中。与上几代人相比，这一代年轻人跟父母住在一起、啃老的人更多。与1975年的年轻人相比，他们有一半人没有自己的房子。据现在的形势判断，这代人到75岁才能退休。对那些贫穷及与社会脱节的年轻人来说情况更加严峻。

通过我做的这些事，基于几个相互交织的信念，我对前景抱有乐观态度。其中之一是，我相信“第一份工作”是年轻人“融入”美国社会的途径。十多岁时清理毛皮的人，我可能是唯一一个，但我不是唯一一个从逐门逐户推销产品开始，最后成为公司老总的人。我从这些工作经历中学到的，是早期工作经历的价值要胜过赚的钱。工作干得好，不论是建房子，还是帮助顾客找到合适的鞋子，还是因为咖啡做得好而获得升职，都会令我们感受到自我价值，获得目标感，有尊严。如果你是个因能力未得到展现而迷惘的年轻人，工作能为你的人生打开一扇窗。工作还能让我们见识很多优秀的人，继而心向往之，立志成为那样的人，就像塞维尔眼中那位用笔记本电脑的专业人士，或是当初我在纽约推销时见过的那些坐在办公桌后的经理那样。很多人的第一份工作报酬都不高，不足以养家，或者不是你理想中的工作，但它能让我们感觉到比自身更大的东西。第一份工作是人生重要的起步，是每个美国人都需要的机遇。

通过“100000机遇方案”项目，强化了我的另一个信念：公司在社会参与中的角色已经改变。企业要为雇用的员工和服务的社区做得更多。这个社区，指的是他们自己之外的社区。

在美国创办、拥有、领导一家公司，是一份非同寻常的特权。美国创造了无与伦比的好环境，使得创业者的创意能转变为赚钱的项目，使公司有望获得无限的增长和繁荣。但是，这一美国生活的独特之处能否经受住时间的考验，没有人可以保证。我们的经济无法长久发展下去，除非有更多人走上自给自足——而不仅仅是少数人先富起来——的道路。可是按照现在情况来说，有太多美国人想要奋斗，却苦于没有机遇。没有人教他们打领带，没有人帮他们树立基本的自尊，没有多少路能让他们走向更好的生活。

我深信，美国的私营企业能代表国家做得更多，不仅仅是推出政府项目的替代品，而是在政府的角色之外想办法。商业能刺激创新，能辅助改造和解决问题，能利用他们的资源帮助公民和顾客接受更多教育，提高技能，信息更充分，效率更高，自给自足。他们不是孤立或自负成本，而是与政府部门和非营利机构创新合作。公共部门和私营企业是共同体。

在新的公私合作关系中，我们能重构途径，帮助贫困人口脱贫，能重新思考美国人该如何接受教育和培训，以及雇主该如何发掘员工的潜力。我们能加深公众对企业的理解，能使公共实体部门掌握商业成功的原则——责任、创新、财务责任，使各种规模的公司都能更好地平衡社会道德和盈利的关系。

美国的市政当局从未像我们首次在芝加哥所做的一样，集结了如此多的国内用人单位，提供了如此充分的后勤保障，在如此短的时间里向如此多的年轻人提供如此多的工作岗位。由于我们在其他城市复制了这一模式，所以，我们这个公司联盟（在私人基金会的支持下）得以把成功经验拓展出去。

招聘大会是第一步，但不是最后一步。在每个举办招聘大会的城市里，舒尔茨家族基金会都继续投资，帮助当地年轻人为工作做好准备，并促使致力于雇用“机会青年”的公司给他们人生的第一份工作。除此之外，联盟的成员还定期会面，交流可行的办法。此举意在采纳最好的解决办法并将其在全国推广。我们还在不断学习。

星巴克聘用“机会青年”的努力还在继续，从全公司来看，“机会青年”入职之后的离职率比一般伙伴要低。

迄今为止，“100000 机遇联盟”的成就早已超出了预期目标。

我并不是说招聘大会和公私合作模式是灵丹妙药，能解决国家的经济不平等问题，但像这样的项目绝非异常现象。它们可以复制，可以改善，可以扩大规模。即便它们只能改变少数人的人生，也是值得做的。至少，它们证明了存在新的解决办法。

第二十章

帮助那些没有“毯子”的人

“真的很难过，因为意识到这辈子所有将要做的事情都已经天翻地覆。”

特雷西·斯波尔丁（Tracy Spaulding）的父亲、祖父、哥哥、叔伯、邻居工作的煤矿在距离2013年圣诞节还有两周时间时关停。这是他讲述自己在得知这一消息时的反应。每收到一份解雇通知书，就意味着一个人的收入和医保没了。对特雷西而言，他想象中的高中之后的未来，一下子破灭了。

特雷西是个结实、有胡子、热情的年轻人，脸上总是挂着微笑。他在西弗吉尼亚州的登娄（Dunlow）出生长大。登娄小镇位于阿巴拉契亚山区，只有1000个居民。镇中心是个只有两台加油机的加油站，煤矿是小镇唯一的企业。因为附近别无谋生的办法，所以，一些矿工离开故乡，去肯塔基州的汽车制造厂抢饭碗，还有一些去了北达科他州的页岩油田找工作。

对特雷西而言，登娄是他的故乡，是他口中的“美国一隅”。离开母亲做的饭，离开钓鲈鱼的小溪，离开猎鹿、猎熊、猎火鸡的树林，他不为动心又望而却步。可煤矿关停了，他没了挣钱的路子。此事令人震惊，却并不出人意料。

“二战”之后，煤炭工业成了美国经济的支柱。此后数十年时间里，这些从山里挖出的黑色石头给工厂提供动力，也点亮了大大小小的城市。然而，从 20 世纪 70 年代开始，煤炭工业逐渐衰落。自动化的普及，需要人工的地方越来越少。清洁能源的兴起，不断降低煤炭的需求。名目繁多的规定，拉高了煤炭的价格。美国国内的煤炭需求减少，别的国家也是如此，比如说中国，他们过去大量从美国进口煤炭，但现在开始发展自己的能源产品。尽管政客们许下了种种诺言，但曾经是数代家庭的衣食之源的数万个煤矿岗位已经不复存在了。

2017 年年初，我得知这一消息。但我不理解，这些经济因素怎么会影响到特雷西这类人的生计。在那个时期，我读了《乡下人的悲歌：全世界的绝望与焦虑》(*Hillbilly Elegy: A Memoir of a Family and Culture in Crisis*)。这本畅销书的作者是 J. D. 万斯（J.D. Vance），借着他的个人视角，看他讲述自己贫困的成长经历，我和其他人得以了解阿巴拉契亚山区居民生活的不易。

万斯冷漠而暴虐的父母令我难过，他坦诚面对以往的心态以及他祖父母的爱和支持令我感动。他向读者展示了一个因大人习惯性地逃避责任而变得缺乏判断力和常识的童年。这令我想起了自己的童年，父母整天吵架，家里喧嚣的赌局，父亲没本事挣钱，母亲愁容满面。除了少数几个人之外，此前我从未把这段苦涩的记忆告诉别人，因为总会勾起我的羞耻和痛苦。但万斯勇于把别人藏之不及的成长经历坦然展现，他的勇气令我为之一振。我打算公开地探究一下自己的童年，看看其中的插曲如何影响到我在事业上的优先安排。

同样令我钦佩的，是万斯对过往的宽容。在书中，他把亲人的行为放在阿巴拉契亚山区的文化背景中，理解、接受并原谅了亲人的劣行，尤其是他吸毒的母亲。他细致阐述了当地贫困、毒品危机、政局动荡的情况，将一个外地人无法了解或理解的群体展现在我们面前。阿巴拉契亚山区是美国的一部分，但国家似乎在需要给他们支持的时候却对其置之不理。

简而言之，《乡下人的悲歌》令我对自己、对国家有了更深入的了解。与退役军人、“机会青年”、仍在为种族不公平而斗争的人一样，这里还有一些生计艰难、被人遗忘的美国人。

当年 3 月，我见到了万斯，并与他长时间交流了美国阿片类药物滥用的情况。这一情况在阿巴拉契亚山区尤为严重。

一组事实是这一公共健康危机的完美佐证：体力劳动往往是小城镇唯一的工作，从事体力劳动的工人容易负伤，这些伤不仅会导致人生巨变，还会导致慢性疼痛。为此，医生越来越多地开出制药公司大力推销的高致瘾型止疼药。很多医生都愿意开麻醉止疼药，既能迅速缓解病人痛苦，又能免于被病人控诉医术不精的官司。在阿巴拉契亚山区以及其他社区，因经济低迷、产业萎缩而导致的失业，与绝望情绪爆发、残疾频发等情况同时存在。人们用于治疗疾病的药物，常常会被滥用或在黑市转卖，由此导致海洛因的使用。

在美国，过量摄入海洛因是意外死亡的主要原因。万斯告诉我，他曾参加过一次市政厅会议，当问到是否认识因过量服用海洛因而死的人时，会议厅里有四分之三的人举起了手。

我们俩还谈到，对煤炭经济的依赖，使得阿巴拉契亚山区缺乏创业精神。在煤矿工作，每年可以拿到 6 万美元到 10 万美元的报酬，人们便懒得去考虑创业的事。万斯最近参加了风险资本家、AOL（美国在线）的联合创始人史蒂夫·凯斯（Steve Case）发起的运动，旨在在“铁锈地带”[1]——毗邻阿巴拉契亚山区，包括其他一些工业衰退地区——扶植新型企业，促进经济复苏。当时，万斯和史蒂夫正忙于一个高宣传度的名为“他者的崛起”（Rise of the Rest）的长途旅行，意在考察五个州的七个城市，从当地企业家那里寻找商业创意，帮助刺激经济增长。

我向他们的活动捐助了100万美元。除此之外，我还决定亲自去西弗吉尼亚州看一看。我想，实地考察能令我真正了解这些农村小镇与那里的同胞到底经历了什么。星巴克在当地有517家门店，作为公司的CEO，我还想深入了解一下那里的经济动荡和阿片类药物滥用的情况，以及我们的伙伴会受到怎样的影响。我随即安排好了行程。

4月的一个早晨，太阳尚未升起。我离开西雅图，前往摩根敦（Morgantown）。这是一个位于西弗吉尼亚州东部的城市，人口约3万。与我同行的还有几个人，包括雪莉、拉吉夫·钱德拉塞克拉在内。路上，我给他们讲了个故事。

20世纪90年代中期，我与一些商界领袖访问了以色列。在此期间，我们见到了犹太人著名学者兼教师拉比[2]诺森·兹维·芬克尔（Nosson Tzvi Finkel）。当天，我们被带进他的书房，等待他的到来。大约15分钟之后，芬克尔拉比终于进了书房，坐在桌子一端。我不知道他患有帕金森症。他的身子抖得很厉害，我们都不忍心看他。

“先生们，看着我，现在就看着我。”他说道，一只手敲了敲桌面。与他抖动的身体相比，他说话也很艰难，但他不以为意，“谁能告诉我，大

① 指从前工业繁荣但现已衰落的地区。

② 拉比（Rabbi），在犹太教社团中，指受过正规宗教教育，熟悉《圣经》和口传律法而担任犹太教会众精神领袖或宗教导师的人。

屠杀[①]的教训是什么？”我们大吃一惊，聚精会神地听着。他叫起两个人回答问题，但对其答案不甚满意。

“先生们，让我来告诉你们人文精神的真谛和精髓吧。”他回忆道，“二战”期间，纳粹像对待牲畜一样把数百万人关进火车车厢，再把他们运往集中营处死。无论老幼，都站在车厢里，挤得几乎没有落脚之地。车厢里没有食物，没有卫生间，没有暖气。

“在毫无人道的畜栏里押送了很久之后，”他说道，车厢门突然打开。外面的光刺得眼睛什么都看不见。男女分开，母女分开，父子分开，然后都被赶到地堡里睡觉。

地堡里，每六个人中只有一个人被分了一条毯子。“拿到毯子的人在睡觉时不得不做出选择，”拉比说道，“我是让其余五个没有毯子的人跟我一起盖，还是为了更暖和一点而自己盖着？”

芬克尔拉比的身子仍然在抖，他环视桌子。“就是在这种关键时刻，我们学到了人文精神。”他说，集中营里的犯人都共用毯子。拉比站起身来，看着我们的眼睛，“拿着你们的毯子。拿回美国，跟其他五个人共用。”说完他就离开了。

我曾无数次思考拉比的指引。它比我最初想的复杂得多。这个暗喻有无限内涵，恰逢“有毯子的人”与“没有毯子的人”之间的差异越来越大的时代，这一暗喻尤其令人深思。“分享”的意思是什么？昔日的“毯子”在今天对应的是什么？

这也是拉吉夫与我们同行的部分原因。

---

① “二战”期间，德国纳粹有组织地杀害了大约 600 万犹太人和大约 25 万德国籍残疾人（所谓的“安乐死项目”）以及强迫其他“劣等民族”作为强制劳工，即“纳粹大屠杀”。德军占领苏联欧洲大片领土后，德军的党卫队等对苏联和波兰等地的犹太人也进行了灭绝性的大屠杀。

在星巴克的两年时间里，拉吉夫将自己的记者才华应用到数个项目里，包括招聘大会，以及星巴克发起的一次旨在让无家可归的人有个安身之所的筹款活动。在此期间，拉吉夫还开始尝试使用视频宣传手段。星巴克有数百万顾客，他们每天进出我们的门店，使用我们的移动 App，所以，我们在传播内容方面有得天独厚的优势。为什么只分享已出版的书和上映的电影呢？为什么不发布我们自己的东西呢？

我们开动脑筋，寻找可供星巴克宣传的有意义的故事。最初的一些想法纷纷夭折。最后，一个创意破茧而出。2016 年，拉吉夫及其小团队——包括一位优秀的摄影师兼电影制作人乔希·特鲁西略（Josh Trujillo）——制作了一系列短片，讲述了一些美国人解决社区问题的故事。拉吉夫和乔希走遍全国采访，有时候我也与他们同行。最后，我们精选了一些杰出人士的故事，他们都尽力拯救、恢复、重振“美国一隅”。在盐湖城，一位执着的会计努力帮助长期无家可归的人。在巴尔的摩，一位高中生发起活动，抵制在她的社区修建焚化炉，并取得了成效。在佛罗里达，一家洗车店老板为自闭症患者提供岗位。我们找到一位曾经服刑的人，她敞开家门让刚出狱的人住在家里，使他们在出狱后平稳过渡到正常生活，不再像她当初那样困难重重。一位年轻的企业家，他开发的 App 能让餐馆将食物送到流浪者庇护所。一位前 NFL（美国橄榄球联盟）队员，他为截肢者开办了一家健身房。美国人在帮助美国人，而我们只是将其事迹广而告之。

2015 年秋，《杰出人士》第一季上映。十部原创短片，可在星巴克网站、数字 App、脸书上观看，全部免费。迄今为止，第一季和第二季——在亚马逊的视频服务也能看到——的观看人数已超 1.5 亿。

我们希望，通过讲述这些真实的故事，不仅能赞美这些杰出的公民的创新之举，还能推动更多问题得到解决。我们意在利用公司平台，去推广好的点子和做法。

2017 年春，在我们前往西弗吉尼亚州期间，《杰出人士》第二季正在制作。我们希望，能在一个需要杰出人士的州找到问题的解决办法。

卡纳瓦大道（Kanawha Boulevard）上的星巴克门店，距离金色穹顶的西弗吉尼亚州议会大厦只有两三英里。我们抵达时，星巴克的地区经理和门店经理迎接我们。我走到柜台后面与伙伴们打招呼，并应要求跟几位伙伴自拍合影。然后，我在咖啡桌旁坐下来与大家座谈。

在这家及西弗吉尼亚州其他门店工作的伙伴共有 14 位到场。我请他们一一自我介绍，问他们入职多久了，以及他们出身背景的情况。他们的故事有些耳熟。一位名叫本·约翰逊（Ben Johnson）的门店经理，他在星巴克干了 15 年了，他跟妻子凯茜（Kacey）相识于上班第一天。凯茜现在是位护士。本说，若不是从“咖啡豆股”里挣的钱，凯茜根本上不了护理学院。地区经理说，西弗吉尼亚州曾出现一次化学品溢漏事故，污染了本地的水源，星巴克被迫临时关停本地的一家门店。她很自豪，因为直到门店重开之前，她一直给没地方找工作的伙伴发着工资。

有些故事则是我在跟别处的伙伴座谈时没听过的。本说，他正在一个少年棒球联合会球队担任教练，他的队里共有 12 名队员，其中 10 个是被祖父母或外祖父母抚养，因为其父母对阿片类药物成瘾或因此而死。另一位名叫史黛西·柯林斯（Stacy Collins）的门店经理说，她的父亲是位矿工，因为伤了背再也不能工作了。

“他对止疼药上瘾。”她实事求是地说。史黛西性格活泼。她正怀着孩子。雪莉问她如何避免失业和药物滥用的家族循环。“我妈妈性子很烈，她教育我们要珍视工作和家庭。”

接下来的日子里，我们将会听到更多有关艰苦生活和韧劲的故事。

“今天？要是刀子快一点，我今天就不可能在这里了。”

说话的女人拉起袖口，让我们看她手腕上的道道红痕。那是她自己割的。她儿子的生父要把孩子从她这里夺走，她现在的丈夫要跟她离婚。她的钱都用在戒毒活动上，现已身无分文。还有，她曾从行驶的汽车上跳下受伤，原因却未透露。她声音低沉而疲惫：“那几把刀他妈的真不够快啊。”

她旁边那个女人蜷缩在椅子里，不住地干咳。这是在摩根敦的“板栗岭治疗中心”（Chestnut Ridge），这两位女士是在场的七位病人之二，病人们靠房间的墙壁而坐。这些病人是500多位止疼药和海洛因上瘾且最近开始接受每周一次治疗的患者其中之七，他们很幸运，因为治疗中心等待治疗的人还有600多位。

当天，治疗中心的朱迪斯·范伯格（Judith Feinberg）博士负责接待我们。她是西弗吉尼亚大学医学院（West Virginia University School of Medicine）的教授，是阿片类药物成瘾的医疗后果方面的权威。范伯格博士说，她可以为我们提供相关数据，但要想了解毒瘾的危害，不如观察一下戒毒者的情况。她允许我们列席当天上午的两段治疗。上面这一段，针对的是刚刚开始参加板栗岭治疗中心康复项目的阿片类药物成瘾者。听他们的故事，我非常心痛。范伯格博士说得对，与数据相比，亲身讲述的故事更令人震撼。

这个小组一共六女一男七个人，负责人是一位成瘾方面的精神科医生。他问他们当天感觉如何。他们的回答——包括刚才说自杀的那位女士——令人心碎。

另一位女士双腿不停地颤抖，她说自从背部手术之后就一直吃止疼药。“15 年了，医生一直给我开止疼药。”她曾经参加过这个康复项目，好了又犯，这次又回来了。

一个年轻的女孩对大家说，她已经两天没吸大麻，一天没喝酒了。“我们全家人都吸烟酗酒。”她的父亲是位煤矿工人。

另一位女士说，她一直竭力戒毒，但保险公司不为她担负处方药的费用。她指的是“舒倍生”（Suboxone），一种广泛用于治疗阿片类药物成瘾的药，可以抑制犯瘾。板栗岭治疗中心的病人都服用舒倍生，参加密集行为治疗。要拿到舒倍生，到场参加治疗是先决条件，二者都有助于改善患者的生活。

对“今天过得怎样”的回答仍在房间里继续。

“很糟糕。”一位中年妇女说道。她穿着一件黄色运动衫，前胸印着“FAITH”（信念）的字样。她驱车三个小时来到这里。她说，她男朋友总是当着她的面吸毒，昨晚被警察抓走了。他们居住的酒店房间，费用只付到明天。她说，之后她就不知道何去何从了。刚才发言的那位年轻女士说，可以住在她那里。

小组里唯一的男性患者是个海洛因吸毒者，他想戒毒，却一次次复吸。他哥哥两个月前死了。他女朋友刚刚跟他分手。他不想吸毒。

“只要能有助于戒毒，我什么都愿意干。”他说道。

戒毒周期比流感还难受。在场的患者都憔悴不堪，他们的衣服多日未洗，皱皱巴巴，大多数人连坐都坐不稳。毒瘾已使他们掉入万丈深渊，在我看来，要想爬出来恢复正常生活是无法想象的。走投无路时，能去哪里？他们来到这里。他们接受治疗，不愿自甘堕落。他们想改过自新。

大厅对面就是证明，证明他们能够做到。我们列席的第二段治疗，包括二十多位康复中的男女患者，其戒毒之旅已经走了很远。每个人开口时，都是先汇报一下自己戒毒多久了。这些人至少一年时间没有碰任何毒品和酒精了。有些人的戒毒时间更长。与大厅对面那一组患者相比，他们情绪平静，坐得很稳，衣着整洁。他们的衬衫都扎进裤腰里，头发都梳得整整齐齐。这个房间里气氛并不紧张。他们之所以继续来参加康复活动，是因为阿片类药物成瘾是终生的斗争。跟癌症一样，它也会复发。像酗酒一样，需要团体的支持才能预防复发。

两个小组的不同之处非常明显。

第二个小组的治疗结束后，其中两位女士答应跟我们以及范伯格博士一起到治疗中心的前厅坐下聊聊。

萨拉（Sara）是一位年轻的母亲，也就刚刚 20 岁出头。她穿着黑色紧身弹力裤，说话时双手一直插在运动衫的兜里。她在一个很小的镇子长大，镇上只有一座红绿灯。她上高中时第一次接触到止疼药，是她男友把他父亲服用的药拿给她的。直到结婚生子，她也一直在吃。直到儿童保护组织取消了她对三个月和两岁的两个儿子的监护权，她才下决心戒掉。她现在已经成功戒毒，孩子也都回到了身边。

我问她能不能解释一下为什么那么难戒，尤其是还要冒着失去孩子的风险。之所以问这个问题，还是因为我对毒瘾所知太少。我的父母成年后就一直吸烟。我父亲死于肺癌。我从未吸过烟，在大学时曾经抽过大麻，但并未对其产生一点兴趣。年轻时我没有喝过啤酒，成年后只在吃饭时小酌一两杯红酒，我从不酗酒。

范伯格博士插嘴道：“人们总以为上不上瘾是一种选择，其实它是一种病。”两位女患者点头称是。范伯格博士解释道，阿片类药物会改变大脑的化学构成，形成反常的回路，使人产生强迫行为。大脑认为你离了毒品不能活，即便它会腐蚀你的生活也要摄入。海洛因和阿片类药物的成瘾性非常强，坚强的父母本能也无法抵抗。毒品和药物滥用的危机导致了无数孩子被寄养。

“我就是这种情况。”另一位名叫詹妮弗（Jennifer）的女士说道。她穿着时髦的破洞牛仔裤，上身是一件灰色T恤，外面穿一件纽扣领的法兰绒衬衣，长发及腰。她的母亲是个瘾君子，她13岁时，她母亲就让她把止疼药带到学校卖给同学。詹妮弗吸食海洛因很多年，现在已经戒了。她现在是一家餐馆的经理，养着三个孩子。“要是不来这里，我就会丢掉工作，失去房子和孩子。”

这两位年轻的女士都很聪明，有自知之明。要是在别的场合见到她们，我可能猜不到她们的生活曾被毒品所侵蚀。她们叙述悲惨过往时实事求是，态度坚决，丝毫没有自怨自怜，使我们明白了阿片类药物和海洛因对人的自我会造成怎样的束缚。跟患上其他疾病一样，康复的意愿不仅仅是种选择。康复需要一个团队的支持——医生、心理健康辅导员、社会工作者，他们为患者开出适合剂量的药物，让患者对自己的行为负责，不让他们承受额外的内疚。范伯格博士说：“毒瘾与常识毫无关系。”

然而，内疚在患者身上非常普遍，尤其是那些身为人母的人。她们在怀孕期间摄入毒品，使婴儿在子宫里就受到毒品影响。

从摩根敦横跨西弗吉尼亚州，来到亨廷顿（Huntington）。一座普普通通的砖结构楼房里，坐落着美国首个私人非营利治疗中心，专门收治患有新生儿戒断综合征（neonatal abstinence syndrome）的婴儿。这些孩子在母亲怀孕期间，在子宫里就受到阿片类药物的影响。正门的门牌上画着一个蜷着身子睡在绿叶上的婴儿。“莉莉的家”（Lily's Place），门牌上如此写道。走进室内，全是粉红色和粉蓝色的色调，非常安静。在一块圆点装饰的公告牌上，钉着十块新的一次性尿布，尿布上用马克笔写着妙趣横生的话：“你们的爱和关怀改变了我的人生！”“你们做的事意义非凡！”“上帝保佑好心的你！”用的是小孩子的口吻。“莉莉的家”里收治的都是阿片类药物滥用的年纪最小的受害者。

一位护士欢迎我们，并带领我们走过几条短而光线柔和的走廊。她允许我们走进温馨的婴儿房看看，每间婴儿房里都有一把摇椅、一个换衣台，墙上有动物的装饰画或油画。有的婴儿房里放着摇篮曲。这些房间令我和雪莉想起了孙子的卧室，不同的是，这里每个婴儿床的床头都有监视生命体征的设备。

这里的每个婴儿在接受毒瘾戒断。

这些婴儿身上表现的脱瘾症状包括大哭、颤抖、肠胃病、癫痫。他们还对外界刺激格外敏感，所以这里才如此安静。他们或是躺在婴儿床上，或是被护士抱在肩头。这些襁褓里的小家伙跟正常的新生儿没有区别。这些孩子的体内痛苦没有外在表现，又口不能言。雪莉怀里抱着一个婴儿轻轻晃着，流下泪来。

“莉莉的家”于 2014 年 10 月开办，共有 220 名婴儿在这里接受过两周到四周的戒断治疗。治疗中心的费用有一半来自捐赠和政府补助。这里的员工数量不多，但都忠于职守，其中就包括其全职主任丽贝卡·克劳德（Rebecca Crowder）。丽贝卡身上洋溢着友好和热情，这种态度我在亚利桑那州立大学校长迈克尔·克劳身上看到过。她身材娇小，却很有气势。她是这些无法为自己发声的孩子的发言人。她来参加我们的会议，带着同情也带着统计数据。

新生儿戒断综合征的高发是个新现象，她对我们这样说道。以前，大多数医院每年只碰到少数病例。现在，美国全国每25分钟就有一个新生儿患有新生儿戒断综合征。亨廷顿的一家医院要求对每一位产妇强制药物检测，在这里，患有新生儿戒断综合征的新生儿数量是全国平均值的15倍。照料一个患有新生儿戒断综合征的婴儿，其费用是照料正常婴儿的5到10倍。在“莉莉的家”，照料一个患有新生儿戒断综合征的婴儿，其每日费用是重症特别护理婴儿的五分之一。

我们被带到一个开放区。在这里，我们见到两位女士，她们的孩子都在“莉莉的家”接受戒断治疗。这两个新生儿出生时体内的毒瘾已被成功清除，两位母亲也在康复之中。社工安吉拉·戴维斯（Angela Davis）陪同我们，在我们与两位母亲交谈之前，她先把我们叫到了一边。她说，如果我们不能遵守她的原则，她就不让我们接触她们。

“不准评判她们，我对这个是零容忍。”她说道。“莉莉的家”的母亲大多数都在接受吸毒或酗酒的康复治疗。“她们已经很内疚了。她们知道自己以前犯了错。”安吉拉说道。丽贝卡同意安吉拉的观点，她告诉我们，如果孩子的父母不能戒毒，他们的孩子也做不到：他们需要心理的正强化。

其中一位年轻的母亲手拿一只泰迪熊毛绒玩具，抱着一个胖乎乎的女婴，女婴大概四个月大，长着胎毛的小脑袋上戴着一个银色的蝴蝶结。一个头戴蓝色蕾丝帽，脚穿塑料凉鞋的小女孩走到我坐的地方。我说抱抱她，就把她抱起来放在大腿上。两个孩子都笑着，她们的母亲也是。雪莉跟两位母亲轻松交谈，问她们的情况。很不错，她们答道。一天一天地过。坚持下去。安吉拉为她们取得的进步表示祝贺。她对我们说，两位母亲都很刻苦，她们到这里来的原因不言自喻，没必要遮遮掩掩，没必要对她们评头论足。

要责怪这些女人，是件轻而易举的事。但丽贝卡和安吉拉都没有这样做。她们都知道，阿片类药物太过强大，能摧毁任何人的本能。没有人打算上瘾，对身为父母的人来说更是如此。这时我又想起范伯格的话：“上不上瘾不是一种选择，它是一种病。”这些孩子要想过上健康的生活，前提就是有个健康的母亲。

当天晚上，离开“莉莉的家”之后，丽贝卡跟我和拉吉夫在亨廷顿市里历史悠久的弗雷德里克酒店一起吃晚餐。数百间客房已经改成了办公室，但酒店的大厅仍保留了富丽堂皇的旧时风格。与我们一起吃晚餐的还有五个人，他们都致力于解决亨廷顿阿片类药物滥用问题。从 2007 年到 2012 年，4000 万剂量的阿片类药物流入亨廷顿，其滥用地区已经包围了卡贝尔郡。政府最后终于把地下作坊——大量售卖处方止疼药的家庭经营的商店——捣毁，但瘾君子们转向摄入海洛因，后者通过复杂的途径进入城市的大街小巷。

亨廷顿市前任警察局长也在座。他承认自己曾经错误地以为通过逮捕行动可以解决危机。丽贝卡说，指责也不能解决问题。依赖药物的人不应该被妖魔化。“通过开处方药，也不能解决问题。”一位在座的医生说道。没有支持和指导，药物治疗的康复效果不佳。本州本郡有太多止疼药，但社工的数量严重不足。

我们的摩根敦和亨廷顿之行令人深思，令我对美国历史上最严重的毒瘾泛滥问题有了更深入的了解。这是一场人为的灾难，制药工业的领导、医生、立法者、政府任命的监管机构、毒贩，都难逃干系。他们的疏忽大意、不负责任、无尽的贪婪，使得止疼药、违禁药、毒品渗入美国的大小社区。

2016 年，因过量摄入毒品而死的人是 64000 人，是 2011 年 9 月 11 日恐怖袭击中死亡人数的 20 倍，几乎是越战、伊拉克战争、阿富汗战争中死亡的美国人数总和。然而，对这个自身造成的加于本国公民的伤害，国家并未全力以对。

晚饭期间，我又听到了那句熟悉的话："有个办法能帮助解决这个问题，那就是经济，好的工作。"

在全国各个州里，西弗吉尼亚州是劳动参与率最低的。失业导致的绝望和厌倦，以及雇主罕为员工购买医保，都加剧了非法药物的滥用。这场斗争有两面：一面是治疗病人，一面是预防疾病。

第二天，我们驾车深入煤矿区，与阿巴拉契亚山区的另一个顽疾——高失业率——面对面了。

"桥下社区外展中心"（Under the Bridge Community Outreach Center）厨房的架子上摆着一罐罐地扪玉米羹、一盒盒吉露果子冻、一盒盒男厨牌意大利小方饺。这个流浪者收留所的墙上贴着一张纸，上面写着住宿规定：

房间要每天打扫干净。

不准吸毒、饮酒。

每月 1 日缴纳食宿费。

每天做家务。

与其他居住者和睦相处。

违反规定者会被赶走。

西弗吉尼亚州贫困的洛根镇新开设了一个收容所，其居住者都是失业的人。为了支付每月 750 美元的食宿费，他们在镇子上举着牌子拿着桶到处游逛筹钱。

洛根镇的街道上，成排停放着皮卡。街道两侧是废弃的店面，四处游荡着吸烟的人。我们驱车经过一家营业的一元店和一家救世军商店[1]。高而优雅的路灯每隔 10 英尺就有一个，一家家庭经营的家具店了无生气，这就是这个煤炭小镇曾经繁华的痕迹。

“都毁了，就像经济大衰退一样。”说话的是格雷戈里・卡珀（Gregory Carper），他在查尔斯顿率一个小组负责“美国青年建筑团”的项目，曾经住在洛根。他主动提出要带我们四处看看。那些尚未流落街头的人，距离流落街头也只有一次领薪的机会了。“除了进山挖煤，这里的人不懂别的谋生手段。”卡珀说道。他此前安排我们参观了收容所，还召开了一次小型会议，与社区的领袖和成员谈了谈。

在收容所的二楼，我们与六七位本镇居民围成圆形而坐。

“我们是骄傲的人，被一根绳子吊着。”一个抱着小狗的女士说道。

一位名叫查理・库里（Charlie Curry）的绅士在阿巴拉契亚电力公司（Appalachian Power）工作。他说，在不得不给交不起电费的家庭断电时，他很难过。“人们必须做出选择，到底是把钱用来买电、买食物，还是买药。”查理的父亲曾是个矿工，患上黑肺病、防冻剂中毒、脊椎受伤，他的雇主却拒绝支付曾答应好的福利。这在失业和退休矿工中是常有的事，矿业公司宣布破产，得以合法地逃脱欠员工的债务，而员工们则失去了养老金和医保。

在场最年轻的、也是最坦率的人名叫乔伊・肯尼迪（Joey Kennedy），他今年 39 岁，是第五代煤矿工人。他说自己从未旷过一次工，最终晋升

① 售卖二手物品的慈善机构。

到 115000 美元年薪的管理岗位。入行 17 年之后，乔伊突然被辞退，没有离职补偿金。他是在出差返回的途中得知这一消息的。现在，他在教会担任牧师，一边在医院当夜班护理员，一边学习准备考护士。他深蓝色的制服上胸口，别着一个塑料员工牌。乔伊和妻子一共就赚了 4 万美元。上一周，银行收走了他贷款买的皮卡。

乔伊身边坐着的那个人跟乔伊长得一模一样，只是头发是灰色的，身形也比他壮一些，那是他的父亲。他穿着一条牛仔裤，一件明黄色 T 恤衫，比儿子沉默寡言。

我的父亲在某些方面跟乔伊的父亲有些相似，但他不像大多数矿工一样，上班时明知自己要冒着重病、重伤的风险。

“要是可以的话，你愿意回煤矿工作吗？”我问乔伊。

“绝不可能，我妻子会杀了我的。”乔伊笑着答道。

最后，我问在场的人，他们想让洛根之外、西弗吉尼亚州之外的人知道他们哪方面情况。乔伊倾过身子，似乎多年前已经准备好了答案。

“舒尔茨先生，我只想让外界知道一件事。我们不是傻瓜。我们不是一群愚蠢的土包子，不要对我们有误解。我们想要工作，我们想要机遇，但我们的机遇被剥夺了。”乔伊对煤矿业、对政府、对国家体制有怨恨。西弗吉尼亚州大片土地产权被外州人占据，他们不向本州纳税。“要是他们纳税的话，”乔伊说道，“我们的日子就好过多了。”

西弗吉尼亚州人要的不是施舍，他们需要的，他们想赢得的，是第二次机会。

第二十一章

在进取中探索未知

在亨廷顿宁静的市郊，我们把车停在一家废弃的工厂前面。我们走进空荡荡的厂房，房椽上挂着日光灯，照亮蜿蜒的管道和几十根支撑屋顶的方柱。墙上有块褪色的标牌，上面写着这家工厂的最后一位主人：柯宾有限公司，男性服装制造商。

过去数十年时间里，这家十万平方英尺的工厂里满是一排排嗡嗡作响的缝纫机，裁缝师傅为服装制造商缝制裤子，后者售卖的无褶裤是“二战”后衣着考究的男士的标配。柯宾有限公司于 20 世纪 40 年代创办于布鲁克林，1957 年搬到西弗吉尼亚州。据报道，这家工厂曾经是本地区员工数最多的企业。

2003 年年初，柯宾有限公司宣布破产，工厂从此废弃，积压着灰尘，堆积了流浪者的垃圾。这片厂房原本是要拆除的，但直到 2014 年，一位名叫布兰登·丹尼森（Brandon Dennison）的西弗吉尼亚州年轻人以一平方英尺一美元的价格将其买下。慢慢地，布兰登及其团队将其翻新，用作其企业——煤田开发公司（Coalfield Development Corporation）——的大本营。

我们此行是来见布兰登的。来的路上，拉吉夫跟我说了原因。自从抵达西弗吉尼亚州以来，我们曾目睹了很多艰难困苦，也曾结识令人鼓舞的个人。较之于“莉莉的家”的安吉拉、丽贝卡，“板栗岭治疗中心”的医生和社工，在查尔斯顿负责“美国青年建筑团”项目的格雷戈里……布兰登是另一种类型的“治疗者”，他尝试通过往本地破旧立新的经济中提供工作岗位、培训工人、建立新的商业模式，来为西弗吉尼亚州做贡献。

布兰登的家族已在西弗吉尼亚州生活了六代人。他在一个名叫奥纳（Ona）的小镇长大，父母都是大学教授。布兰登大学本科学的是历史和政治学，还有公众事务专业的硕士学位。他参加基于信仰的外展服务和志愿者活动，去过世界上很多国家以及美国各地。他本可以在别处安家，但他选择回到故乡。

布兰登身材瘦削，穿着牛仔裤，前胸口袋里插着一支笔。他穿过曾是工人工作的场地迎接我们。他的容貌带点孩子气，很难看出已是 31 岁的人。我们俩握了握手，他便开始带我们四处看看，因为我们的到来而兴奋不已。

他解释道，煤田开发公司是由五个社会企业组成的非营利公司。每家企业都为西弗吉尼亚州提供所需的产品和服务，其中包括屋顶安装太阳能电池板、蔬菜大棚、客户定制的木质家具。他们的目的是让每家企业都能达到自给自足并实现盈利。目前，煤田开发公司依靠政府补贴、政府投资、个人捐赠来维持经营。挣的钱都会再投到生产中去。对一家新兴企业来说，他们的涉及面太广了些，但布兰登的策略就是多样化。一直以来，阿巴拉契亚山区过度依赖单一产业，他想证明别的产业也能兴盛。

除了培植新产业之外，布兰登还有一个更重要的目的。每家企业存在的目的，都是为西弗吉尼亚人提供工作岗位和技能培训。

很多企业家都有各自的“种子故事”，即他们的技能与兴趣碰撞生成创业点子。我的“灵光一现”是近30岁时发现了米兰的意式咖啡吧。布兰登跟我们说了他的“种子故事”：几年前，炎热的7月里的一天，他参加一个社区服务项目，为一个老妇人修缮房屋。他站在院子里，大汗淋漓，这时他抬起头来，看见远处热气腾腾的公路上走来两个男人，他们肩上搭着工具带，向他走来。“就像电影里的场景似的。”他这样说道。两位陌生人走到布兰登身前，问他要不要雇人干活儿。布兰登解释说，他和团队都是志愿者，没有付薪的工作。那两个人就走了。这次礼貌的问答只有短短一分钟，但令布兰登久久无法忘怀。在他看来，这件事反映了西弗吉尼亚州的困境。

“这里有聪明、精力充沛、多才多艺的人，他们想要工作，愿意学习，想做事。”布兰登说道，“可是，因为经济太不景气，社区萧条，人们的能力没有用武之地。”

用武之地。我喜欢这个词。它描述的，是那些拥入招聘大会的“机会青年”，以及我在军事基地见到的那些退役军人。我想，美国仍是一个未得到开发的用武之地。

这时我们绕过屋角，进入一间有空调的房间。房间里摆着一个未完成的木架。每一层架子上，白色的补光灯下，都摆着塑料浅托盘，托盘里面是一株株绿苗。“这都是菜苗。”布兰登解释道。煤田开发公司的一家企业——新植阿巴拉契亚（Refresh Appalachia）——向当地餐馆提供营养丰富的绿色蔬菜。

我们走出大楼，在外面茂密的草地上闲逛。布兰登指着一个标有“练习”的屋顶，那里，煤田开发公司的另一家企业——新能源阿巴拉契亚（Rewire Appalachia）——的员工正在学习如何安装太阳能电池板。布兰登说，煤田开发公司是西弗吉尼亚州南方地区首家获得太阳能电池板安装许可的公司。我们走进大棚里，长条状的槽里种着甘蓝、莴苣、菠菜、胡萝卜、番茄、青椒。西弗吉尼亚州缺少便宜的健康食物。这些蔬菜都会卖给农产品市场和食品经销商。在别的地方，新植阿巴拉契亚公司正把露天煤田改造为可持续种植的农场，并教以前的矿工种植、销售农产品。

“你好！”我看见一位身穿牛仔裤、戴着太阳镜在大棚里工作的人，就朝他挥了挥手。他向我报以微笑。煤田开发公司的员工都被称作“组员”。如果煤矿没有关停的话，他们中的大多数人仍会去当矿工。在煤田开发公司，他们学会各种技能，还接受教育。每位员工选择一个为期两年半的项目，每周包括 33 小时有偿劳动，6 小时的课堂学习（以取得高中同等学力、大学副学位或专业资质），3 小时的生活技能培训（如金融知识、身心健康知识等）。煤田开发公司还免费对外开放，只要有兴趣学习新的技能，都可以来参加培训。

我们回到厂房里，经过地上一个大洞。这是另一家企业——新建阿巴拉契亚（Reclaim Appalachia）——的所在。他们的业务是贩卖待拆建筑物的废弃物。在地下室，他们计划修一个剧院、一个艺术家展室。

随后我们走进木工作坊。锯末满地，锯木架上是橡木和樱桃木的木板。六七个年轻人，有的戴着护目镜，全都穿着牛仔裤和结实的工作靴，正在用带锯和机床工作。在这里，员工学习制作餐桌、书架、书桌等各种各样的家具。

我们回到厂房空荡荡的主厅。布兰登邀请了管理层和员工代表与我们会谈。六条红色衬垫的长凳被排成方形。这些原在教堂里使用的靠背长凳与厂房的碎石碎砖格格不入。布兰登在跳蚤市场以每条凳子 100 美元的价格将它们买下。一边是教堂的长凳，一边是一个废弃另作他用、意在改善百姓生活的厂房，二者竟然有种莫名的契合感。

大家各自就座。我有很多问题要问，大家也都知无不言。

“这个州对太阳能有没有偏见？”大家纷纷摇头。一个年轻人解释道，太阳能与煤炭并不敌对。眼下经济形势如此低迷，人们在乎的是能不能找到工作。

“这里有没有过对员工特别好的煤炭公司？”有几个，他们答道。但多年时间里，煤炭公司似乎拥有所有的东西：员工们住的房子是他们的，买东西的商店是他们的，一个个家庭的生计也是他们的。他们把控着这里数代人的繁荣昌盛。煤炭公司离开后，一切都分崩离析。本地的发展不得不从零开始。尽管政客们信誓旦旦，但在座的人似乎都已认为西弗吉尼亚州的煤炭产业不会复苏，他们纷纷另谋出路。布兰登利用自己的商业头脑帮助他们，使他们思考新的未来，这就是布兰登“共用毯子”的方式。

“我们正在书写新的西弗吉尼亚故事。”布兰登说道。不是把西弗吉尼亚州改造成另一副模样，而是发掘其创业潜力，使人们的才能有用武之地。

外面驶过一列货运火车，其声势震耳欲聋，我忍不住想看看，生怕它会破墙而入。

“要是煤矿又开了呢？你们会欢迎吗？”很多员工点头表示肯定。起初我无法相信。据我听到的那些故事，大多数煤炭公司对给他们挣钱的员工没有或少有尊重。他们的所作所为与我们星巴克的理念南辕北辙。在阿巴拉契亚山区，煤炭公司视人命如草芥，缺乏责任心，缺乏同情心，很不道德。可即便如此，这些年轻人还说愿意去挖煤。

布兰登的一位同事注意到了我的困惑。他解释道：“如果一件事几乎是你生命的全部，除了它你一无所知，那么，哪怕它把你的生命置于危险之中，你也很难跟它分离。”

他们甘于现状的心态与我活跃的创新精神大不相同。年轻时，我乐于横跨美国，开始新的生活。可这些与我同坐在废弃制衣厂里的人不愿离开故乡。他们和煤矿、和阿巴拉契亚山区紧密相连。离开这里，纽带就断了，也找不到自我了。即便是搬到繁华之地，也不是很多矿工的意愿。在父辈、祖父辈谋生的地方生活、死去，踏着前人的足迹，传承他们的传统和文化，对一些人来说就是人生的尊严。在他们眼中，被迫离开家乡，像候鸟一样断了根，不仅仅是危险、令人望而生畏，还是走下坡路。

对很多美国人而言，地理和产业与身份复杂交织在一起。我认为，这种扎根精神，和探索精神一样，都是美国精神的本质。国家的体系——商界和政界——要为人民提供可行的选择，以满足这两种需求：或者安居乐业，逐渐发展、适应；或者探索变化、未知的外界。

“我努力想象一个不一样的未来。”一位身体强壮，身穿深蓝色短袖衬衫、头戴薄棒球帽的男士说道。我刚才在木工作坊见过他。他自我介绍说叫特雷西。他说，跟他的故乡登娄相比，亨廷顿算是个大城市。特雷西一家及其朋友们失去煤矿的工作已经大约三年，他的未来打算也化为泡影。高三那年的一天，他去上焊接课，老师告诉他，附近一家公司的代表正在学校里招工。他参加了煤田开发公司的面试，公司的代表邀请他加入。他说自己已经准备好边工作边学习。

特雷西现年 19 岁，已在煤田开发公司度过了第一个两年半。每天，他都在木工作坊里砍、锯、抛光，直到下午 3 点。然后吃点东西，休息一下，再去下午 6 点开始的社区大学上课。以前他从未想过要接受高等教育。

学业偶尔会令人心烦，他说道，日程安排令他筋疲力尽。煤田开发公司的时薪只有煤矿工作的一半。他很想家，所以，每到星期五，他都驱车一个小时回登娄过周末。

但他不抱怨。他心怀感激。

2018年夏，共有120多人参加了煤田开发公司独特的工作－培训项目，其中60多人已全部完成。600多人参加了培训课，很多人都拿到了新的专业资质。特雷西·斯波尔丁后来去了一家钢铁厂工作。若没有煤田开发公司的经历，他不可能得到后来的这份工作。

不论是作为企业家还是作为个人，布兰登的成就都令我刮目相看。他本可以对心爱的西弗吉尼亚州的经济低迷视若不见，搬到繁华之地生活。但他不愿做一个旁观者。他把同情心和资本相结合，帮助故乡的同胞改变命运。创办煤田开发公司并非只是提供工作岗位，还培养了人们的韧劲和自力更生能力。

布兰登·丹尼森改革的精神并非个例。2017年秋，《杰出人士》第二季上映，布兰登只是我们记录的11位令人鼓舞的故事主人公之一。通过我们的宣传，有更多私人捐款投向煤田开发公司。布兰登接到很多电话，说想要在美国其他农村地区效仿他的社会企业模式。星巴克和舒尔茨家族基金会都向煤田开发公司捐了款。

布兰登说的一句话令我久久难忘："阿巴拉契亚山区的故事就是美国故事的核心。"我想，这句话可以用在美国的各个角落。

第二十二章

中国星巴克的“伙伴家庭论坛”

母亲给我打电话说父亲被诊断出肺癌，医生说他还能活一年。他才60岁。

母亲打电话时，我和雪莉正在往车里放行李。那是1982年，我们打算第二天出发，驱车3000英里，横跨美国。后座上带着我们的金毛寻回犬。我们将于劳动节周末抵达西雅图，在那里我将开始新的工作，在星巴克的市场部门担任主管。

听到父亲患病的消息，我震惊不已。大学毕业后，我先是在父母家里住过一段时间，然后与人在纽约市合租了一间小公寓，再后来就是跟雪莉结婚。我不喜欢回卡纳西父母的家，因为家里的气氛总是很沉重。那些年里，母亲的忧愁越发厉害，哪怕是同处一室，我和父亲也没什么话可说。话虽如此，他终究是我的父亲。我知道这意味着什么。

我觉得有责任在之后几个月的痛苦日子里照料父亲。我同样觉得有责任帮助母亲，她已经越发依赖于我。我弟弟迈克尔在外地上大学，妹妹萝妮住的地方离卡纳西很远。我分身乏术。现在怎能离开纽约，又怎能不离开纽约？我已向星巴克的老板保证，说会在9月初到岗。我需要工作，不仅是为了即将添丁的家庭，还为了给父母还房贷、买医保。此外，我迫切想要加入当时只有一间小办公室的小公司星巴克，因为我嗅到了机遇，我不想错过。

出发前，我去医院探望父亲。母亲坐在父亲的病床边，她很害怕，但竭力不表现出来。我站在父亲床边，悲伤与怨恨此起彼伏。这两种冲突的情绪，以及是否要推迟去西雅图的迷茫，都令我一时语塞。这原本是我们父子俩交心的好时机，一个尽释前嫌、道歉与宽恕、表达爱的时刻。但我和他的关系没有那么亲近，这种情感表达是不可能的。我只是握紧了他的手。

“去西雅图吧。”父亲说道，“你和雪莉在那边要开始新的生活。”

“你一定要去。”母亲附和道，她的脸通红而肿胀。

我和父亲尴尬地道了别，我回家继续收拾行李，心里却充满内疚和担忧。前往西雅图的路上，每到一站，我都要打电话回家，生怕不能再次与父亲通话。

方容的母亲生平第一次住了院，因为医生怀疑她得了癌症。她没有立刻把消息告诉方容。方容工作生活在武汉，她的父母在柳州，柳州位于中国南部，两地相隔 20 小时的火车车程。方容的母亲不想让女儿回家。她知道身为星巴克门店经理的女儿很忙。

“我离家那么远，万一父母健康出了问题，谁来照顾他们？”方容字斟句酌地问道。她的母亲就坐在她身旁，身穿一件淡紫色花呢大衣，一边拿纸巾擦拭眼睛，一边轻抚女儿的后背。她已经康复，今天是应女儿邀请到北京来，也为了见见我。这对母女关系亲密。从方容小时候起，她母亲就用小本子记录她成长过程中的每一个重要时刻。

那是2017年春，我们三个与另外六位中国伙伴及其父母一起座谈，地点是在北京一个名叫“798艺术区”的街区的星巴克门店里。这里的街道两侧原是军工厂的厂房，现已被改建为画廊和艺术家工作室。很多建筑都保留了原先混凝土教堂式的内设，在先锋艺术及高端零售业之间营造出一种工业化的氛围，成为这座2100万人口的城市的流行地带。

1999年，星巴克首家门店在中国大陆开业，从那时起，我每年都要到中国几次。我们现在所在的这家门店是新开的，是整洁的三层结构，墙上是手绘的壁画。阳光穿大窗而入，大厅里零星飘着春天的花粉。在一个多小时时间里，我头戴同声传译耳机，听着翻译成英语的、方容及同事讲述家人被健康问题所困扰的过往。他们此行都是为了讲述自己的故事。

刘新芳的父亲是位农民，连小学都没毕业。刘新芳小时候，父亲就给她买书学习，后来她考上了大学，拿到了法律本科文凭。为了付学费，她在星巴克打工，当兼职咖啡调配师。毕业后，刘新芳拒绝了在一所大学任教的机会，选择了星巴克全职工作，收入比在大学任教要低。她的父亲无法理解，为什么女儿不当老师，要在咖啡店工作。刘先生——刘新芳的父亲——在椅子上正襟危坐，他身穿一件灰色薄毛坎肩，女儿发言时，他目不斜视地盯着前方。刘新芳曾向父亲解释说，她的星巴克同事就像她的家人一样，顾客都像她的朋友一样。后来刘新芳升职了，她的父亲接受了她的选择，甚至支持她的择业。现在，刘新芳说道，她的父母岁数都大了，她想拿出一部分薪水给他们买医保。

中国政府为大多数公民提供基本医疗保险。但少数慢性病和突发疾病的治疗费用依然能令一个家庭一夜致贫。很多公司，包括星巴克，都为伙伴投了医保，但数百万生活在农村地区的中国人，像刘新芳父母这样的人，都要依靠政府救助。商业保险太贵，所以，刘新芳的父亲不愿让女儿给他们买医保。

方容和刘新芳的故事反映的都是同一件事：呵护家人。“孝道”这一上千年的儒家文化美德是现代中国文化的核心。星巴克中国董事长兼首席执行官王静瑛多年来一直向我教导其含义：“中国的儿女将孝道视作责任——让父母过上舒心的生活，不仅仅是物质方面，更有情感方面。”

王静瑛还解释说，中国社会正在发生天翻地覆的变化，孝道也变得越发复杂。中国每年有700万年轻人从大学毕业，很多人都选择在离家乡千里之外的大城市里工作生活，因为那里的工作机会更多，工资更高。对这一代人来说，挣钱非常重要，他们大多数人都是独生子女，也是唯一能给父母养老送终的人。对很多年轻人来说，谋生不仅意味着自给自足、实现个人目标，还意味着供养家庭。我多多少少能理解一些。

我们的座谈继续。

“18岁时，妈妈生病了。我一下子就长大了，因为我知道自己必须成为家里的顶梁柱。”发言的是郭文君。她上身穿一件白色纽扣领衬衫，下身是一条黑裤子。她的头发梳到脑后，涂着鲜红的口红。郭文君的母亲已经与癌症抗争了六年。她的父亲原来是出租车司机，被迫辞掉工作照料妻子，还卖车卖房支付医药费。郭文君的母亲不久前去世。她的父亲坐了十小时的火车赶来与女儿参加今天的座谈。郭文君讲述家庭不幸时，脸上的忧伤清晰可见。

多年来我曾多次到访中国。此前我已渐渐明白“家庭”在中国文化中的重要地位，但从未像当天座谈会上那样感受深刻。

“我觉得，我唯一的幸福快乐之源就是家。”王海迪说道。她已在星巴克工作了五年。她戴着黑框眼镜。她说，她当初入职星巴克，是因为星巴克向伙伴们提供医保。但时间久了，她跟同事都成了朋友，像刘新芳一样，她也将同事当成了家人。王海迪的父亲看上去很吃惊，不敢相信自己身在这样的场合。

“我是从一个小镇来的。在我们那儿，员工根本不可能跟老板一起聊天。”王海迪的父亲说道，“我原以为是闹着玩的，没想到是真的。”他的工友们也是这样想的，他们劝他不要去北京与星巴克的老总见面，他们坚信这是个骗局。

这样的会面不是第一次了。在过去三年里，星巴克中国曾邀请数百位伙伴的配偶、孩子、父母——有些人此前从未离开过家乡，从未坐过火车飞机——到上海、北京、广州，作为我们“年度家庭会议”的客人。我们将这个活动称作“伙伴家人论坛”（Partner Family Forum）。

中国的有些家长认为在服务业工作不是件体面的事。我们则希望让他们明白，星巴克不只是家咖啡店，也不是家没有人情味的跨国公司。恰恰相反，不论是兼职还是全职伙伴，都有补充商业医疗保险，都有公司的股份；他们还有机会学习新技能，发展自己的事业，在社区参加志愿活动，找到第二个家。通过论坛，我们还向伙伴的家长表示敬意。我们想向他们的家庭表示赞扬，强调伙伴身上令家长骄傲的优点，让伙伴为这份工作而自豪。

“谢谢你们能把孩子放心地交给我们。”我对在场的伙伴的父母说道。然后，我感谢了发言的伙伴，谢谢他们分享自己的故事。接着，我转向刘新芳的父亲，问他对女儿的愿望是什么。

“我希望她能勤奋工作，发掘潜力。”他答道。

方容的母亲插嘴道：“希望她每天都开心，那样我也开心。”

座谈结束前，一位伙伴用一句普遍真理做了总结：“每位父母都有各自爱孩子的方式。”

父亲于1982年得知了自己命不久矣的噩耗，尽管如此，他又活了五年。那时我和雪莉已在太平洋西北地区[①]安家。我常常给父母打电话，并尽可能多地飞回纽约看望他们。那几年时间里，我专心于工作，紧张又忙碌。我学到很多咖啡、零售、经营小企业等相关知识。

就是在那个时期，我出差去了米兰，得以体验到意式咖啡吧，随后离开星巴克，创办“天天咖啡”。事实上，我最后一次携父亲乘坐飞机去西雅图是在1986年。我带他去了哥伦比亚中心——西雅图最高的办公楼——的大厅，去看“天天咖啡”在建的第一家门店。站在尚未建成的咖啡吧前，我骄傲地向父亲介绍了我的计划，我要开数百个这样的地方，供人休憩，享用意式咖啡。

我觉得父亲好像没听懂，他看到的只是一个店铺而已。并且，对他而言，咖啡应该是从罐子里舀出来，放进锡咖啡过滤壶里冲泡。起这些花里胡哨的意大利名字有什么用？听我讲述宏图大志，他仍然面无表情。

1987年，父亲的肺癌恶化，他呼吸困难，经常咳嗽。生命中的最后几周，他在护士的密切关注和精心护理中度过。他入住的医院，是特别为方便家庭陪伴而设的。母亲辞掉接待员的工作，陪在父亲身边；弟弟经常来看他；妹妹萝妮每天都来一趟，代表父母与医生交流。

新年刚过去几天，母亲给身处西雅图的我打电话，说父亲可能最多只有48个小时了。我坐飞机回到纽约，在父亲去世前一晚来到他的床前。坐在他的身边，我把手掌覆在他的手上，回忆起小时候跟他一起打棒球、

① Pacific Northwest，指美国西北部地区和加拿大的西南部地区，主要包括阿拉斯加州东南部、不列颠哥伦比亚省、华盛顿州、俄勒冈州、爱达荷州、蒙大拿州西部、加利福尼亚州北部和内华达州北部。此处代指的是西雅图市。

扔橄榄球的情形。可痛苦的场景仍然不断掺杂进来。

在那一刻，我为他而难过，但“难过”或许不是应有的感触。父亲做出了自己的选择，他或许有自己的原因。或许他已被战争和潦倒的生计击垮。或许他的生活中也有快乐，但我没有看到。他喜欢社交，在各种聚会上都是不可或缺的存在。有人怕他，也有人喜欢他。我发现，我对这个人、对他的内心知之甚少。我知道的，都是自己猜测的：他从未享受到工作可能带来的尊严，从没有享受到我与儿子乔丹、女儿艾迪森那种天伦之乐——跟孩子边吃晚饭边聊他们的朋友、运动、学校，也从没有享受到取得成就之后的自豪感。我真正知道的，是他给我的感觉。

我难过的，是我自己。我始终怀有一丝希望，希望我们父子俩能更亲近一些。

1988 年 1 月 5 日早晨 5 点，父亲去世了。随着他的离去，我们俩修复关系的希望也就此破灭。

他的葬礼在一家殡仪馆举行，来的人都是亲戚以及父母的熟人，大部分来自布鲁克林。尽管父亲圈子不大，脾气不好，但很明显，很多人都喜欢跟他相处。其他吊唁者都是来向母亲表达敬意的，因为她陪伴了他一生，在他生命中最后几年也不离不弃。

葬礼上，孩子们都没有致辞。就我个人而言，我仍在努力总结他的一生及对我的意义。堂弟艾伦从佛罗里达州赶来参加葬礼，他抵达时，我跟他拥抱了一下，打了招呼。直到那时，我的情绪才真正崩溃。在所有亲戚里面，艾伦与我关系最好。他理解我与父亲的复杂历史以及父亲暴躁的性格。小时候，艾伦喜欢婶婶（我母亲）的呵护，却害怕叔叔（我父亲）。

我们都去了墓地。那是一个寒冷刺骨的冬日。我们集结在父亲的墓穴前，冻得瑟瑟发抖。

父亲去世之后不久，我见到了比利，我的老友、湾景住宅区的邻居。比利大学学的是临床心理学，现在德国生活，在一所大学任教。我出差时曾去看过他。有一个晚上，我们俩喝着啤酒聊了好几个小时。我跟他说了自己矛盾的心情：我鄙弃父亲的懒惰和无能，不能挣钱养家，又愤恨他那些不要脸的雇主，从未给福瑞德·舒尔茨（我父亲）基本的体面，否则他的自尊不至于崩塌。我对比利说，我正试着把父亲的两面——他言行暴躁却对迈克尔·纳德尔这样的人和善——重合起来。我觉得自己有责任向父亲表示敬意，因为他是我的父亲，可同时，我又希望当初能拥有一个平和一点的童年。

我的口音已经变了，但比利说话时还是布鲁克林口音。他劝我想开一点。“要是你爸爸是个成功人士，或许你就不会有那么大的动力了。”他如此说道。

他说我的不幸童年正是我成功的动力，我不知道他说得对不对，但它的确影响了我的志向。童年的不幸经历，令我对当时困扰父母的贫困心怀恐惧。那些负面的情绪萌发了我积极拼搏的心态。

在我这一辈子里，我一直给人提供机会，给他们我当初需要的东西，让他们发掘出全部潜力，借此走出阴影。不论是出身贫困还是自力更生，或者二者兼有，我们都应该获得从黑暗走入光明的机遇。我的“光明”，是朋友、邻居，运动、下棋，大学，第一份工作，几十年来帮助我事业起步、帮助我拯救事业、帮助我事业转型的陌生人和伙伴。重中之重的是我的家人：妻子雪莉、儿子乔丹、女儿艾迪森。

所有这一切都帮助我对抗父亲带给我的负面影响。

父亲其实也给了我一点光明。

当初，1982 年父亲被诊断出癌症之后，如果他没有祝我在西雅图事业顺利，如果他和母亲请求或执意让我留在东海岸，我会听从他们的话。父亲放我远飞，我得以奋发有为。不只是我母亲，我的父母都希望儿子能过上好日子。

2016 年的一个晚上，肖惠玲在广州——中国南方的一个城市——的一家医院里，看着母亲因多年肾病所导致的并发症受着折磨。这时，一位医生手拿一摞文件走进病房。他问肖惠玲有没有 3 万元人民币（约 4500 美元），好让母亲接受重症特别护理。没有这笔预付金，她母亲就得不到救命的治疗。肖惠玲的父亲在家里。当年年初，她父亲因中风而偏瘫在床。此前的医疗费已使肖惠玲负债累累，她已经无力支付重症特护的费用，这位年轻的女士此时正心烦意乱。

“我是独生子女，有责任在父母生病的时候照料他们。”她这样说道。她是被领养的，亲生父母把她抛弃了，现在的父母把她当亲生女儿抚养长大。

肖惠玲在星巴克工作了九年，现在是一家门店的经理。医生给她最后通牒的那个晚上，她给地区经理梁健打了电话。梁健匆忙赶到医院，他宽慰肖惠玲说不会让她孤军奋战。“他说星巴克的同事就是我的家人，会一直在我身边。”肖惠玲说道。接着，梁健帮她申请了“星基金”（C.U.P Fund）。星基金，是星巴克的伙伴筹集起来用于救急的经济援助。

一周时间里，肖惠玲从星基金得到了 5 万人民币的资助。同事们听说了她的事，又为她捐助了 13 万人民币。数周时间里，一直有同事陪同肖惠玲到医院探望母亲。但在 2017 年 3 月，也就是我跟她在北京见面之前一个月，她的母亲还是去世了。

2010 至 2016 年星基金的申请分析——以及一次内部调查——显示，

很多星巴克中国的伙伴（70% 左右）都担心或无法支付父母的医疗费用。星基金是一种救助方式，但王静瑛和她的团队想到了更好的办法。

从 2017 年 6 月开始，星巴克中国将向符合条件的伙伴的父母提供重疾医保。很快，1.4 万名在星巴克工作两年以上的中国伙伴将享受到这一福利。据我所知，这种为伙伴的父母提供福利的公司，在中国本土的公司也不算太多。

《中国日报》（*China Daily*）——中国国家英文日报——的一位记者问我，为什么公司要花钱帮助伙伴的父母。我回答说有两个原因。第一，并非星巴克所做的每一个商业决策都会立刻收到或可衡量的经济回报。我为什么这么说呢？因为对公司来说，为伙伴的父母买重疾保险是一笔很大的开支，而这个福利远远超出伙伴们对用人单位的预期。而我们的福利超过伙伴的预期时，就会增加他们的忠诚度和自豪感，继而促使他们对顾客热情服务，愿意留任。第二，我对记者说，这份给伙伴的父母的福利也是我个人的愿望。我跟他说了我父亲受伤失业没有任何资助的事。“每个人的童年经历都会影响其一生。”我解释道。

王静瑛从另一个角度解释了这项福利：“有了这项新的投资，我们可以重新定义在中国经营的跨国公司的角色和责任。”三年前我曾公开提出的问题——对一家以盈利为目的的公司而言，其角色和责任是什么？——不仅仅局限于美国，而是任何星巴克有业务的地方。王静瑛站在自己的角度回答了问题。而在她所在的国家，星巴克费了九牛二虎之力才获得成功。

星巴克在中国的时间不算短了。我得以对这个美丽而强大的国家有了独特的见解。通过与数千位中国朋友的交流，通过学习其历史，通过与中国的政府官员会谈，我渐渐了解了这个国家的文化。

1999 年，星巴克进入中国大陆。当时这一决定遭到了很多人的反对，他们说中国有悠久的饮茶文化，不可能接受咖啡，更何况是一次性纸杯里的咖啡。但怀疑者看不到，中国的经济和社会改革促生了更多高素质的人群、更多高收入的工作、一个不断扩大的中产阶级、一个彼此之间以及与外界联系日益增多的群体，还促生了一个商机勃勃的市场，使得星巴克能够提供给顾客更多体验。像上海、深圳、广州等大城市正飞速发展。随着新市民的加入，星巴克干净舒适的环境就会成为城市居民在家和职场之外的自然落脚地，对年轻人来说尤其如此，因为他们的寓所和办公室空间没那么开阔。在美国，星巴克门店已成为人们能消费得起的高档的第三空间，或是与人相聚，或是独处。在中国也可以这样。但是与美国不同：在美国，星巴克最忙的时候是上班早高峰；而在中国，星巴克最忙的时候则是在下午和晚上。

尽管如此，但是初入中国时，我们的业务连续数年未曾盈利。当时的星巴克正在学着如何做一家跨国企业。在中东等地区，我们把门店业务的管理工作交给当地的零售专家。而在中国，我们虽然下放了许可，但还把其他门店的管理权留在西雅图总部，这其实是个错误。总部的人对中国的业务管辖权太大，甚至要向那边口述——如驻上海办公室的电话系统该如何设置，菜单板上的名称如何拼写，等等。这些事情效率低，成本高。

我受到来自投资者及公司内部的一些压力，他们让我关掉中国的门店，因为无法盈利。我没有屈服于他们的短视。出于直觉，我知道必须找到在中国成功的办法，我看好公司在中国的前景。中国是世界第二大经济体，紧随美国之后，到 2022 年，约 6 亿中国人将进入中产阶层。眼前有这么多潜在顾客，几年后星巴克的业绩将深受其益。只要能从错误中吸取教训，就能成功。

2011 年，我投身于中国的业务，向所有人表示我对这个市场的信心，强调它对公司成功的战略意义。我们把权力下放给星巴克中国，让王静瑛掌舵。王静瑛生于中国香港，在美国上初中和高中，在加拿大温哥华上大学。她在大学里主修金融，拿到了商业学士学位。毕业后的第二天，她就回到香港开始工作，并最终入职星巴克。随后她一路晋升，负责掌管星巴克 12 亿美元的业务。她了解中国市场，气质也受中国伙伴和顾客喜欢。王静瑛与我有相同的价值观，也知道要在自己的国家通过平衡“盈利”与“社会道德”的关系把星巴克建成与众不同的公司。我信任王静瑛，让她明白我会全力支持她。我向她承诺，如果她的决定不能得到西雅图总部的认可，我会站在她这一边。

把管理权下放给星巴克中国是一个重大决定。星巴克的其他业务部门从未有过这样自治的情况，很多人感到不安。但这是形势使然，要想在这个有独特重要性的市场发展，就必须如此。而因为我和王静瑛相互信任，所以这个决策是可行的。

掌管一个独立的业务部门——基本上可以算是一个完整的结构——使得王静瑛可以从容地做出重大决策。她和她的团队在中国成立了一个设计工作室，设计中国门店的样式。他们指导伙伴的志愿活动和慈善活动，以满足中国社区的需要。他们关注中国的创业精神和环境问题。他们创办了星巴克中国大学，向伙伴传授商业技巧。他们加入中国的大型社交网络，开发相关项目，以使顾客通过社交媒体彼此赠送星巴克礼物。他们向伙伴发放新的福利，如住房津贴、咖啡星享假期，以及为伙伴的父母提供重疾保险。通过种种项目以及对待伙伴的态度，王静瑛还增强了星巴克是伙伴“第二个家”的感觉。刘新芳、方容等人对我说，这是她们愿意继续在公司工作下去的原因之一。

王静瑛是个富有同情心的人，但是，她从未放低自己的高期望值或害怕对抗，尤其是对我。多年来，我们俩经常本着互相尊重的原则坦诚交流不同意见。

从 2010 年到 2017 年，星巴克在中国大陆的门店数量从 406 家增长到 3000 家，盈利从 1.28 亿美元增长到 12 亿美元。2017 年的每一周，中国大陆的 131 个城市里共有 800 多万顾客到店消费。中国是星巴克在美国之外最大的市场，也是增长速度最快的市场。每 15 小时，我们就会在中国再开一家新店，也就是说，每年我们会在中国创造 1 万个新的工作岗位。

中国政府多年来一直关注我们的发展。我们在云南省普洱市开办了星巴克种植者支持中心，以帮助当地农民种植咖啡。2010 年，我正在那里的一个农场考察，这时，一位中国同事收到一封意想不到的邮件。

“一位已退休的中央领导同意在北京见你。”他悄悄对我说道。

我们调整安排，辗转 1200 英里赶到北京，去这位老领导的办公室里见他。

我们来到北京市郊一栋警备森严的楼房，强烈好奇又带点焦急地等着传入。我们还不知道他为什么急着见我们。终于，我们被带进一个大厅，里面并排摆着两把厚重的椅子，每把椅子后面各有一位翻译。一把椅子是给我坐的，另一把是这位老领导的。我的几位同事坐在大厅的一侧。接着有人向我介绍。

我发现他手里拿着什么东西，仔细一看，竟然是我的第一本书《将心注入》的中文版。他说他已经读过了，接着让我在此时此地用自己的话再讲讲自己的故事。

我有点吃惊，声音有点嘶哑，开玩笑道：“您想听短的版本，还是长的版本？”

“你也知道，”他答道，“我是个退休的老人了，没什么事可干，所以就给我讲长的版本吧。”房间里的人都笑了起来。于是我高兴地给这位老领导讲了一遍自己的经历。

我对中国的很多理念有自己的见解。在中国做生意，星巴克对待伙伴的态度始终如一。如果我们的原则——不论肤色、性别、宗教信仰、政治立场、文化背景如何，都要待人包容、平等、尊重——未被数千位中国伙伴接受，未被数百万中国顾客接受，那我们也不会在这里取得成功。

在美国之外的国家做生意，我认为，星巴克不会像在美国一样能影响所在国的社会，但是，我们能通过业务去践行公司的价值观，并将这种价值观分享给其他领域的领导者，向他们展示“盈利”与“社会道德”二者兼得的可行性。星巴克中国宣布为伙伴的父母提供重疾保险的福利之后，第二天，王静瑛给我写信：“我们在中国保险业及很多公司引发了一场风暴。”很多企业的主管给她打电话，想要了解更多情况。“我们为别的公司树立了优秀的榜样，启发他们为员工多谋福利。”很多媒体报道了星巴克的良心和价值观。

在中国，我曾受邀为大学和其他公司做演讲，也结识了很多政府官员。2017 年，北京，我在清华大学经济管理学院——这个国家的顶级商学院——做演讲，直播视频的观看人数达到了 1600 多万。像这样的时刻，以及像与那位退休的中央老领导座谈这样的交流，都是讲述星巴克故事的好机会，也是促成改变的方式。

有人或许认为这样还不够，星巴克应该做得更多，或者干脆舍弃中国市场。但正如当初我不顾同事反对毅然决然把业务留在中国一样，我认为，继续在中国深入地开展业务至关重要。

2017 年 4 月，我去了一趟中国。在此期间，我有幸与国务院副总理、政协副主席会面，我们谈到了中国努力为外国公司营造透明公正的营商环境。这几位领导都问到了我们为伙伴的父母提供重疾医保福利的事情。

2015 年 9 月，中国国家主席习近平访问西雅图，其间我与一些美国商界领袖参加了座谈。我从与中国官员的会见中了解到，他们喜欢星巴克在中国提供的产品和服务，也欣赏我们做生意的方式。所以，中国政府尊重我们，允许我们以正确的方式在他们国家经营。

我还跟马云建立了友谊。马云是阿里巴巴集团的老总，而阿里巴巴常被视为中国的亚马逊。阿里巴巴创办于 1999 年，与星巴克进入中国大陆是同一年。截至 2018 年，阿里巴巴已成为世界上最有价值的公司，市值 5000 亿美元。我和马云因为同是创业者而惺惺相惜，并结下友情。星巴克中国在上海开了一家占地 3000 平方英尺的新店，是星巴克在全世界最大、最新颖的门店，其中包括一套完整的烘焙设备。在开业宴席上，我邀请马云致辞。

“18 年前，没有人相信你能以这样的方式在中国卖咖啡，”马云说道，“我对老婆说：‘我不爱喝咖啡，但我喜欢星巴克。’”

星巴克在中国广受欢迎，也说明了它在全球 77 个国家存在的原因。在每个新开发的市场，我们每天都要争取顾客的光顾，我们在很多遥远的地方都是这么做的，从中东到东欧到南美，因为我们在门店里创造的消费体验是广受欢迎的。就像马云暗指的那样，咖啡只是星巴克体验的一部分，另一部分体验是集体感。在每一个国家，我们都设法以对当地社会有意义的方式把公司的价值观分享出去。

星巴克不仅仅是要影响中国的咖啡文化，还在践行我们的领导风格。

父亲去世之后，母亲的健康状况每况愈下。她得了老年痴呆，对家人暴躁而冷漠。我认为，她经常表现出的敌意其实是一直以来抑郁的宣泄。我改变不了她的性格，也改变不了她的病，所以，在我成年之后，我就试着接受母亲的这种状态。

后来母亲病重，已经无法照顾自己，家人也无法照顾她。一个朋友帮忙为她在东海岸我弟弟家附近找了家护理院。在母亲最后也是最难伺候的几年时间里，弟弟迈克尔承担了大部分照料责任，我由衷欣赏他的孝心。

跟母亲交谈时，她偶尔会头脑清晰，言语不再刻薄，她不止一次对我说：“我已经尽力了。”

在我这一生中，我有时候会觉得母亲的尽力尚不足够。她能不能、应不应该保护我的身心不受父亲伤害？

我们与父母的关系往往非常复杂。小时候，我们把他们视作偶像。长大后，我们眼中的父母已变成了跟我们一样不完美的人。结果就是，我们都会评判父母不可避免的缺陷并原谅他们。顺序大致如此。我就是这样。

2013 年 6 月，母亲去世。鉴于她糟糕的健康状况，她的死并未令家人惊讶，但她的葬礼与父亲的截然不同。那是一个温暖美丽的日子，只有少数亲人来到墓地为她送行。她的墓就在父亲的旁边。我看着母亲的棺材被置入面前松软草地上挖出的土坑中。

为了写她的悼词，我绞尽脑汁。与父亲去世后一样，母亲去世后，我对她的情感也是五味杂陈。我爱父亲和母亲，尽力理解、尊重他们，对他们的养育之恩感激不尽。但随着慢慢长大，我不再百分之百感到他们能给我扶持。直到与雪莉相爱之后，我才感觉不再独立于世。仅仅是写下这些话，都令我心痛。因为一直到他们去世为止，我都渴望跟他们俩每一个人的关系都与眼下不同。我也希望他们有同样的想法。但我们仨谁都不知道该怎么做。

该我到墓前致辞了，我却无法读出自己写的东西。那份悼词与我当时的感想不一致。我想向母亲表达敬意。我知道我要诚实，对自己也是对家人诚实。我得克服失落、焦虑、内疚、悲伤，我要以自己的方式向她告别。

我把手里的悼词叠了起来，转过身面向母亲。我看着墓穴里，她的棺材已安放在数英尺深的地下。泪水和着杂乱的思绪汹涌而出。我身子前倾，对母亲，也是对旁边的父亲说，我知道他们已经尽力了。接着我向他们道歉。我说，对不起，非常对不起，我误解了他们。我多希望这些话能在他们生前就说出口啊，尤其是对父亲。但我最后还是相信了。在那一刻，我明白他们已经尽了全力。

墓穴旁边是一堆挖出的新土，还有一把铁锨。我拿起铁锨，插入土堆，掘起一锨土，将其撒入墓穴。土粒落在母亲的棺材上，发出沉闷的声音，在静寂的墓地回响。接着，其他亲人走到我身后，依次接过铁锨铲土填坑，按犹太人的传统参与亲人的下葬。

在犹太人的葬礼上，以这种方式埋葬亲人既令人心痛又有宽慰效果。站在母亲身旁向她告别，我只觉得，随着每一锨土落坑的沉闷声，我的失望渐渐消失，心里渐渐装满懊悔和悲伤。

第二十三章

星巴克欢迎你

蒙大拿州米苏拉市，玛丽·普尔（Mary Poole）坐在客厅的沙发上，一边给儿子杰克喂奶，一边看手机上的新闻。这时，她的眼睛定在一张照片上面。照片上，一个身穿红 T 恤、蓝短裤、褐色鞋子的小男孩趴在平滑的湿沙滩上，双臂摊在身侧。起初玛丽还以为这是小孩子在度假时拍的照片，然后她仔细看了看。

三岁的亚兰·库尔迪（Alan Kurdi）是叙利亚人，他们一家正在逃离内战中的祖国，逃难途中，他淹死在地中海。他的家人想在希腊寻找收容所。他的母亲和哥哥也死了。

玛丽一边轻轻晃着怀里的孩子，一边站在父母的角度审视这张照片。出于自己的亲身经历，她知道生孩子之后，哪怕是生活在安全地带，女人也会有很多情感问题。她无法想象那些带着孩子逃离祖国的父母是什么感受。

看着照片上的亚兰，玛丽感到一阵绝望。她还想帮助他们。她向联合国难民事务高级专员办事处（United Nations High Commissioner for Refugees）捐了 20 美元，但觉得这只是杯水车薪。

玛丽对世界难民的困境、政策、政治了解不多，但她了解自己。很少有事情像这个溺亡的小男孩一样令她心有触动。

跟玛丽有同样感受的人还有很多。这张悲惨的照片引起了全世界的关注，关注的对象是逃离家园的叙利亚人——叙利亚的内战已经进入第五个年头。玛丽跟一个朋友提到这件事，后者建议应该能为这些叙利亚人做些什么，甚至可以把他们弄到米苏拉来。玛丽不是个活动家。她没有在非营利组织工作的经历，也没有筹集善款、组织志愿活动的经验，还不知道难民、移民、流浪者三者的区别，但她愿意学习。

趁着儿子睡觉的空闲，玛丽就上网自学难民的相关问题。

她发现，“难民”是一个法律术语，指的是那些因战争、政治迫害、自然灾害逃离祖国的人。国际法规定，难民有权在其逃难的国家受到保护，大多数难民都会选择邻国作为逃难地，因为容易到达。可是，全球冲突最激烈的国家和地区——叙利亚、缅甸、刚果民主共和国、伊拉克、阿富汗——的邻国要么很穷，要么自身也是麻烦不断，而愿意接收难民的富裕国家数量越来越少。奥巴马总统执政期间，美国已经把本国 2017 年接收难民的数量限定在 11 万人，这对估计的全球 2100 万难民数而言是杯水车薪。

亚兰・库尔迪的照片使难民危机栩栩如在眼前，同样给了玛丽一个选择：要么心怀悲伤继续生活，要么就做点什么。

2017 年，唐纳德・特朗普宣誓就职一周之后就签署了一条政令，120 天内暂停所有难民入境。政令还禁止七个伊斯兰国家的所有人员入境，其中就包括叙利亚难民。

看着这条新闻，我心情沉重，又担心可能造成的结果。这条政令不是为了实际和安全。很多人，包括我在内，都把它——其字面及执行的意图——视作不人道和歧视。特朗普在竞选时曾承诺，一旦当选就制定法律，“彻底禁止穆斯林进入美国”。而签署这项政令，就是他公然践诺。除去偏见之外，这项政令还会使人口以穆斯林为主的盟友与我们疏远。

经过政府的推广，这一政令还让一种误解深入人心：难民是美国公民安全的威胁。事实上，难民是美国入境人口中受审查最严格的。安检和早已广泛实施的难民入境审查将会持续数年时间。可关于难民的事实反驳了这一充满恐惧的说辞。一项大型研究表明，2006 至 2015 年间，美国十个接收难民最多的社区中有九个变得比以前更安全了。这些小镇的暴力犯罪率和财产犯罪率实际上都下降了。另外一个犯罪率上升的社区在马萨诸塞州，而这里恶化的原因是阿片类药物滥用，与安置的难民无关。

所造成和眼下持续的难民背井离乡现状的人道主义危机，与美国的外交政策不无关系。所以，美国对难民的支持，是道义上的责任。给难民冠以“危险”的标签，不仅是错误的言论，也“很不美国”。美国在难民的人生剧变中难辞其咎，对此视若不见就是在推卸国家的责任。

自由女神像牌匾上的铭文节选自爱玛·拉扎露丝[①]的名诗《新巨人》（*The New Colossus*），诗歌表达了美国对数代英国移民的欢迎：

不似希腊伟岸铜塑雕像，
拥有征服疆域的臂膀；
红霞落波之门你巍然屹立，

① Emma Lazarus（1849—1887），出生于纽约的美国犹太诗人。最著名的代表作品是十四行诗《新巨人》，自由女神像青铜牌匾上的铭文即是此诗的节选。

高举灯盏喷薄光芒。
您凝聚流光的名字——
放逐者之母，高举灯盏
把广袤大地照亮。
凝视中宽柔洒满长桥、海港。
“扼守你们旷古虚华的土地与功勋吧！”她呼喊。
战栗着缄默双唇：“把你，那劳瘁贫贱的流民，
那向往自由呼吸，又被无情抛弃，
那拥挤于彼岸悲惨哀吟，
那骤风暴雨中翻覆的惊魂，全都给我，
我高举灯盏伫立金门！”

诗中表达出的宽广胸怀和慷慨大义已经传唱多年，说的是美国的独特优势：我们是一个由移民、难民、流放者、流动居民、俘虏、土著居民组成的国家，现在已经成为世界豪强。而难民禁令与此背道而驰，它在国内煽动毫无根据的恐怖，在全世界眼中变成一个言行不一的国家。

在蒙大拿州，玛丽·普尔一直很忙。她已经决定要把米苏拉市变成一个欢迎难民的城市，她需要本地人的支持。到那时，她才能请难民安置机构在米苏拉市开设办公室，后者继而会向美国国务院提出安置请求。

她首先见的人里就有市长。她发现，市长的祖父当初是乘船从挪威移民到美国，在北达科他州定居的。他认为“美国梦”并非是在美国出生的人独享。他说，米苏拉市的好心人有责任帮助有需要的人，哪怕这些人是在米苏拉市之外。

在此期间，玛丽找到一家名叫“软着陆米苏拉”（Soft Landing Missoula）的非营利组织，他们致力于维护难民利益，构建一个支持、欢迎难民的社区以供难民安居乐业。数个月时间里，“软着陆”的志愿者与市议会的议员、社区组织、教会团体，以及负责住房、教育、医疗保健的官员会面，他们大多数人都认为帮助难民在这个城市安家是能做到的事。

玛丽的事迹上了本地新闻，随后她便接到、收到大量电话和邮件表示支持，也招致了很多反对者。“软着陆米苏拉”的脸书上出现了很多恶意留言，还接到、收到电话、邮件、纸质信件的死亡威胁。一天，十来个人到市法院抗议蒙大拿州接收难民，而蒙大拿州是美国仅有的两个没有难民安置项目的州。抗议者表示，叙利亚及其他伊斯兰国家的难民是美国的威胁。一位男士说这是外国政府发起的一次侵略。

玛丽并未被恐惧和愤怒而吓到让步，相反地，她邀请几位抗议者在一家小啤酒作坊见面，边喝啤酒边交流意见。“每个人都有权发表个人意见。”她说道。在听了抗议者的担忧之后，她把自己了解到的事实告诉了他们。

“我从未想过要让别人对我口服心服，让他们承认我对他们错。”玛丽说道，“我们要做的是在米苏拉市打造一个欢迎难民的社区。只要能营造出一种氛围，不论人们在心底、在政治上是否同意难民安置，都不会心中不安，那我们的工作就完成了。”

他们边喝啤酒边聊，玛丽及反对者发现他们有相同的兴趣爱好，如独木舟、音乐、户外活动等。玛丽发现，他们也相信“远亲不如近邻”这个道理。这次会面，她并未说服每一个人，但大家都相互尊重。

美国国务院最终把米苏拉市列入难民收容地。2016 年，第一批难民抵达，那是从刚果民主共和国——一个历来充满政治暴力和政府压制的动荡的国家——来的一家六口。玛丽回忆说，她带他们去了一家农产品市场。

他们走在街上，那位母亲四下看着周围的情况。她那时还不会说英语，只会斯瓦希里语。她大声在说："米苏拉，米苏拉。"

"家。"玛丽说道。

那位女士笑了："米苏拉，家。"

特朗普总统签署政令、启动了所谓的"穆斯林禁令"之后，数小时时间里，人们开始在网上、在法院、在文章中表示抗议。

我想让星巴克以某种能反映公司价值观的方式站出来。我和同事们考虑的，是如何卓有成效地表达我们的异议。

星巴克有过支持难民的行动。2015 年 9 月，星巴克基金会——我们的慈善机构——向"救助儿童会"（Save the Children）及两个欧洲地区的慈善组织捐款，以资助因为国内冲突而外逃的难民。最近，随着中西欧的难民危机持续加剧，星巴克还与白宫及一个公司联盟合作，鼓励顾客支持红十字会援助难民和移民的活动。

我咨询过星巴克的首席运营官凯文·约翰逊（Kevin Johnson）。凯文在进入星巴克董事会六年之后于 2015 年担任公司的首席运营官，协助我管理公司。他个性顽强，富有同情心。

我与凯文、维韦克·瓦尔马、弗吉妮雅·特佩尼、约翰·凯利（他负责星巴克的社会影响部门）一起商议，一致认为星巴克需要做一些更实质性的事，而非仅仅增强人们的意识和筹集善款。我们决定拓展现有的做法，在难民寻求收容或庇护，且我们有门店的国家招聘难民工作。我们暂时没有现成的计划，但特朗普饱受争议的政令已经引起全国的关注，现在是时候往这次全国性的大讨论里注入一些积极反馈了：国门关闭，但星巴克在说："我们欢迎你。"不仅仅是在美国国内，而且是在全世界。就像约翰说的那样，我们此举意在重振美国数十年来向难民表现出的关怀，这与现任政府提出的政策截然相反。

2017 年 1 月 29 日，星巴克宣布，在未来五年内将在全世界招聘 1 万名难民。

我们早就料到会有反对的声音，却未料到会被指责为牺牲了退伍军人的工作岗位去帮助外国人。对我们的污蔑——无视军人的利益——在社交媒体上不断发酵，背后的推手却不知道我们从未停止招聘退伍军人。到那时为止，星巴克已经招聘了 8800 多位退役军人及军人配偶，有望提前完成 1 万人的目标。

这些不实的指控成了新闻，使得在星巴克上班的退伍军人尤其难过。在公司总部，“星巴克部队网”——由退伍兵伙伴及其配偶建立的团体——的伙伴们合写了一封公开信以澄清事实：

> 我们尊重坦诚的讨论及表达意见的自由。我们很多人当兵就是为了保卫这一权利，有些战友因此而牺牲。对那些妄言星巴克不再致力于雇用退伍军人的人，我们要对你说：说话请实事求是，星巴克对退伍军人的帮助从未中断。

星巴克的所作所为如此轻易就被社交媒体歪曲，这有些必然，但也是我们的错。我们误以为公司外部的人会像公司内部的人一样了解星巴克。

这次风波只是暂时给我们造成一些困扰。我们一如既往，伙伴们站了出来。玛吉德·班尼奥德（Majd Baniodeh）是一名研究生，她曾经为了写论文而在星巴克研究乳品加工业的道德采购问题。她得知难民项目，就对约翰·凯利说自己想要加入。玛吉德是巴勒斯坦人，14 岁时从约旦西海岸逃到美国，以逃脱巴以冲突中的致命暴力。美国国务院在“9·11”

恐怖袭击之后创办了一个项目，旨在促进中东学生与美国家庭的交流和理解。得益于这个项目，她来到了西雅图。她住在一个犹太家庭里，很快就与这一家人愉快相处，后者将其视作家人一般。

玛吉德的生母是黑人，生父是阿拉伯人，她的丈夫是菲律宾人和白人的混血儿。在她的故乡和美国，她深知“与众不同”是多么令人苦恼。她一直接纳和爱那些跟自己不同的人。对玛吉德而言，帮助星巴克招聘难民仿佛是个人使命一样，她要让别人觉得受欢迎。

玛吉德负责星巴克在美国境内的难民招聘工作，起初，美国的政治环境争议不断。难民安置和审查工作的人力物力不足。国家现有体制里没有工作机构负责联系企业与求职的难民。大多数难民被分配到只招一两个人的小企业，并且常常是在仓库、酒店、餐馆等的初级岗位，而这些岗位往往人满为患。玛吉德找到难民安置机构，说星巴克要积极招聘难民，他们的工作人员喜极而泣，因为很少有企业主动找他们。星巴克的这次招聘承诺向外界发出一个信号：难民理应有工作。

大多数来到美国的难民受教育程度很高。有些人英语很流利，有些人则需要学习英语。玛吉德招聘了一些土木工程师、牙医、律师到星巴克当咖啡调配师，或是在烘焙工坊工作。

截至 2018 年夏，星巴克已经在全世界雇用了一千多名难民。这一数字远低于我们解决难民危机的目标，但公司继续与各个组织合作，为更多谋求好生活的难民扩大就业途径。

短时间里我们学到很多。在申请工作时，难民常常出于害怕或害羞无法自我认同，但那些获准入境的难民来时已经做好了工作的准备。他们中的很多人需要挣钱以支付安置机构为他们买的单程机票，继而养家糊口。有些人需要回到学校，继续学业。有些人继续发展，为美国的生活做出巨大贡献。著名物理学家阿尔伯特·爱因斯坦（Albert Einstein）、美国前国务卿玛德琳·奥尔布赖特（Madeleine Albright）、著名女歌手格洛莉娅·艾斯特芬（Gloria Estefan）、谷歌联合创始人谢尔盖·布林（Sergey Brin）都是难民，他们分别于1933年从德国逃到美国，1948年从捷克斯洛伐克逃到美国，1960年从古巴逃到美国，1979年从苏联逃到美国。玛吉德·班尼奥德继续在美国招聘难民，她于2005年从约旦西海岸逃到美国。

当有才能、有干劲的人选择在美国境内施展才华、发展事业，当别国的人频繁与我们开展交易、购买我们的产品，美国的经济和文化就会受益。美国有很多基于美国的跨国公司，他们需要国内外大量多种多样的顾客和伙伴，星巴克只是其中一例。

2018年，特朗普总统进一步缩减入境难民人数，计划2019年只接收3万人，史上最低。

仇恨会逐渐破坏民主。仇恨会侵蚀维护民主的人的心灵。仇恨还会影响我们的经济。仇恨不能正常化。

组织者在弗吉尼亚州夏洛茨维尔市（Charlottesville）举行抗议，目的是将白人民族主义者团结起来。我看到的场景是标有纳粹记号的红旗，拿着手电筒的人排成长队，高喊："我们流的血，我们的土地！""你们不会替代我们！""犹太人不会替代我们！"我又惊恐又忧虑，震惊于这些堂而皇之地参加游行的白人至上主义者、反犹主义者那些邪恶的口号。

我在西雅图的星巴克总部召开了一次公开讨论会。600多位伙伴会聚在新建的三楼会议中心，还有数百人通过办公楼里的多个大屏幕实时观看讨论会的情况。我站在会议中心的中央，被或坐或站的伙伴包围。我手拿一块无花果大小的红色三角形石块。我让大家传看一下。

我对大家说，70 年前，我跟一个朋友去了奥斯维辛[①]。奥斯维辛集中营是纳粹德国设立的最大的集中和灭绝营。我们去的那天，是个寒冷的阴天。我们走在营地里，经过一排排两层的砖房。在这里，数万名囚犯被关押在拥挤的营房中，晚上只能侧着身子睡觉。我们走过蜿蜒的铁轨，这上面曾经驶过一列列封闭无窗的运送牲畜的专列，里面装的却是来自欧洲各地的人。在这里，他们劳动，死去。他们别无罪过，只因为他们是犹太人、同性恋，或是因为与纳粹当局持不同政见或者是种族不同。

我们从窗户向内看去，那原是一个个为大规模灭绝而设的毒气室。我们仰头看向毒气室的屋顶，那里的烟囱曾腾腾地冒着燃烧人体残骸的浓烟。我无法理解所站的地方曾经发生如此惨无人性的暴行。仅仅在奥斯维辛一个集中营里，就有 110 万男女老幼被杀。到“二战”结束、盟军解放欧洲时，共有 600 多万犹太人被杀。数年时间里，几代人就这样灭绝。

在奥斯维辛参观的几个小时，让我看到了人性的邪恶。当代怎会发生如此系统性的恐怖事件？我当时这样想道。它是怎么开始的？又是怎么结束的？

走出集中营，我俯身从泥土和沙粒中拿起一块石头。从那时起，它就一直摆在我的办公桌上。把它摆在眼前，为的是时刻提醒我，不仅是曾经的恐怖暴行，还有战胜邪恶所需的勇气和意志。

我把参观奥斯维辛的经过及石头的来历讲给大家，接着环视四周。

“在你们面前的，是个美国人，是个犹太人，是个为人父、为人祖父

① Auschwitz，位于波兰南方的小城。纳粹德国时期的“奥斯维辛集中营”设于此地，素有“死亡工厂”之称。大约有 110 万人在这一集中营被杀害，其中绝大部分是犹太人。1979 年联合国教科文组织将其列入世界文化遗产名录，2007 年联合国教科文组织把集中营命名为“奥斯维辛—比克瑙德国纳粹集中和灭绝营（1940—1945 年）”。

的人，是星巴克近四十年的伙伴。”我如此说道。接着，我表达了对夏洛茨维尔市抗议活动的深深担忧，担心它会影响我们的子孙后代。我说：“他们会铭记这些配不上美利坚合众国这一称呼的行为表现。”

这时，石头传到伙伴海蒂·派普（Heidi Peiper）手中。她有孩子，入职星巴克已有十三年了，负责编写星巴克的网站内容。她原先在笔记本上记录着，拿到石头之后，她停下记录，把石头握在手中。石头带着温度。

“大家传看的这块石头，是我祖先的遗物。”我说道。

我指的是犹太民族。我的曾祖父、曾祖母在“二战”之前几十年就来到美国了。

我的曾祖父名叫马克思（Max），1892 年从一个名叫贝尔茨（Belz）的小镇移民到美国，那年他 24 岁。贝尔茨当时属于奥匈帝国，现在属于乌克兰，距离波兰边境只有数英里。马克思金发灰眼，身材矮壮。他是个裁缝。初到美国时，他口袋里一共不到 10 美元。三年后，他的妻子丽贝卡（Rebecca）带着三个儿子抵达纽约港。这三个儿子里就有我的祖父哈里（Harry），当时只有两岁。

我的曾外祖父名叫莫里斯·莱德曼（Morris Lederman），我的曾外祖母名叫利亚（Leah）。他们都生于俄国，后到英国定居。在那里，他们生下一个女儿，名叫埃丝特（Esther）；两个儿子，分别叫伍尔夫、拉瑞尔（Lareal）。他们一家住在东伦敦一个一居室的公寓里。莫里斯是个桶匠。他于 1919 年携妻子及三个孩子，乘坐一艘载有 2800 名乘客的轮船来到美国。伍尔夫就是我的外祖父，当时 9 岁。他长大的地方，距离后来的湾景住宅区不远，他上到八年级就辍学了。

我的家族来美国的时候，正是犹太移民潮时期，主要来自东欧国家。美国建国之初，犹太移民就是其人口的组成部分。在 1880 至 1920 年间，美国经历了一次犹太移民大潮。他们试图逃离俄国统治下的一些国家里的镇压、种族隔离，以及政府发起的种族暴行。“二战”期间，仍生活在贝尔茨小镇——就是我曾祖父逃离的地方——的 1500 名犹太人全部被押到死亡集中营里，其中极有可能有我的亲戚。

在这次公开讨论会上，我并未向大家讲述自己的家族史。我对大家说，之所以把大家聚集起来，是想提供一个安全、有爱的氛围，让大家分享担忧和感受。

共有二十多位伙伴起身发言，他们的坦诚与三年多前那次有关种族问题的公开讨论会一样。一位身为人父的伙伴从印度移民而来，他说，当女儿问他为什么选择到美国来生活时，他不知该怎么回答。他想给女儿希望，可那些天里，他不知该如何表达是好。

是该好好想一想了。

美国是世界上少有的几个由各国移民组成的国家之一。我个人认为，美国之所以与众不同，不是因为我们是个移民国家，而是因为我们为什么会有移民。为什么人们愿意移民到美国？他们是奔着一个理念而来。这个理念是如此强大、如此人道，能够打破时间和地理的边界。这个理念就是：所有人生来平等，有生命权、自由权和追求幸福的权利。

其实，“人人平等”并非《独立宣言》最初的含义。当初美国的国父们写下“人人生而平等”时，指的是妇女、黑奴、印第安人。美国历史上的每一代人都为宣言的意义而斗争过。有些为了扩展其含义，有些为了限制其含义甚至缩减其含义。日久天长的努力下，宣言的含义变得更加宽广包容。但时至今日，“人人平等”仍然是一个需要践行的理念。每一代人都要继续奋斗，使其中的文字变成现实，恪守这一 250 年的理念，以其为人普遍接受的魅力继续吸引移民到来。

我是移民的“产物”，是祖先勇气、运气、汗水的“产物”，是祖先犯的错误、自身缺点、经历的失败的“产物”，是美国理念的“产物”。

我以浪漫主义的眼光看待历史，却以实用主义的眼光看待现在。美国当然不能撤销边界。我们需要一个清晰、可持续的移民政策，能更好地管理流入国内的，既无威胁又能为我们的经济和文化做出贡献的人。只要吸引这么多人前来且留下的理念还在，移民法就能做到合情合理。

“人的一生，都有各自的愿望。”公开讨论会临近结束，我如此说道，“除了美国，我不想出生在别的国家，不想定居在别的国家……我们每一个人，我们的父辈、祖辈，都能在国家的历史上找到不尽如人意的时期。尽管此刻不尽如人意，但那份理想、渴望以及‘美国的承诺’，还在我们的掌握之中。”

在夏洛茨维尔市的抗议发生几周之前，我去了宾夕法尼亚州的葛底斯堡。之前我从未去过葛底斯堡战场遗迹①，于是就请南希·克恩（Nancy Koehn）教授与我同行。

南希是一位历史学家、作家，也是哈佛商学院的著名讲师。她曾在教学中研究星巴克的案例，她的很多研究对象都是历史伟人，尤其是亚伯拉罕·林肯。南希的历史课非常生动，她有一个罕见的才能，那就是在现代语境中重现历史。即便历史里的主角已经去世几十年之久，南希对此人的见解也能鞭辟入里。

从 20 世纪 90 年代中期我就认识南希，2013 年，我曾邀请她在星巴克的年度股东大会上演讲，主题是领导力的本质。

---

① Gettysburg，位于美国宾夕法尼亚州南部的一座小镇。1863 年 7 月初，联邦政府的北军与李将军率领的南军在此鏖战三昼夜，北军最终击溃南军，赢得胜利，扭转了整个南北战争的战局。这是北美大陆历史上规模最大、伤亡最惨重的一场战役。战争结束四个月后，林肯总统来到此地发表了著名的《葛底斯堡演说》。

“你怎么给学生上课，就怎么给我们讲。”我当时这样说道。

她走上台，标志性地开门见山道：“领袖不是在蜜罐里长大的，也不是从宙斯的一根肋骨变出来的。”她在台上踱着步子，“领袖是后天塑造的，他们让自己接受塑造，参与到自身的塑造中去……你走的路，其实是你能上的最好的课。”

她说，领袖会把经验化为智慧。

在葛底斯堡，我希望南希的智慧能伴我左右。我们一边走，一边看，她一边给我讲述 1863 年那个闷热的夏天发生在周围丘陵地带的血腥战役。那次战役中，南军、北军，黑人、白人，共有 4 万多人或死或伤。

南希说，美国内战的葛底斯堡战役其实是一个大矛盾的缩影，是两个不同的“美国身份”的斗争。因为奴隶制，美国濒临分裂。担任总统之初，林肯不知道该如何处理奴隶制以及涉及的近 400 万非裔美国人。

“最初，他没有什么宏伟的计划，只想保住联邦。”南希说道。葛底斯堡一役双方损失惨重，随后林肯在此发表了简短而精彩的《葛底斯堡演说》，把《独立宣言》确立为“美国的承诺”——所有人，不论黑人白人，人人生而平等的本质——使美国向前迈了一步。

八十七年前，我们的先辈们在这块大陆上给我们带来了一个新的共和国，她受孕于自由的理念，并献身于一切人生来平等的理想。

如今我们卷入了一场巨大的内战，以考验我们或任何一个受孕于自由和献身于上述理想的共和国是否能够长久生存下去。

这更要求我们这些活着的人去继续完成那些英雄为之战斗的未竟事业。我们应该在这里把自己奉献于仍然留在我们面前的伟大任务……

南希对林肯演说的解读是，哪怕是经历了最为残暴无情的动荡，社会仍有机会自我修正，进化为更好的形态。

回想夏洛茨维尔市充满仇恨的游行示威，我思考着南希的话。国家眼下并未发生内战，但我们正经历一次不文明的分歧。我们该如何自我修正？

首先也是必要的一步，是公开表明立场。我和南希联名为《金融时报》写了一篇社论：

> 我们指望领袖们声讨刻薄的言行和偏狭的心态……但我们的民选官员只有寥寥数人用他们的声音，用应有的魄力和口才维护了平等的理想。我们请求所有民选官员更为坚定地表达其良知。历史证明沉默是不可原谅的，因为那会使偏执变本加厉。如果用温婉的话语假扮成道德勇气，就会被理解为毫不在乎，人性的恶将会肆无忌惮。

夏洛茨维尔市的游行毋庸置疑带有莽撞且不知悔改的种族主义倾向，总统的政令也透着歧视的本质。“软着陆米苏拉”的脸书页面上反对接收难民的留言，也显现着同样的偏执。

玛丽·普尔的事迹被录入2017年10月上映的由星巴克制作的第二季《杰出人士》里。在此期间，共有30多个来自刚果、厄立特里亚、伊拉克、叙利亚的家庭在米苏拉市定居。有600多位居民在“软着陆”注册成为志愿者，远超其需要的人数。

我赶到米苏拉市与玛丽见面，那时她怀里正抱着第二个孩子，是个女儿。她对我说，有个老人曾对接收难民一事抱有怀疑，并在网上发布了刻薄的言论。几年前玛丽跟他会谈时，他问了很多问题。难民是怎么审查的？他们怎么学英语？他们会工作吗？现在，这位老人跟一家刚果人相邻而居。“真是个巧合，”玛丽说道，“他们分享食物，互赠礼物，成了好邻居。”这家人搬来时，他的妻子还为他们烤了面包。

高举灯盏把广袤大地照亮……

遍布全国，像玛丽这样的公民纷纷向难民伸出援手。但穆斯林入境的禁令、针对移民的刻薄言论、充满仇恨的集会，却在向世界发出另一个信息：美国并不是那么欢迎你。

第二十四章

我们的角色和责任

1967 年，约翰·麦凯恩[①]驾驶的海军战斗机在越南被击落。弹射出驾驶舱时，他断了双臂和一条腿。他被北越抓住，饱受拷打折磨。麦凯恩被俘之后不到一年，他收到一个极好的消息：北越要释放他回美国。那时，他的父亲刚刚被任命为美军太平洋指挥部的总司令。年轻的麦凯恩知道，那些囚禁时间比他长的战俘比他更应获得释放，何况，他的过早释放将会为北越的宣传造势。狱卒警告他，如果留下，将会受到更多折磨，很有可能会死在这里。虽然如此，他还是拒绝被释放。

最终回到祖国之后，这位终身共和党人在美国众议院当了两任议员，六次被选入参议院。2017 年夏，81 岁的麦凯恩被诊断出脑瘤，但他仍不负绰号“Maverick”[②]，在所属的共和党的行为与其个人原则相悖时，他屡

① 约翰·麦凯恩三世（John Sidney McCain III，1936—2018），美国政治家、共和党重量级人物，曾任亚利桑那州资深联邦参议员，属于党内的“温和派”，曾于 2008 年参选过美国总统。2018 年 8 月 25 日因脑瘤去世。其父亲小约翰·席德尼·麦凯恩（John Sidney McCain Jr.）和祖父老约翰·席德尼·麦凯恩（John Sidney McCain Sr.）都是美国海军上将。

② 特立独行者。

次与之抗争。7 月，就在诊断结果出来之后数周，他就左眼带着脑部手术的疤痕重返国会大厦，反对共和党废除《平价医疗法案》。9 月，身体虚弱的麦凯恩站在参议院，第二次反对废除《平价医疗法案》。他在陈述中说，他“无法凭良心”支持共和党的提议，因为它没有经过正式的两党连立的起草程序就提交给了国会，也因为它对美国人民真正的影响尚不明确。

“我认为我们两党携手能做得更好，可至今从未真正试过。”他说道。

不久之后，在一个芳香的秋夜，参议员麦凯恩与前任副总统乔・拜登（Joe Biden）一起坐在了费城的主席台上。那天晚上，前任民主党参议员拜登向他的老友、有时候是政敌的麦凯恩颁发了自由勋章（Liberty Medal），以表彰他多年来对国家的奉献。

我受邀在仪式上致辞。我一直对华盛顿的政界不屑一顾，却对参议员麦凯恩另眼相看。

我并不完全认同麦凯恩在他政治生涯中的所有作为和决定，但我极为敬重他的作风：他不止一次把原则置于党派利益之前，把国家利益置于个人利益之前。

户外台子上的灯光照亮夜空。我站在台上面对观众，观众则坐在费城“国家宪法中心”（National Constitution Center）的草地上，不远处就是1787 年签署《美利坚合众国宪法》的地方。我说，今晚这个致辞，给了我一个回顾参议员麦凯恩这一生的机会。回顾他的一生，我越发了解了爱的意义——就像他爱我们的祖国一样——以及随爱而来的责任。

在我们身后是一块大屏幕，上面显示着手写的《美利坚合众国宪法》：“我们合众国人民，为建立更完善的联盟……”

在这次仪式之前，我重读了《美利坚合众国宪法》。在设想一个自由的国家该如何管理自己，如何践行“所有人生来平等，有生命权、自由权和追求幸福的权利”的诺言时，其作者将开创性与实用性合二为一，我为之赞叹。《美利坚合众国宪法》尽管持久至今，当然也非尽善尽美。所以随着美国的发展，会不断对其修订。

读《美利坚合众国宪法》，回顾参议员麦凯恩的一生，我自问道：今天的为国奉献意味着什么？

“我们的民主仍是一项伟大的试验，”我在致辞中说道，“我们必须把自己当成它的保卫者，也是其创新者。”

六个月之后，就在距离“国家宪法中心”不到两英里的地方，我因为某个令人震惊的事件再次回到费城。这里一家星巴克门店里发生了一件不合情理的事，在那一刻，我竟然不认识这家我深爱的公司了。

2018 年 4 月，一个星期四的傍晚，两个黑人青年——汤特・罗宾逊（Donte Robinson）和拉辛・纳尔逊（Rashon Nelson）——走进位于费城立顿豪斯广场（Rittenhouse Square）街区的一家星巴克门店。他们下午 4:45 要在这里与人会面，他们早到了十分钟。他们准备在这里跟另一位朋友讨论一个商业创意。其中一人坐在桌旁，另一个走到柜台前，问门店经理能否用一下卫生间。经理回答，只有在店内消费的顾客才能使用卫生间，并问他是否点单。他说不，然后回到朋友身边。经理走到他们桌前，问他们是否要先点个饮品，他们拒绝了。

经理回到后面房间，打电话报了警。

“这里有两位男士，他们既不消费，也不离开。”经理对接线员如此说道。调度员随即联系了附近的警察，说一家星巴克“有人闹事，一伙男性拒绝离开”。几分钟过后，八名警察抵达，他们向桌旁的两位男士问话，要求他们离开，随后就以“非法闯入”的罪名将他们逮捕。他俩都被戴上手铐，押着走出店门，在场的顾客纷纷看着，难以置信。在遭遇不公正、不合法、无缘无故的逮捕期间，两位男士始终保持平静。

一位黑人女性顾客录下了这次事件，随后将其发给一位白人女性顾客，后者又将这段视频发布到网上，把自己目睹的情况做了介绍。视频被疯狂转发，观看人数达1100多万，触发了社交媒体上大量愤怒的评论，大都带着“抵制星巴克”的标签。

我看到这段视频时，心如刀绞一般，仿佛看着自己信任和爱的人做下了卑劣之事。我非常想向那两位男士道歉，向他们那位朋友——他抵达星巴克却目睹他们被戴上手铐又被警察带走——道歉，向每一位看到这段视频的人道歉，向星巴克的每一位顾客和伙伴道歉。

我满心迷惑和失望。跟很多看过视频的人一样，我认为这件事反映了警察和星巴克公然的歧视。我急于了解整件事的来龙去脉。但我同样明白，即将到来的问题要比店里发生的事件更严重。视频已被数百万人看过。这不仅会使公司及伙伴多年来的善举善意遭到破坏，还令我思考——在看到这段视频时，有多少黑人会产生一个想法：这种事也有可能发生在我身上。

多年来，星巴克一直努力促成积极的改变，而费城事件却给我们沉重一击。我迫切想要做些什么，但我知道被情感冲昏脑袋仓促行事的潜在后果。我们要沉住气，以妥当的方式、带着同情和理智做出回应。何况，那时我已不是星巴克的CEO，不在其位的我能力有限。

2000年我第一次卸任星巴克的CEO，后来因为公司与顾客之间的连线断掉而于2008年复任。

星巴克成功转型之后，我就经常思考继任者的事。星巴克的下一任掌门人必须理解公司的价值观。我希望这个人不把领导岗位视作应得之物，而是凭能力挣来的权力。没有这些核心特质，星巴克不会走得远。

2016 年 4 月，我设家宴招待凯文・约翰逊。我对他说，我该卸任了。我让他考虑一下接手的事。凯文 2009 年就进了星巴克董事会，担任公司的首席运营官也有一年了。他身上散发着一种平静的智慧。人们能跟他轻松相处，听他的决策。他对音乐的热爱众所周知，也喜欢拿吉他即兴演奏。

他的专业背景和专门知识对星巴克的未来发展至关重要：他曾在微软带领大型团队，后来在瞻博网络公司（Juniper Networks）担任 CEO，曾主管复杂的国际业务。他还明白科技——幕后操作却展现在顾客眼前——在公司发展方面越发重要的潜力。

几周之后，凯文答复我，说他很荣幸接过这个岗位。

作为创始人的继任者，会成为公众审视的焦点，也需要维持好平衡：既要有继承公司传统的承诺，又要有开拓创新的勇气。凯文心知这不可避免的压力，但是他对我说，他爱星巴克，希望看到它在我离开后继续繁荣兴旺。

交接的过程很慢。2016 年 12 月，距离正式交接日还有四个月时，我们就对外公布了这一消息。我们俩的办公室相邻，中间有一扇门相连，我们每天数次交流，共同讨论制定一些决策。

2017 年 3 月 22 日早上，我的一天从星巴克最老的门店开始。这家店位于西雅图的派克市场（Pike Place Market）。二十五年来，每年的年度股东大会日早上，我都会到这里来。我常常是自己过来，用自己的钥匙打开前门，安静地待一会儿，轻抚年代久远的木质柜台，呼吸着海水和烘焙咖啡豆的混合气味。我从未忘记星巴克的根。

但在今天，我邀请凯文与我同行。进入店里，我把钥匙交给了他，也把公司的钥匙交给了他。4 月 3 日，凯文正式成为星巴克的 CEO，掌管公司的日常事务。

卸任之后，我成了公司董事会的执行主席。在新的岗位上，我的时间一分为二：一半给星巴克现有的社会影响力工作，一半给即将在全世界开设的新型门店。

“星巴克臻选烘焙工坊”（Starbucks Reserve Roastery）绝非大号的星巴克门店。它们是我十多年梦想的一个化身。咖啡市场日益拥挤，消费文化也在改变——越来越多的人选择网上购物而非在实体店购物，星巴克必须设法把品牌和地点分离。“臻选烘焙工坊”是对人们相聚于咖啡的重新设想。我将其设想为沉浸式的第三空间。“咖啡界的威利·旺卡”[①]是我写在日记中的对它的设想，也是对总设计师丽兹·穆勒（Liz Muller）的要求。丽兹是个创意天才，她立刻领悟到我所说的高级到店体验，也明白这对星巴克品牌的战略意义。她最终将“臻选烘焙工坊”变成了现实。

2014 年，全球第一家“星巴克臻选烘焙工坊”在西雅图开业。这家店位于一栋有着百年历史的老楼里，原先是一家汽车经销商的店铺。多层且不规则延伸的店内，其中心位置是一个功能齐全的咖啡烘焙工坊，包括一个巨大的、闪闪发亮的铜筒仓。来自埃塞俄比亚、印度尼西亚、哥斯达黎加及其他遥远地区的稀有的咖啡豆用麻袋运来这里。顾客可以看着咖啡豆被专业人士烘焙、冷却，再通过连贯地面到屋顶的蜿蜒的透明充气管道运送到各处。芳香的咖啡豆经过漏斗，或是抵达包装流水线，装包后运往世界各地，或是抵达咖啡台，随后被舀出，碾碎，冲制成咖啡。吧台之后，咖啡调配师一边用各种各样的冲制方式向顾客演示他们的卓越技巧，一边

① Willy Wanka，出自罗尔德·达尔的小说 *Willy Wonka & the Chocolate Factory*，国内译作《查理和巧克力工厂》或《欢乐糖果屋》，威利·旺卡是巧克力工厂的主人。

与顾客交流各种咖啡的起源。“臻选烘焙工坊”还有一份品尝菜单，顾客可以品尝各种风味的咖啡；还有一个品鉴吧台，各种新烘制的咖啡豆按盎司[①]售卖。

就像我小时候见过的自动售卖餐厅一样，“星巴克臻选烘焙工坊”旨在呈现魔法般的感官体验。但咖啡豆从麻袋到杯子的全过程全部公开，没有墙壁遮挡。所有一切都呈现在顾客面前。

2017年12月，全球第二家“星巴克臻选烘焙工坊”在上海开业。

2018年9月，星巴克的故事、我的故事一起画上了圆满的句号。多年以来，我一直不敢在意大利开星巴克门店。在这个国家，我第一次见到了意式咖啡吧，从此种下了星巴克之梦的种子，也种下了自己梦想的种子。话虽如此，尽管我们在全世界数十个国家开了门店，但我总梦想着有一天能把星巴克奉献给意大利人，以某种方式向其表示应有的敬意——星巴克起源于意大利咖啡的灵感，又以星巴克独有的方式使咖啡的产品和设计青出于蓝。

直到我走进西雅图的“星巴克臻选烘焙工坊”，我才终于发自心底地明白，是时候回到最初的起点了。

几个月时间里，我们在米兰找到数十个备选店址，但全都否决了。我们需要恰到好处的城市地点。终于，2017年，就像我在1983年首次见到意式咖啡吧一样，在偶然间，就在我走在米兰的市中心时，我无意中向街对面看去，只见一栋华丽的大楼，其内弧形正面、其庄严宏伟的柱体令我震撼。那是百年历史的邮局大厦（Palazzo delle Poste）。真是富丽堂皇。我想，就是它了。

---

① 1盎司≈28.35克。

这栋历史悠久的邮局大厦位于著名的科尔杜西奥广场（Piazza Cordusio），距离米兰大教堂只有数条街道的距离。令人惊讶的是，这栋大楼竟然是闲置的。一年时间里，丽兹·穆勒及其团队与本地的艺术家联手，使用意大利的材料和设计元素，将这栋25000平方英尺的高顶建筑内部改造成金碧辉煌的咖啡殿堂。大厅中央是一台功能齐全的定制版斯科拉里咖啡豆烘焙机，就在米兰市中心外数英里的地方制作而成。

9月6日，开业典礼当晚，我的一个梦想终于成真。我身边围着家人、朋友、同事，甚至连瓢泼的大雨都浇不灭我的快乐。

从一开始宣布星巴克要在意大利开店时，我就公开声明，我们绝不是要教意大利人喝咖啡，而是把我们对咖啡的理解分享给他们。我们遭到太多怀疑。但是开业之后，意大利的评论者对“星巴克臻选烘焙工坊”的独创体验、咖啡调配师的专业素养、咖啡的质量赞不绝口。

在我的职业生涯中，没有一件事能与重返米兰的深层意义及狂喜感觉相提并论，开业那天我从排成绕楼长队的顾客身边走过的感觉尤其美妙。对我而言，这是事业的巅峰，是荣归故里。这件事的意义更在于妻子雪莉及两个孩子都陪着我出席了开业典礼。

接下来的几个月里，“星巴克臻选烘焙工坊”要在东京、纽约、芝加哥陆续开业。纽约曼哈顿的“星巴克臻选烘焙工坊”就在我高中时下地铁的地方几个街区之外，那时，我来市里的毛皮加工厂打工挣点小钱。但这些，都无法比重返米兰更有意义。

这一路走来，已经从很多方面远远超过了我当初的计划。就像星巴克重新构思咖啡的体验一样，我们从未停止重新构思我们在社区里的角色。经过试验、犯错、个体的成功，星巴克向我在2013年首次提出的那个问题提供了一个不断延伸的答案：一家公司在社会上的角色和责任是设法强化其社区，发出积极的声音，成为一个合作者、召集人、聆听者、体谅者、教育者、志愿者、分享者、改革者。

星巴克成就斐然，但成功是一个不确定的现象，它需要日积月累，却会毁于一旦。

汤特·罗宾逊和拉辛·纳尔逊在星巴克门店被捕之后，我真的担心星巴克以往的贡献会在此风口浪尖被一笔抹杀。倘若如此，星巴克将会迅速被一次糟糕的、不代表公司历史和初衷的行为而定义。然而，星巴克的以往经历和初衷，恰恰决定了我们在此刻如何应对此事。

星期六上午，凯文给星巴克的伙伴和顾客写了一封公开信。在信中，他立场鲜明地表示此次事件应受谴责，并保证要改变门店管理方式，杜绝再犯。星巴克坚决反对歧视和种族形象定性[①]，他如此写道。

“大家要对我们有更高的要求，也应该对我们有更高的要求。我们将吸取教训，变得更好。”

凯文还拍了一段视频，亲自向两位年轻人道歉。他希望去费城当面见见他们。

国内各地天气恶劣，使前往费城的行程十分艰难。但星期日晚上，凯文一行赶到了费城。他与星巴克的首席运营官罗莎琳德·布鲁尔（Rosalind Brewer）、负责星巴克美国国内零售业务的总经理罗萨恩·威廉姆斯（Rossann Williams）、负责诉讼事务的主管莎柏丽娜·詹金斯（Zabrina Jenkins）、维韦克在市中心一家酒店的房间里开会。我当时在西雅图参加伙伴的公开讨论会。

---

① 指警察等因肤色或种族而非证据而怀疑人犯罪。

维韦克愤愤不平。我和他一起经历了风风雨雨，他明白这次特殊的危机有多严重。他正以他标志性的、在乱局中沉稳的手腕来解决此次事件的余波。他不受此刻压力的影响，深信公司能走出危机，变得更加强大。

罗莎琳德担任公司的首席运营官还不到一年。她第一次看到那段视频时，正与两位接受她指导的非裔美国小伙子在星巴克门店里坐着聊天。她震惊不已，心中千头万绪。罗莎琳德是星巴克的一位黑人女性高管，在公司内外广受尊重。在这个人们呼吁星巴克更负责任的时期，她觉得格外有责任去指导公司如何回应。她还想到了自己的儿子。她的儿子 23 岁了，经常在星期六上午到布鲁克林的星巴克玩。那两位年轻人身穿慢跑裤，在费城的星巴克被戴了手铐，她儿子也可能遇上这种事。她儿子要去参加一项家庭活动，她要去见他。"不用来，"他给她发短信说，"把这件事处理好。"去费城吧，她儿子催促道："尽力而为。"

我们在此次事件中已经跌到谷底，每个人都想快速且明智地行动。我们要妥善处理，不仅仅是回应，不能贪图最简单省事的办法，因为公司内外的张力在不断持续。

星期一早晨，凯文做客《早安美国》①，一是回答难题，二是作为星巴克的 CEO 承担责任。直播访谈过后，凯文、罗莎琳德、维韦克与费城市长、警察局长、市议会的议员代表会面。费城的官员迫切想知道星巴克将如何帮助他们的社区"痊愈"。凯文没有辩解。他说，他们一行人到费城，是来聆听的，要深入了解本地的种族分歧，并为公司自身的缺陷承担责任。

与此同时，一百多位抗议示威者集结在费城斯普鲁斯大街（Spruce Street）和十八大街（Eighteenth Street）十字路口上的星巴克门店。据记

① 美国 ABC 电视台的晨间新闻节目，于 1975 年开播。

者报道，场面非常喧嚣混乱。我们决定让这家店继续开门营业，而不是闭门谢客，好让公司领导能与有疑问的顾客交流，也使得社区百姓的声音有机会在他们想要的平台上被外界听到：我们的门店。

我们的伙伴一直对那次逮捕事件心有余悸。群众抗议期间，附近星巴克门店的两位门店经理以及两位轮休的主管都赶到这家门店，另外还有罗萨恩及大西洋中部地区的副总裁卡米尔·海姆斯（Camille Hymes）。

卡米尔掌管美国五个州的650家门店，共有12000位伙伴。她对费城的伙伴们尤其爱护，因为他们中有很多人处在前线——我们的门店里——抵挡着广泛分布又偶尔爆发的群众的愤怒。卡门·威廉姆斯——那位告诉雪莉她小时候被父母遗弃，从此流落街头，后来加入“美国青年建筑团”，又顺利从高中毕业的年轻黑人女士——此时正在费城一家星巴克担任门店经理，正在上大学。

在费城，星巴克与当地三家组织有正式业务关系，其中就包括“美国青年建筑团”。很多伙伴志愿进入社区帮助缓解问题，如无家可归的问题，如卡米尔（她也是非裔美国人）所说的“机会分歧”问题等。卡米尔认为，公众对星巴克的指控完全是毫无根据，辜负了她众多同事心中的那份同情心。

整个上午，在出事的那家门店，各个民权团体的活动家挤作一团。其间，一个扩音器在抗议者之间传递，高声叫嚷着并非费城独有的诸多问题：公立学校缺乏资金，吸毒和帮派暴力，偏见执法，贫困地区缺少高薪岗位，房价太高，政府官员不作为……正如一位男士对电视台记者所说的那样，人们表达的，是对“体系”的愤怒，而非仅仅针对某一个城市的状况、某家店铺的事件。话虽如此，但这些问题都属于一个整体，且在第三空间展开。

凯文和罗莎琳德亲自与汤特、拉辛两位年轻人见面，向他俩道歉。他们认真听取了他俩对此次事件的看法。凯文问二人各自的背景，他得知，他俩是多年好友，正在创业。双方都愿意找到一个积极而有建设性的解决办法，实现两位当事人与星巴克的双赢。当天上午，星巴克与他俩的律师达成一致意见，同意调解。那一周晚些时候，双方签署了保密的和解协议。

星期四，汤特、拉辛两位年轻人参加了《早安美国》的访谈。主持人罗宾·罗伯茨（Robin Roberts）问他们，对此次事件有什么想法。他们的希望中就有同样的事情不要再发生了。在那周我联合召开的伙伴公开讨论会上，1000 多位失望、尴尬、迷惑的伙伴，迫切希望公司能妥善处理此次事件，好让自己不再难受，很多伙伴表达了同样的愿望。跟我以往参加的数次公开讨论会一样，本次讨论会非常关键。我们的伙伴希望我们能恪守公司的价值观。

一位伙伴是非裔美国人，她说，她在费城的几位朋友一直在抨击星巴克。当天，在上班的路上，她给父亲打电话，后者安慰她，很多人都明白，那次事件并不能代表星巴克。他对女儿说，很可能一周之内事件就会平息下来。

当着讨论会上所有人的面，她对我说："请不要让事件在一周内平息。我觉得，面对这样的情况，我们可以借此机会比别的公司做得更多且不同。"

三年前，我曾把伙伴集结起来公开讨论美国的种族关系问题。现在我们讨论的是星巴克的种族关系问题。

我曾接受 CBS 电视台《今晨》节目的直播访谈。主持人盖尔·金

（Gayle King）问我是否认为此事属于种族形象定性。

我早就料到会有这个问题，也愿意实话实说。我从民权律师布莱恩·史蒂文森的著作《公正的仁慈》（本书曾在星巴克门店出售）中对这个问题有了深刻的见解。种族形象定性之所以存在，是因为有种族歧视。它是种族歧视的一种表现形式。除非我们正视自己、正视历史，否则它不可能消除。所以，当盖尔问我星巴克发生的事件是否属于种族形象定性，我认为她问的其实是——种族歧视是否非故意地、不知不觉地潜伏在人们的意识里。我的答案只能是“Yes”。我对人性中必然存在的无意识偏见已经了解太多，无法否认其感染程度。

“我认为，毫无疑问，门店经理之所以报警，是因为那两个人是非裔美国人。”对此我感到羞耻，并认为自己也有责任。

星巴克是个有机组织，从始至终基于一个理念在发展，说是理念，其实是个理想。顾客到店里来喝咖啡，我们的公司得以发展，与伙伴、与服务的社区分享成功。我们想做好事，想为股东谋利益。“人性驱动业绩”，这是我在描述公司的经营之道时常说的一句话。

但人性是不完美的。不论是个人还是集体，虽然都有同情心、同理心、宽宏大量，但人类社会还是问题不断。虽然意图是好的，有时候是有意为之，但人及其创造的体系根本上还是不完美的，我们是有缺陷的。我们不断探索，要过上完美的生活，要组建完美的家庭，要经营完美的公司，要结成完美的联合，但却达不到，会犯错，有时候还会互相伤害。即便是亲人，也是如此。期望——比如说，人人生而平等——越高，摔得越重，但其成长的潜力也越大。

“或许上帝是有意让这件事发生在星巴克。”

星期三，费城的一位女士如此说道。当时我们俩与数十人围坐成一个圆圈。他们都是一个多信仰组织 POWER 的成员，代表了 50 多位会众。POWER 此前在两家星巴克门店组织过静坐抗议。

POWER 的代表此次是要跟我、凯文、维韦克、罗莎琳德、卡米尔，以及其他几位星巴克同事会谈，地点在“非洲循道宗公会圣公会母亲教堂”（Mother Bethel African Methodist Episcopal Church）的礼堂里。当天我了解到，这是美国一直由非裔美国人独占的历史最悠久的教堂。

我们的会谈以当地一位牧师动人的、诗歌般的独白开始。她平缓浑厚的声音充满整个礼堂，讲述着美国种族不公的历史。她的叙述从奴隶制开始，以两位黑人男士在星巴克被捕事件结束。这是一个无休止的故事，在一个以“黑人的生命与白人的生命不平等”为前提而建立的国家里，不人道的现象处处可见：对黑人处以私刑、《吉姆·克劳法》[①]、公共场合的种族隔离与种族歧视、对黑人的大规模囚禁、警察虐打黑人事件、种族形象定性，还有贫民住房项目，这些住所偏远孤立且出头无日，其住户为使外界了解其绝望境况，竟然愿意烧毁自己的产业以引起关注。

牧师的叙述令我想起布莱恩·史蒂文森的一句话：倘若不能理解美国种族不平等的历史，就无法理解这个国家如此多的问题和政策的毁灭性本质。

大家轮流自我介绍。我讲述了自己在湾景住宅区的成长经历以及三年前星巴克试图解决种族问题的滑铁卢之败。

“我们不具备做这件事的道德权威。”我回顾“种族团结”活动及麦乐

① *Jim Crow Laws*，泛指 1876 至 1965 年美国南部各州以及边境各州对有色人种（主要针对非裔美国人，也包含其他族群）实行种族隔离制度的法律。

迪·霍布森当时对我的批评，这样说道。身为一个美国人，我有道义上的责任去谈论种族问题甚至处理种族问题，但我没有必备的知识——星巴克在这个话题上也尚未获得公众的信任——去有效而可靠地组织一次公共对话。权威是自己挣来的。此后数年里，通过学习和广泛参与，我深刻了解到错综复杂的历史、政策、社会交流已使种族不平等、经济不平等成为美国人要克服的最复杂、最严峻的挑战。这场斗争我到场晚了，但现在我来了，正试着加入、理解、学习。

大约两个小时时间里，在教堂的礼堂里，POWER 的黑人、白人会员一一讲述这个城市的不公平现象。他们反映的问题，与那天星巴克门店里通过扩音器喊出的问题遥相呼应。POWER 会员的语气，从愤愤指责到充满希望，应有尽有。听着他们发言，我偶尔想要辩驳，因为星巴克一直都尽力做好事。

“我们一直努力建一家、成为一家与众不同的公司，”我这样解释道，“星期四发生的事件不是星巴克一贯的作风，也不是我们想要的结果。”我对他们说，他们如果能深入了解一下星巴克，我希望他们能明白，哪怕我们的意图往往不得实现，我们也一直在努力做一个能为社会增光添彩的企业公民。

座谈临近结束，坐在圆圈对面的一位女士开口发言：“或许上帝是有意让这件事发生在星巴克。”大家都愣住了。大家都在思考这句话的意义，我则将其牢记在心。她继续发言。这种事也有可能发生在别的商家身上，接着列举了几个。而发生这件事的另外的公司，可能没有星巴克的抱负——成为与众不同的雇主，成为优秀的企业公民，成为一个欢迎之地。

她说，三年前星巴克或许尚未具备与顾客讨论种族问题的道德权威，但她似乎暗指星巴克现在已经具备了。我们还恰逢机遇。除了道歉，我们可以借此事发起积极改变。

三天前，星期天上午，我给凯文写了封邮件。

“回想一下，2008 年，我们曾让所有门店歇业进行咖啡知识的二次培训。我们可以拿出一个下午，让所有门店歇业，进行种族公平的培训，纠正有意无意的种族偏见。我们把它当成一次大规模的教育活动，向全国展现我们从错误中吸取教训的认真态度。”这不是作秀，却或许是唯一能挽回局势的办法，强化公司的核心价值观并将其展现在业务经营中。

我打电话问麦乐迪・霍布森的意见。她一听就明白了费城的严峻形势：两位被捕的黑人青年、无数看过视频的黑人市民、星巴克要面对的潜在后果……我将关停数千门店接受培训的打算告诉了她，问她的意见。她迟疑了一下。她担心大规模歇业可能会被外界视作公关噱头。“给我一夜时间考虑。”她说道。

第二天早上，她给我打来电话。

“霍华德，告诉我，你为什么要关停所有门店？”

“因为公司需要这样做。”我答道。

“那就干吧。”

第二十五章

告别星巴克，成为更好的我们

我从不认为“第三空间”只是一个物理上的环境。对我而言，“第三个空间”一直是一种感觉、一种情感、一种抱负——所有人都能聚在这里，因为归属感而振奋心情，这是星巴克的基石。但“归属感”同样是一项基本人权，社会上的每个人都可获得。

创造归属感是星巴克的宗旨，所以，公司必须以认真反思和实质表现来回应费城事件。不仅仅是道歉，我们还要检查公司内的种族偏见问题，审视这个国家的种族偏见问题，并探索办法解决它。

如此重大的话题，不是我们能独力提出的。

我们很幸运，因为我及同事早就认识几位民权和黑人社区的受人敬重的领袖人物。

82 岁的美国司法部长兼全国有色人种协进会委员埃里克·霍德尔（Eric Holder）早就建议凯文，在事件之初不要迫于公众压力而仓促做出回应，而要拿出时间了解一下那天那件事的来龙去脉，并对公司的下一步行动心中有底。

麦乐迪继续给我们提供建议。一年前，她把我介绍给全国有色人种协进会法律保护和教育基金会（NAACP Legal Defense and Educational Fund）的会长谢瑞琳·埃菲尔（Sherrilyn Ifill）。从民权时期至今，法律保护和教育基金会一直是反对差别对待政策的先锋。2017 年 11 月，我荣获法律保护和教育基金会的“国家平等正义奖”（National Equal Justice Award）。费城事件发生后，谢瑞琳曾给我打电话，答应为我们出谋划策。“民众”（Demos）——一家致力于推进经济和政治平等的公共政策组织——的负责人希瑟·麦基（Heather McGhee）也是。希瑟以其独特的方式消除种族分歧，其事迹已被收录第二季的《杰出人士》。

谢瑞琳和希瑟要为我们打造一种模式，使企业利用其资产和致力于长期的政策调整，处理种族偏见和潜在的歧视。她们对我们说，她们会以高标准要求我们。

我给布莱恩·史蒂文森打电话，征求他的意见。他表达了他的看法，说门店集体歇业相当于做出了一个非常重要的声明，而反对种族偏见培训非常有必要。但他说，一天的培训时间不够。他说得对。

我联系了音乐人兼民权活动家 Common。他曾在芝加哥的招聘大会上向求职者发表演说。他答应再次为我们发声。我又联系了演员安娜·迪弗·史密斯（Anna Deavere Smith），她也同意。

SYPartners 的山下基思（Keith Yamashita）给我们打电话。基思是一位商业战略家、哲学家、诗人。自从我第二次担任星巴克 CEO 以来，他就一直给我和公司出谋划策。他知道，对星巴克的存亡而言，关键是要为顾客提供一个舒适的环境，他自愿用 SYParterners 的专门知识帮我们制定妥当的回应。

“你们公司的基础是优秀的咖啡馆传统，”基思给我写邮件道，“排外，对任何第三空间来说，都是个致命的错误。”

果然像麦乐迪担心的那样，我们对外宣布关停 8000 家门店进行反对种族偏见培训，消息乍一传出，就被指责是一场博人眼球的公关噱头。

人们还记得几年前星巴克曾试图通过“种族团结”活动来解决种族问题的事。现在我们再次致力于解决眼前的种族问题，但现在，我们的敏感度、专门知识、真诚、学习态度都不同往日。

有些人对我们“疑罪从无”。《华盛顿邮报》的一位专栏作家撰文说，星巴克不可能在一个下午就解决种族偏见，但“在美国人的日常生活里发起种族问题对话，哪怕极不完善，也是可取之举，它能再次将这些争论搁置一边”。

一个由维韦克和 SYPartners 干将珍·兰德尔（Jen Randle）率领的团队开始着手这件事。珍是个非裔美国人，她要求我们在这次活动中保持勇敢和诚实。在随后的一个月时间里，她及其团队就在西雅图工作，占了我和凯文旁边一间很大的活动室。

现有的课程都不适合我们的培训规模和活动的性质。所以，就像“为美国创造就业岗位”和“星巴克大学成就计划”那时一样，我们得设计一种新的形式。

活动团队的开发过程是反思加问答。

首先我们问自己：我们现在是什么情况？我们想要成为什么样的公司？

与 1987 年创业时相比，变化太大。那时星巴克只有六家门店，不到一百名伙伴。现在，我们产品更多，咖啡的来源更多，每天要服务数百万顾客，而且伙伴们越来越多。现在，星巴克的顾客和伙伴已成为美国的一个缩影。跨入星巴克门店以及在柜台后工作的人形形色色，也就是说，美国与日俱增且不可避免的多样性就在星巴克的门店里上演。我们服务、雇用的人覆盖各种肤色、各种背景、各种民族、各种经济状况、各种宗教信仰、各种性取向、各种年龄。

每一天，星巴克的门店都会目睹人们的快乐、平淡，甚至悲伤。在星巴克过生日。在星巴克与亲友会面或网聊。上班之前、课间、礼拜后，到星巴克喝杯咖啡。在星巴克初次约会见面，在排队时接吻。在星巴克用笔记本电脑上网、购物、付账、做作业。在星巴克读《纽约时报》，看《福克斯新闻》。在星巴克默默哭泣。在星巴克大笑。在星巴克发狂。在星巴克戴着耳机听嘻哈音乐、听交响乐、听播客、听书。在星巴克争论政治问题。在星巴克或张扬或低调。在星巴克完成交易。在星巴克哄孩子。失业者在星巴克一坐就是好几个小时，因为无处可去。无家可归者在星巴克的椅子上睡觉过夜。走失的精神病人在星巴克溜达。吸毒者躲在星巴克的卫生间里打针、吸毒，有人还死在那里。有人曾持枪抢劫星巴克的收银员，有人曾在星巴克举行抗议，导致很多顾客或明或暗的不安……美国发生的事，也都发生在星巴克。

我们又问自己：现在的星巴克怎样服务大众？

星巴克的伙伴不仅仅是咖啡调配师和门店经理，他们也是门店环境的创造者、保护者。他们的工作方式，基于自己的人生经历，受到有意或无意的与他人关联的影响。星巴克的业务需要与数百万人互动，所以有责任找到存在细微差别的人际互动的应对办法，其中就包括了解和缓解种族偏见。

那么，我们该如何使数十万名伙伴迅速掌握这些呢？

在随后六周时间里，我们将会见数万名美国的伙伴们，在他们舒适的门店里，周围都是熟悉的同事，教他们相关知识、交流的技巧、反省的技巧。只用一天，只用一次大胆的培训活动，当然是远远不够的。

我们该如何保证持久的改变？

星巴克必须改变。我们必须正视自己，自问是否真正恪守了初衷、实现了核心价值。对我们的伙伴、对我们的顾客、对我们的邻居、对我们之外的社区而言，我们必须努力做一个更好的召集人、更好的合作者、更好的聆听者、更好的体谅者、更好的教育者、更好的志愿者、更好的分享者、更好的改革者。

总之，活动团队的工作过程，反映了星巴克以往各个独创活动的要旨和经验教训：

“为美国创造就业岗位”项目的及时性。

“团结起来”请愿活动的以目标为驱动的同志友情。

退伍军人和难民招聘项目的道义感和深情。

“星巴克大学成就计划”项目的合作精神。

本次培训旨在办得像“机会青年”招聘大会和公开讨论会一样，吸引伙伴们广泛积极参与，亲自参加。

我们想要稳定而细致入微地讨论种族问题，不能像上次的“种族团结”活动一样冒失。活动团队仔细检查了所有可能导致问题的因素：人性、神经系统科学、社会化行为、美国历史、法律、个人生活经历。我们倍加小心于培训的内容如何传达并被伙伴们接受——他们近半数是有色人种。我们要做的是培训，而非说教。

风险的确存在。每家店铺的培训都没有专业人士在场指导，我们一时之间无法找到8000位专业人士并将其分派到每家门店。培训内容很可能会引起内部矛盾，但我们相信我们的伙伴能处理好。我们还预料到，此次高调的培训及大规模歇业行为会招致抗议。我们为最坏的情况做好了应对计划。

再一次，星巴克要走上第三空间的第三轨。

2018 年 3 月 29 日，我们关停了美国数千家门店。每家门店门口都挂出一张告示，请顾客明天再来：

星巴克自豪于成为您的第三空间，让每个人在家与工作之间找到归属感。

今天，我们的门店团队将与公司使命、与彼此再次连接。我们要好好交流一下各自的想法——如何使得星巴克更加舒适惬意。

门店内，一组伙伴聚首于讨论指南和 iPad 周围。每位伙伴都发了一本空白笔记本和一支笔。22700 部新购的 iPad——我们购买的 iPad 数量过大，苹果公司加班加点才生产出来——已装好培训视频，全天播放，其中包括预先录制的几位星巴克领导和外界专家的视频。

星巴克零售业务主管罗莎琳德为此次培训定下基调。她要求伙伴带着敬意认真听讲，坦诚交流，并对别人的坦诚发言表示敬意。凯文的讲话表明了此次培训的意图："我们此举，是要让星巴克成为每个人感觉舒适的地方。"在视频中，麦乐迪与一位门店经理、两位专家一起坐在桌旁，谈论明处和暗处存在的种族偏见的事实和后果。视频中，还有伙伴回忆如何应对此类问题。在一个原创的短视频里，我们委托著名黑人纪录片制片人斯坦利・尼尔森（Stanley Nelson）为我们提供了种族偏见问题的历史渊源。时长七分钟的《接纳的历程》（*The Story of Access*）由安娜·迪弗·史密斯讲述，直言不讳地阐述了数十年来在大街、公园、泳池、剧院、商店、餐馆等地方黑人为争取平等进入和公平对待所做的斗争。在公共场合受人尊重，这是民权运动的核心。这段强有力的视频明确表达出一个与此刻尤其相关的事实：尽管 1964 年的《美国民权法案》宣布公共场合的种族歧视行为违法，但“允许进入、使用”和“受欢迎”还是不一样的。

顾客也有责任。维护第三空间的完整性是我们的抱负，所有光顾门店的人都能帮我们实现它。顾客有他们的权利，但我们将敬请他们在店里守规矩，讲道德，互相尊重，彼此体谅。

四个小时里，美国 50 个州的门店及公司内大约 175000 名伙伴集思广益，思考该如何理解世人、归属感是什么感觉，以及在美国获得归属感的历史。

没有出现集群抗议。

此次反对种族偏见培训的内容已经传到网上，任何人都能看到。为了培训而关门歇业，考虑到培训内容制定、营业额损失、支付的薪金等，星巴克为此承担了约 5000 万美元的支出和损失。

对星巴克而言，这只是第一步。我们已经着手制作一套 12 节的课程，作为培训的一部分内容，对伙伴们进行培训。凯文牵头完整重温了公司的各项政策，确保伙伴在遇到难题时知道该如何应对。培训结束后，所有的 iPad 都会留在各自门店，定期上传新的培训材料。我们还打算召开一次全公司范围的领导力峰会，主题是包容和差异。

我也参加了培训。通过培训，我更清楚地了解了自己如何处理生活中的交流，如何看待自己的过往，如何受制于自己无意识的偏见。在诸多感触中，尤其深刻的是人的尊严是如何被排斥所侵蚀：不让用卫生间，餐馆里的区域隔离，得不到健康护理，不能接受教育，找不到工作，没有安身之所……

星巴克大规模歇业培训的前一天晚上，MSNBC[①] 现场直播了一个市政厅访谈节目，名叫《美国每日种族主义》(*Everyday Racism in America*)。节目在费城“王子剧院”(Prince Theater) 举行，是一场有关种族偏见的大讨论。节目开始，先是播放了那段广泛流传的费城星巴克逮捕事件视频，随后一个小时里，记者、美国黑人的杰出人物、民权专家、在场观众、视频里接受采访的人，纷纷就此问题发表意见、叙述遭遇。

一对黑人夫妇回忆说，他们出去度假时住在一栋房子里，离开时被警察停车检查，原来是街区里有人打电话报警，说有黑人在这里偷行李。

一位年轻的黑人男士说，他搬到纽约的一套新公寓里时被警察盘问，因为另一家房客报警说有人非法闯入。

现场一位黑人女观众起身发言，说自己一贯被商店里的店员无视，对她不屑一顾的样子，好像她的钱与白人顾客的钱不一样似的。

看着节目，听着种种诉说，我回忆起星巴克召开的有关种族问题的公开讨论会。我想道，这就是我经常幻想的全国范围的大对话啊。

谢瑞琳·埃菲尔也在节目的专题讨论小组里，她对美国的自由史做了阐述，引起大家的广泛共鸣。“我们要深刻了解‘静坐抗议餐馆区域隔离’和‘自由乘车运动’的原因，这很重要。”她说道。她指的是民权运动。自由和平等不仅仅是抚慰情绪、恢复尊严，“更是成为完整的公民，享有完整的权利”。我明白她的意思，她是说歧视伤害了人的感情，令人心寒。但不仅如此，它还在一个做出相关承诺的国家封杀了真正的机会，使人不

① 微软全国有线广播电视公司，由微软 MSN 和美国国家广播环球公司合资成立的广播公司。

能顺利发展，过上美满的生活。

要描述“美国梦”，有一种办法是将其解释为“承诺”——人人都有生命权、自由权和追求幸福的权利。要追求幸福，我认为，就要获得相关的机遇，如教育、好工作、医保、所有权、家人及朋友的支持、陌生人的宽容。从表面上看，机遇像是好运，但同样存在于社会、政府、企业的体系里。

多年来我曾走过很多地方，见过很多人，从中看到了“美国的承诺”在很多人身上难以实现的原因。他们的生活里不存在机遇，或被排斥在机遇之外。

退伍军人——战争的摧残、政府组织的无能、无知而冷漠的平民，使他们无法顺利过渡到新的事业和健康的生活。

学生——高昂的学费、沉重的助学贷款、缺少个人支持，使他们难以完成大学学业。

机会青年——地域的隔离、缺少榜样，使他们无法找到人生第一份工作，无法进入职场。

像洛根市及东利物浦市这种小城镇的居民——产业衰败、贪婪的煤矿公司、受医生影响的阿片类药物成瘾、妥协的政客，种种原因使该地区勤奋的人民难以养家，难以发挥技能，难以学习新技能，难以过上得体的生活。

难民——错误的信息、恐吓策略、成见，使他们无法重建被战争和暴行摧毁的生活。

有色人种——对真正平等的封锁，像偏执一样丑陋，像无意的偏见一样无形。

多年以来，星巴克为更多人搭建机遇桥梁，其成果已远超我最初的设想。尽管如此，2018 年，看到国内的情形，我还是一阵阵心痛。宏观经济趋势向好，股市一路上扬。但这只是冰山一角。我曾实地聆听人民的心声，他们有太多人仍然生活在阴影之中，尊严难具，机遇难求。我一次次问自己，我是否能够或应该突破公司董事长兼 CEO 的角色，促成积极的改变。

要找到答案，只有一个办法。

全公司范围的反对种族偏见培训结束后一个月，6 月底，我走出西雅图总部，走入一片绿色的海洋。停车场里的车已全部清走，来自门店和公司的大约 3000 名伙伴并肩站在夏日里。他们是来跟我告别的。他们都穿着绿围裙。

36 年了，我要离开星巴克了。

我走得心安。公司交给了凯文及其卓越的团队，我对他们很有信心，因为凯文已肩负起星巴克品牌和价值观的守护人这一角色。他明智、沉着、深思熟虑，是个好领导。费城逮捕事件发生之后，这些特质使他处理得当，而且，他明白一个上市公司的 CEO 少有人能知道的真理：短期的利润受损，往往对长期发展是必要的事。这是星巴克的基础之一。星巴克想要继续前进，凯文就是公司所需的掌舵人。

我走得还有点迷茫。我尚未有明确的退休后的打算，只是仍想为国家多做点事，这个国家给了我太多。我不知道未来将会怎样，但当初我离开卡纳西前往北密歇根求学，以及后来携妻子雪莉离开西雅图时，也是这种心态。那时和现在一样，我相信这样做是正确的：告别过往，敞开心扉，走向另一个未来。

当然，首先我得向大家告别。6 月的那一天，站在星巴克总部前面，看着眼前的人，想着远处看不到的人，我的眼睛湿润了。当天上午维韦克曾对我说，截至今日，在公司 47 年的历史里，大约有 300 万人曾在星巴克工作过。无数人的人生曾以我无法得知的方式受到影响。

“在我们的人生旅程中，都有星巴克这一站。”凯文对在场的所有人说道，“很少有人会有机会参与到比自身更大的事业中去。”

凯文把麦克风递给我，我正感叹于时光的飞逝。

我发自内心地说：“在星巴克近五十年的历史上，我们面对和克服了太多困难和挑战，那时很多人都怀疑公司的竞争力，怀疑我们是否有能力闯过难关。”我说道，“我们的韧劲，就在于明白如何打造品牌资产。”我接着解释说，星巴克的品牌资产，就在于第三空间的亲密体验，在于我们与顾客、与同事建立的相互信任。

过去几周时间里，星巴克的完整性受到冲击。我们能从不幸的时刻破壁而出，是因为那些爱着公司的人和那些对公司感到失望的人团结协作，由衷希望我们能变得更好。在我离开之时，作为离别礼物，除了一个众志成城的、对第三空间的重新构想——这个理念曾抚育、挽救、塑造了我的人生——之外，我别无他求。

这是个普通的工作日，阴天。我们驶出外环公园大道（Belt Parkway）。这里距曼哈顿 25 英里。这条出口匝道将带我返回卡纳西。成年之后我曾回来过几次，但这次再来已经过去了 14 年。

与我同行的是两位朋友。我们决定在零售区吃午饭。大街上人来人往，有出门办差的，有出来玩的，有等朋友的。这里的人大部分都是黑人，但不是全部。相比以前，这个街区更穷了些。我们停下车，走进一家比萨店，街对面是一个家庭经营的小卖部，还有一家沃尔格林（Walgreens）连锁药店。我点了比萨，热乎乎的，很好吃。吃过午饭，我们走进L线的一个小地铁站。水泥墙上钉着一个红白蓝色的铁牌，上写：欢迎来到卡纳西，一个充满关怀的社区。

我买了张地铁票，穿过验票闸门，走到站台上，只是想看一看这里的样子。铁轨上胡乱扔着空玻璃瓶、用过的食品包装盒、脏纸。上高中时，我就是在这里等着乘车去曼哈顿。一列外表有凹痕的银色地铁驶来，车门打开，乘客涌出来。一节车厢的窗户上面，数字化的黄色字体标明现在的位置——终点站。

回到车上，我们驾车前往湾景住宅区。抵达后，把车停在一栋长条形三层浅黄色砖结构楼前。楼的正面写着——第272小学。

我原本没打算今天去看小学，但既然来了，我很激动。学校的一个前门敞着，我们慢慢走了进去，迎面遇见一个安保登记台。没有孩子的声音，很安静，一定是放暑假了，或者都在上课。我对保安说："我很久以前在这里上过学。"

"学校里现在有多少孩子？"我问道。"大约500人，"她答道，"大都是这个廉租区的。"

"犯罪情况多吗？"我问道。"不多，"她答道，"管理得很好。"

我记得体育馆在左手边的门里。

"我能看看体育馆吗？"我问道。保安陪着我过去。

体育馆的状况很差。脏兮兮的塑料地板有的地方脱皮，有的地方胀起。篮球架的篮框上没有篮网。

"校长在吗？"我问道。保安指了指走廊尽头的行政管理办公室。我走了进去，几位女士抬头看我。

“你们好，小时候我在这里上过学。那时我住在廉租区。今天回来看看，我有些恋旧。”这么说，我自己就觉得有些奇怪。但是真的，在这所学校里，我感觉很好。小时候我很喜欢这里。

“你是星巴克来的？”有人问道。

“是。”

“哎呀，怎么不早说？”

我们被带进校长办公室，一位穿上白下黑裙子、高跟鞋、梳着细发辫的女士从办公桌后起身，带着灿烂的笑容向我做了介绍，并使劲跟我握了握手。达科塔·凯斯校长的办公室像外婆家的起居室一样温馨。墙上、书架上到处都是照片、童书、卡片、绘画、励志名言、纪念品。一个壁橱门上贴着各种颜色、大小、样式的“BELIEVE①”字样。这是间遍地是爱的办公室。

“学校现在情况怎样？”我问道。学校的教职员工挤在门口，兴奋地听我们交谈。

“曾有一段苦日子，现在好了。”达科塔校长答道，急于与我分享学校的情况。她在这里当校长已经十一年了。她刚来时，很多孩子连正常升级都难，一个学生多次留级，个子都6英尺2英寸②了还在读小学四年级。餐厅里几乎每天都会为了吃饭打架。第272小学被纽约市教育委员会评级为F。

“我们铆足了劲要做出改变，只用了一年时间就把评级从F变成了A。”她说道。听着她说话，我知道这种飞跃不是偶然。这是个意志坚强的女人。

办公室里到处是孩子和他们艺术品的照片。达科塔校长说，这里的很

---

① 英语，意为“信任”。

② 约1.88米。

多孩子来自单亲家庭，上学时没有文具，却有一身的情感包袱。“进不了孩子的心，讲授的知识就进不了他们的脑子。”有时候她会感到沮丧，“不是为了这些孩子，也不是为了学校的老师，是因为这个体系。这套制度不合理。”我点头称是，制度需要改变。

达科塔校长说，除了第272小学的校长，她还是福特汉姆大学（Fordham University）的博士生，学的专业是领导力。她是位杰出人士，我这样想道。

“学校眼下有没有什么需要的东西？”我问道。

大家都笑了，好像都不知该从哪里说起。但达科塔校长脑子里有份清单：“我们需要一个新体育馆。得翻新一下了。要是换成加衬垫的木地板就好了，那天发过大水，塑料地板都泡坏了。”餐厅要安装空调。很多教室的门铰链坏了。我告诉达科塔校长我的电子邮箱和手机号，承诺把这些事做好。

能有达科塔这样一位好校长，学生们是幸运的。她支持他们，就像迈克尔·克劳支持亚利桑那州立大学的学生，丽贝卡支持“莉莉的家”接受治疗的婴儿，布兰登支持西弗吉尼州的煤矿工人一样。

我们拥抱作别。

我们家原先住在102大街1560号，距离第272小学只有很短的一段步行距离，我曾数千次从这里走过。这次我不着急，慢慢走着。五六个孩子在打篮球，在那个水泥场地上，我曾用那么多时间证明自己。除了他们的声音，周围一片宁谧，甚至能听到鸟鸣。一位老婆婆坐在长凳上。我无法相信，湾景住宅区是纽约市犯罪率最高的地区之一。

走近我们家原先的公寓，我能看到7楼那扇厨房窗户。当初，母亲就是从那里给我扔下三明治充饥。当初，我就是在那里看着母亲被救护车拉走。四周全是树，自从我离开这里，它们长得又高又粗壮。要是我小时候它们就如此茂盛，我和小伙伴就能在树荫下弹瓶盖玩了。

“欢迎来到湾景住宅区，本住宅区产权属于纽约城市住房管理局。”公寓楼入口处一块褐红色小标识牌上如此写道。我推开沉重的玻璃门。里面，仍然是灰蓝色的水泥墙，电梯仍然给人幽闭的感觉。我们慢慢升上 7 楼。我走出电梯，右手边，狭长的走廊尽头，荧光灯下，是暗红色的 7G 公寓门。只是一扇门，没有其他。

我们敲了敲门，但没人应。我走上楼梯，站在八楼和楼顶之间的小平台上。当年，我就是在这里逃避家里的争吵混乱。在这里，我听，我担心，有时候哭泣，还常常幻想自己能成为米奇·曼托，幻想卡纳西外面的世界。

要是能穿越回当时，我会跟那个小男孩说什么？我会拥抱他。我会握着他的手。我会告诉他，不论他在每一扇门后面发现什么，他都有勇气、有韧劲、进取心，能度过每一天、每一周。我会告诉他，他现在不是，将来也不是孤身奋斗。他有比利·布洛克和迈克尔·纳德尔两个好朋友，有堂弟艾伦，他们会支持他，帮助他。有一天他会有爱妻雪莉和两个优秀的孩子以及无数个忠实的朋友。他身边将围绕着热情、聪明的人，他的志向会成为他们的志向，反之亦然。他的生命中不时地会有贵人相助，他们会支持他，分担他的梦想。

我还要对他说，他有父亲和母亲的支持。虽然他们常常不像他想象的那样、需要的那样对他，但他们已在既有条件下做到了极致。日子久了，他就会接受现实——父母并不完美。他所有的童年经历，他从父母身上学到的所有东西，都将驱使他过上父母不敢想象的好生活。他会实现“美国梦”，他会将这一切回报给社会。

我看着空荡荡的楼梯，虽然是阴天，但有阳光穿窗而入。

后记

勇敢攀登

我和雪莉站在法国北部平坦的沙滩上，眺望英吉利海峡暗淡的水面。1944 年 6 月 6 日，就在这段锯齿状的海滩上，数万名盟军官兵蹚过冰冷的海水，冒着枪林弹雨，要解放纳粹德国控制下的西欧。在他们中间，有 200 多位美国陆军游骑兵。他们登岸之后，要爬上 100 英尺高的悬崖，意在夺取高地的控制权。并非所有人都活着爬上了悬崖，那些爬上悬崖的，又身处一个后来被罗纳德·里根总统 描述为偏僻、大风、“空气里全是浓烟，耳边全是人的嘶喊……”的军事要地。第二年春，纳粹德国投降。

诺曼底登陆日是“二战”结束的开端。但对数千名年轻人来说，那是他们生命的终结之日。当天，我和雪莉前往诺曼底美军公墓（Normandy American Cemetery）悼念了他们。海面之上，修剪整齐的绿草地上，一排排一眼望不到边的洁净的白色墓碑向西而立，面向故乡。9300 多名牺牲的军人埋葬于此，其中有 45 对兄弟、四位女兵、某位美国总统的两个儿子，还有至少一对父子。

向导为我们讲述 70 多年前那场血腥的战役，我们震惊于巨大牺牲的惨烈，又心悸于倘若盟军的诺曼底登陆战失败，无法推翻纳粹暴政，这个自由的世界将会堕入怎样的地狱。

那是 2017 年 10 月的一天。我来诺曼底，是为了深入了解一下美国的“昨天”与“今天”之间的纽带，再思考一下美国的“明天”。我们到访诺曼底之时，恰逢仇恨言论 、种族主义、白人至上主义在美国土地上死灰复燃，未遇谴责，尤其出自美国总统唐纳德·特朗普那里。在带着咸味的寒冷海风中，在静立的人造纪念碑前，我转向雪莉，问道：“我们想让孙子、外孙生活在一个什么样的国家？”公墓里的这些烈士，为了别人有权选择在怎样的国家生活而战死，身在他们的墓前，我如此问道。

我想让我的孙子、外孙生活在一个这样的国家，在这里，数百万人都有机会安稳地负担得起自己和家人的吃住和教育。除此之外，每个人因为真正有机会学习、工作而实现自己的成功，所有人都有平等的机会成为鸡窝里飞出的凤凰，就像找到了美国青年建筑团的卡门·威廉姆斯，在亚利桑那州立大学实现大学梦的玛赛尔·卡洛姆－赫比森，在星巴克找到工作的塞维尔·麦克尔拉斯－贝。

我和雪莉正要上车离开诺曼底，这时我听到一个美国人说话的声音。一位男士和一位女士刚刚进入公墓。我走上前去打招呼，说我们是西雅图来的。这对夫妇来自巴尔的摩。妻子是位护士，丈夫是位律师。他们说，他们是来巴黎度假的。

“你们为什么要来诺曼底？”我问道。从巴黎到这里需要开三个小时的车。

“不想有什么遗憾。”那位女士答道，“我们到这里来，是要提醒自己——以前的美国人是什么样子。”

她的话犹如一把匕首扎进我的心里。以前的美国人是什么样子。

我听出了她话里的悲情，因为我曾经也有这种感受；但现在没有了，因为过去几年里我所目睹到的，尤其是本书中记录的一些经历，都使我相信——我们的国家不比以前差多少。

美国还不是个完美的国家，但一直有人具备一些优秀品质——就是这位从巴尔的摩远道而来的护士所追悼的优秀品质。想一想本书中陆军上士勒罗伊·佩特里、军士长塞德里克·金的英勇和慷慨，比尔·克里索夫医生的责任感，大家就能明白了。

一个国家的品质，在于像勒罗伊、塞德里克、比尔这样的公民如何在日常生活中——无论是在公开场合，还是在私下里——恪守他们的价值观。

我们当中有很多人渴望恢复在这个国家的集体自豪感。我们具备这样的条件。但很多人已经变得麻木，甚至对偶尔从邻居或领导人口中说出的令人震惊的、残忍的花言巧语不以为忤。我们也要记得，还有很多美国人出言反驳这些偏狭的言论，他们的数量要比喷出这些话的人更多。愤怒和害怕的声音大过善良和乐观的声音，并不意味着前者占优，也不能表明美国变了性质。媒体和社会言论发出的负面信息是错误的，或者至少是不完整的。每次看到类似信息充斥于前，我们都可以用一些人的事迹来提醒自己，如蒙大拿州米苏拉市玛丽·普尔的同情心，西弗吉尼亚州“莉莉的家”的丽贝卡·克劳德的善心，辩护律师布莱恩·史蒂文森在法庭上对司法公正的坚定呼声。在网络之外，耳力之外，有无数尊严之举发生，不可小觑。

我们早就具备条件克服分歧和少数人的尖刻言语，引领我们的国家变得更好。这样做不仅是为了再次变成一个伟大的国家，而是使我们变得更强大、更安全、更公平、更繁荣、更兼收并蓄。

支持常识性问题解决的人有千千万，他们都渴望不断修复、再造和改进。在本书中，我想通过很多人的事迹详述我们现有的对抗机能失调的潜力，如马克·平斯基的合作精神，迈克尔·克劳的创新精神，布兰登·丹尼森的创业气概，达科塔·凯斯校长对学生、对自己的坚定不移的信任。他们的事迹能提醒我们，特朗普总统及其政府那些错位的优先顺序，不代表美国大多数人的优先顺序。虽然担任公职的不乏正义之士，但是现在，共和与民主两党之中，都有人对多年来困扰我们的政治体系破碎的信任难辞其咎。事实上我认为，作为一个整体，美国人民比现有的政治阶层要好很多。

作为一个商界领袖，我的任务一直是履行星巴克以往的价值观，其方式是让这些价值观在当代获得新生。为了达到这个目的，我一直努力学习，还鼓励别人开拓思路解决紧迫的社会问题。其间有磕绊，也有成就，我从中得知成功并非从天而降的馅饼。就美国人珍视的生活方式而言，也是如此：自由是争取来的。

最近这些天，我总在问自己，也问别人，“争取”到底是什么意思；还有，我们前面的那些人——或者是自愿或被迫远离故土的祖先，或是自愿或被抽中征兵保家卫国的军人——对他们的奉献和牺牲，我们该如何继承发扬他们的遗志。我们是否有责任帮助美国的下一代实现梦想？是。眼下，我们每个人该如何为国奋斗、建设祖国？

作为一个公民，我们的新角色、新责任是什么？

我从心底里知道，现在这个存在偏见、不平等、故障的制度是错的、危险的。作为美国人，这些当政者令我们太多人感到愤怒和羞耻。就个人而言，看着社会千疮百孔，我不能安逸地坐在沙发上看新闻，或无所牵挂地经营公司，或安享退休生活。袖手旁观，不是大多数人的选择。我们必须看到时事背后的情况。我们必须重新构思“美国的承诺”。怎么做呢？用同理心去理解别人，提高嗓音谴责黑暗，通过投票选择领导层，一个我们想让孙儿辈受他们管理的领导层。但与此同时，我们必须用好自己的技能和资源，为自己、为邻人、为共同站在这片土地上的人打造一个更好的现实。我们可以抗议，也能有所计划。寻求真相，将它们广而告之。聆听别人的意见，集思广益。既要批评，也要创造。

现在，是时候为一个更深层的共享的责任而努力了，为邻人，为陌生人，也为自己。美国人将一直存在不同，因为这是我们创造的共和制的本质。但我们欠子孙后代一个分歧较少的美国，就像祖辈为我们奋争了一个比他们那时分歧更少的美国一样。现在是时候全力以赴了。

现在，是时候攀登、夺回高地了。

要达到这个目的，我们必须做出选择，一个先前做过的选择。这个选择关乎国家的复兴还是衰退。美国历史上，我们国家曾屡次在面临衰退时绝处逢生，但我们同样知道，重振国家的荣耀不是一个被摒弃的结局。未来，不会因为我们是美国人就偏向我们。我们得亲自动手，争取未来，推动未来。

时时刻刻，我们都要做出选择，用仁慈代替卑鄙，用大气代替小气，用爱代替恨，用和解代替僵局，用创造性的解决方案代替埋怨。作为一个国家，我们必须坚强，但不能以牺牲彼此的利益为代价。所以，我们要支持和赞美那些优秀的人——我们之中的杰出人士——因为有太多人，他们日常的意图和行为不逊色于过去的英雄事迹，他们为当代的诚实和正直而奋斗，他们早已开始重新构想“美国的承诺”，他们愿意在此后的岁月里为之努力。

总而言之，让我们选择相信彼此，因为，从现在到永远，我们同舟共济。

致谢

《从头开始》是我迄今为止写得最私密的书，鉴于我们所处时代的本质和需求，这也是我迄今为止所写的最重要的一本书。我感谢很多有识之士的参与和支持。

首先要感谢的是我的妻子雪莉，以及我的两个孩子及其配偶：乔丹和妻子布莉安娜、艾迪森和丈夫塔尔。他们使我的生活充满爱、学习、快乐。因为有你们，我人生中的每个时刻都有意义。

感谢我的妹妹萝妮，弟弟迈克尔。我们有相似的成长经历，但我们的人生旅途都是属于自己的。我选择将自己的人生旅途与大家分享，感谢你们俩为其增光添彩。

对大家读过的所有书页而言，我尤其要向一个人表达由衷感谢，那就是我的杰出的写作伙伴乔安妮·戈登。在本书从落笔到出书的每一个阶段，她都陪在我的左右。她具备罕见的换位思考能力，还给我信心，让我把如此私密的故事与大家分享。这些事，在此之前我连妻子雪莉都没有告诉过。她还帮助我把以前和现在的故事穿插交织，使得结构天衣无缝。对她不知疲倦的合作以及真挚的友谊，我深表感谢。

我和乔安妮特别想向拉吉夫·钱德拉塞克拉表示深深的感谢。他智慧的点拨、高标准的要求、正直及坚定的投入，时时刻刻都帮助我们书写出一个有感染力的故事。

威廉－莫里斯奋进经纪公司（William-Morris Endeavor）的詹妮弗·鲁道夫·沃尔什（Jennifer Rudolph Walsh）是我多年的文稿代理人，她是我准备讲述的这段故事的最早、最热心的拥护者。

兰登书屋的总裁吉娜·森屈罗（Gina Centrello）从一开始就认可我们的意见。我们有幸有兰登书屋才华横溢的编辑克里斯托夫·杰克逊（Christopher Jackson）为合作伙伴。他率直而深刻的见解，使我们以及本书每一页都渐入佳境。同样感谢的是克里斯托夫·杰克逊用心专一的编辑助理塞西莉亚·弗洛雷斯（Cecilia Flores），以及兰登书屋的设计、编辑、销售团队，他们一路引领本书从无到有。

很多人曾读过本书的书稿，其中包括雪莉、艾伦·科恩（Alan Cohen）、亚力克莎·阿尔伯特（Alexa Albert）、法伊扎·萨伊德（Faiza Saeed）、詹妮弗·布特－达尔（Jennifer Butte-Dahl）、伊恩·麦考密克（Ian McCormick）、理查德·亚姆斯（Richard Yarmuth）、安娜·卡克斯（Anna Kakos）、莎柏丽娜·詹金斯，他们的反馈都非常宝贵。

海蒂·派普和克里斯·格里（Chris Gorley）保证了书中的历史——我自己的经历、星巴克的历史以及美国的历史——生动、详尽而精确。

我们还要向一百多位接受访谈的个人表示感谢，他们慷慨地奉献了各自的记忆和专业知识。

星巴克的伙伴是我的第二个家庭，是我特别的家人。对数十年来约300万身穿绿围裙为国家、为顾客服务的伙伴，我的敬重无法衡量。能与你们共事，是我的荣幸。我同样有幸与很多不同背景、不同理念、不同才能的领导者共事。这份名单很长，排在最前面的是以前以及现在的星巴克高管团队和董事会成员，尤其是麦克·乌尔曼（Mike Ullman）、麦乐迪·霍布森、比尔·布拉德利（Bill Bradley）、奥尔登·李（Olden Lee）、杰米·舍恩南（Jamie Shennan）、克雷格·卫斯洛普。

特别感谢凯文·约翰逊，感谢他的友情和对公司的奉献。还有维韦克·瓦尔马，感谢他基于价值观的领导以及多年率直的忠告。

深深感谢南希·肯特、蒂姆·唐兰（Tim Donlan）、吉娜·伍兹、卡罗尔·夏普（Carol Sharp）、莫阿娜·斯托尔兹（Moana Stolz）、杰米·莱利（Jaime Riley）、科琳·戴维斯（Colleen Davis）、特里·达文波特（Terry Davenport）、大卫·格里科曼（David Glickman）、乔希·特鲁西略，他们对星巴克、对本书的贡献极为关键。

除了在本书正文中提到的那些人之外，多年以来，还有很多优秀的同事和朋友为我的生活和事业增光添彩。在此，我一定要向他们表示感谢：穆罕默德·艾尔莎亚（Mohammed Alshaya）、普拉西多·阿朗戈与安娜·玛利亚·万·帕兰德特夫妇（Plácido Arango and Ana Maria van Pallandt）、卡洛斯·贝尼特斯（Carlos Benitez）、蒂姆·布鲁斯南（Tim Brosnan）、约翰·卡林（John Carlin）、迈克尔·克尔巴特（Michael Corbat）、布鲁奈罗·库奇内利（Brunello Cucinelli）、尼科尔·大卫（Nicole David）、让-查尔斯·德科与娜塔莎·德科夫妇（Jean-Charles and Natacha Decaux）、里克·伊莱亚斯（Ric Elias）、比利·艾特肯（Billy Etkin）、乔·菲尔逊与雪莉·菲尔逊夫妇（Joe and Sherry Felson）、吉姆·芬格罗斯（Jim Fingeroth）、史蒂夫·弗莱施曼与帕蒂·弗莱施曼夫妇（Steve and Patty Fleischmann）、杰夫·福克斯（Jeff Fox）、罗恩·格雷夫斯（Ron Graves）、乔纳森·格蕾（Jonathan Gray）、詹保罗·格罗西

(Giampaolo Grossi)、旺达·赫恩登(Wanda Herndon)、杰弗里·霍菲尔德与卡罗尔·霍菲尔德夫妇(Jeffrey and Carol Hoffeld)、劳伦·霍斯泰克(Loren Hostek)、史蒂夫·科赫(Steve Kersch)、伦恩·科赫与南希·科赫夫妇(Len and Nancy Kersch)、詹森·金兹格(Jason Kintzer)、南希·克恩(Nancy Koehn)、托尼·罗萨(Tony La Russa)、简·李(Jane Lee)、丹·列维坦与史黛丝·列维坦夫妇(Dan and Stacey Levitan)、埃里克·利特克(Eric Liedtke)、多伦·林兹与卡伊·林兹夫妇(Doron and Kai Linz)、琼·洛佩兹、门楚·洛佩兹、诺伊·洛佩兹(June, Menchu,and Noey Lopez)、布莱恩·罗西与贝琪·罗西夫妇(Betsy and Brian Losh)、马云(Jack Ma)、路易斯·马丁(Luis Marin)、帕诺斯·马利诺普洛斯(Panos Marinopoulos)、已退休的斯坦利·麦克克里斯托将军(General Stanley McChrystal)、马特·麦格琴(Matt McCutchen)、安吉洛·莫拉提(Angelo Moratti)、马克思·马奇尼克(Max Mutchnick)、埃里克·海曼(Eric Hyman)、伊斯特多·波拉斯(Estuardo Porras)、罗科·普林奇(Rocco Princi)、珍·夸特森(Jen Quotson)、杰克·罗杰斯与南希·罗杰斯夫妇(Jack and Nancy Rodgers)、甄妮·罗曼提(Ginni Rometty)、乔·罗斯(Joe Roth)、安吉拉·罗迪格(Angela Rudig)、蕾妮·瑞安(Renee Ryan)、迈克尔·萨克斯(Michael Sacks)、丹·萨菲尔与洁基·萨菲尔夫妇(Dan and Jackie Safier)、杰瑞·斯卡夫特(Jerry Schaft)、吉姆·西内格(Jim Sinegal)、大卫·所罗门(David Solomon)、罗伯特·斯汀林(Robert Stilin)、史蒂夫·斯图特(Steve Stoute)、苏珊娜·沙利文(Suzanne Sullivan)、萨拉·泰勒(Sara Taylor)、阿尔贝托·托拉多(Alberto Torrado)、维姆·范德斯派克(Wim Vanderspek)、大卫·沃博拉(David Vobora)、杰克·伍德(Jake Wood)。

乔安妮的致谢：我要感谢优秀的儿子西奥（Theo），他给我的生活带来慈爱、沉静、智慧。感谢我的父母大卫（David）和弗吉尼亚（Virginia），他们鼓舞了我终身的学习和写作的热情。感谢我的姐姐苏珊（Susan），外甥女爱丽克斯（Alex），外甥扎卡里（Zachary），感谢他们一贯的爱。感谢我的好朋友——不论是近在眼前的还是遍布全国各地的——谢谢他们像我的家人一样。我还要向霍华德·舒尔茨表示由衷敬意，多年来，他信任我，把发言权交给我，还让我与他合写他的人生经历，他不断鼓舞着很多人变得更好。

照片出处

早年照片

1. 由舒尔茨家族提供

2. 由《布鲁克林每日鹰报》、布鲁克林公共图书馆、《布鲁克林收藏家》提供

3–8. 由舒尔茨家族提供

去往西雅图

1–2. 由舒尔茨家族提供

3. 由星巴克公司提供

4–5. 由舒尔茨家族提供

6–11. 由星巴克公司提供

有创意的公民参与活动

1. 由约翰·哈灵顿及星巴克公司提供

2–3. 由星巴克公司提供

4. 由约翰·哈灵顿及星巴克公司提供

5. 由约书亚·杰罗姆提供

6. 杰夫·斯文森、《纽约时报》、里德斯

7. 由星巴克公司提供

向英雄致敬

8. 由星巴克公司提供

9. 由舒尔茨家族基金会、米歇尔·德·希勒提供

10. 由美国陆军部、游骑兵第75团提供

11. 由约书亚·特鲁西略、星巴克公司提供

12. 凯文·罗科、《凯文·罗科照片展》

13. 由约书亚·特鲁西略、星巴克公司提供

大学梦

1. 由劳拉·西格尔、亚利桑那州立大学提供

2. 由玛塞尔·卡洛姆－赫比森提供

3. 由斯科特·埃克隆德、星巴克公司提供

4. 由肯·亨德森、亚利桑那州立大学提供

5. 由约书亚·特鲁西略、星巴克公司提供

艰难的对话

6. 由彼得·温特斯戴勒、星巴克公司提供

7–8. 由星巴克公司提供

9. 由迈克尔·托马斯、星巴克公司提供

10. 由星巴克公司提供

每个人都有机会

1–5. 由约书亚·特鲁西略、星巴克公司提供

大家在一起

6. 由约书亚·特鲁西略、星巴克公司提供

7. 由林德赛·沃森、星巴克公司提供

8. 由约书亚·特鲁西略、星巴克公司提供

9. 由舒尔茨家族基金会提供

10. 由伊恩·麦考密克提供

11–12. 由约书亚·特鲁西略、星巴克公司提供

杰出人士

1. 由约书亚·特鲁西略、星巴克公司提供

2. 由拉吉夫·钱德拉塞克拉提供

3. 由约书亚·特鲁西略、星巴克公司提供

4. 由星巴克公司提供

5. 由杰米·库格林、SideXSide 工作室提供

6. 由拉吉夫·钱德拉塞克拉提供

星巴克在中国

7–8. 由星巴克公司提供

9. 由约书亚·特鲁西略、星巴克公司提供

10. 由约书亚・特鲁西略、星巴克公司提供

11. 由星巴克公司提供

更完美的联盟

1–2. 由彼得・范・比佛、国家宪法中心提供

3–5. 由约书亚・特鲁西略、星巴克公司提供

新的篇章

6–10. 由约书亚・特鲁西略、星巴克公司提供

家庭

1–4. 由舒尔茨家族提供

5. 由舒尔茨家族基金会提供

6. 由舒尔茨家族提供

故地重游

7. 由拉吉夫・钱德拉塞克拉提供

8–9. 由拉吉夫・钱德拉塞克拉、兰登书屋提供

10–11. 由拉吉夫・钱德拉塞克拉提供

1–2. 由拉吉夫・钱德拉塞克拉提供